何歆 编著

名著原来这么好看

这么好看

别样的《红楼梦》

清华大学出版社

北京

内 容 简 介

这是一本适合全学段中学生阅读的语文课外读物。本书以全新的视角，对《红楼梦》的主题意蕴进行合逻辑的解读，对雅人雅事进行分类阐释，对其辩证关系进行深入思考，使其更清晰、易读；从生活情境入手，关联课内知识，进行拓展延伸和迁移应用，使其更生动、有趣。感悟青春之美，探寻其寄托的理想情怀和丰富的文化内涵。

本书针对中学各学段学生的阅读特点，遵循名著阅读的底层逻辑，引导读者从不同视角和层面思考问题，进行别样的解读。本书一方面培养读者的逻辑思维能力和创造性解决问题的能力；另一方面有助于读者理解儒家文化，树立文化自信，增进中华文化认同。本书可以作为青少年语文学习的读物，对热爱传统文化的朋友来说，也具有较高的参考价值。

图书在版编目（CIP）数据

名著原来这么好看 . 别样的《红楼梦》/ 何歆编著 .

北京：清华大学出版社，2025. 2. -- ISBN 978-7-302-68341-4

Ⅰ . G634.333

中国国家版本馆 CIP 数据核字第 2025XM0442 号

责任编辑：杜春杰
封面设计：刘　超
版式设计：楠竹文化
责任校对：范文芳
责任印制：沈　露

出版发行：清华大学出版社
　　　　　网　　　址：https://www.tup.com.cn，https://www.wqxuetang.com
　　　　　地　　　址：北京清华大学学研大厦 A 座　　　邮　　编：100084
　　　　　社 总 机：010-83470000　　　　　　　　　邮　　购：010-62786544
　　　　　投稿与读者服务：010-62776969，c-service@tup.tsinghua.edu.cn
　　　　　质量反馈：010-62772015，zhiliang@tup.tsinghua.edu.cn
印 装 者：小森印刷霸州有限公司
经　　销：全国新华书店
开　　本：170mm×230mm　　　**印　　张：**14　　　**字　　数：**227 千字
版　　次：2025 年 3 月第 1 版　　　　　　　　　**印　　次：**2025 年 3 月第 1 次印刷
定　　价：79.80 元

产品编号：107102-01

前　言

　　经典名著真的晦涩难懂吗？其实只要我们找到一个全新的视角，进行别样的解读，阅读名著就可以很简单！

　　经典名著和文学创作自有它的底层逻辑和基本规律，如果我们从日常生活中与名著关联的内容入手，如果我们真正体悟到了名著的内涵和情感，如果我们可以运用名著里的思维和智慧解决现实问题，那么，我们就很容易跨越时空，与经典对话。这时我们会发现，名著原来这么好看！

　　很多同学对阅读经典名著有畏难情绪，认为名著"难且无用"，缺少主动阅读的意愿。究其原因，一方面，从名著考查现状来看，随着考查难度和深度的不断加大，大多数同学带着备考的压力和答对题的目的去读名著。于是，学生对《论语》的学习大多集中在翻译词句、概括章旨等方面，对《红楼梦》的学习大多集中在梳理重要情节、分析主要人物等方面。以考促读，便使阅读索然无味。

　　另一方面，从名著本身的特点来看，《论语》逻辑性不强，趣味性不够，但很多章句意蕴深刻，需要解构并重新梳理建构；《红楼梦》含蓄蕴藉，需要对小说里的叙事结构、创作手法、生命意识、文化因素、悲剧意蕴进行深层剖析。

　　阅读名著本身就是超越时空的活动，是与经典和先贤的一场对话，读者要对作家、作品、时代有深入的理解和观照，才能真正地走近经典。

　　实际上，阅读名著不仅是为了应对考试，更是为了丰盈精神世界，完善人格。阅读名著可以让学生从传统文化中汲取智慧和力量，帮助学生解决学习和生活中的难题，处理好个人与他者，个人与社会、国家、人类的关系。《红楼梦》

中的人物性格鲜明,才华卓荦,学生从他们身上可以观照自我,启迪人生。《论语》里的人物具有各异的理想才能、人格修养和人生选择,《论语》里为人、为学、为政的智慧,至今依然可以帮助我们化解冲突,打破僵局。

"名著原来这么好看"系列兼具知识性、科学性和趣味性,将名著情境化、结构化、主题化、审美化。

本系列图书立足于中学必备知识,充分考虑初高中学生年龄段的思维特点,与课内知识相辅相成。本系列图书回归语文和思维的底层逻辑,内化语文学科思维方法,旨在提升学生的思辨创新、逻辑推理、提出并解决问题等高阶思维能力,提高学生的语文核心素养。同时,在中西方文化碰撞与交融的当下,探寻名著里的文化因素,感悟其中的社会生活和家国情怀,感受中华文化的深层结构,更有助于弘扬传统文化,建立文化自信。

本系列图书分为两册编写,第一册《名著原来这么好看:别样的〈论语〉》重构《论语》的章句逻辑,以阐释核心概念为起点,挖掘其精神内核,阐述其思想文化价值和其在当下的意义,探寻道德根基,感悟家国情怀;第二册《名著原来这么好看:别样的〈红楼梦〉》剖析《红楼梦》的深层意蕴,分析其多元层叠的结构、多重皴染的隐喻表达、多义互映的悲剧主题,探寻其象征意蕴和矛盾世界。

为了实现目标,本书设置了不同板块,在书写过程中以"名著与生活"为切入点,重点突出"思考与联想""拓展与延伸"等栏目,在"究底与寻根"栏目中分析名著背后所涉及的文化现象和深刻内涵,在"迁移与小试"栏目中印证读者对本章节的理解,拓展思维。

"名著与生活":从真实生活情境中提出问题,引导学生获得亲身探索、研究的体验,生动有趣,激发思考。"思考与联想":启发学生从不同视角、不同层面思考具体生活情境中的问题,搭建思维路径,寻找生活与经典名著内容相关联之处,让学生体会到生活中处处与名著相关。"究底与寻根":探究经典名著的深刻意蕴,探寻其背后的文化心理、文化因素,体会阅读经典名著的重要意义。"拓展与延伸":对与中学相关的《论语》知识进行拓展补充,发散学生的思维;挖掘文化价值,开阔学生视野,培育青年的爱国情怀,使其以更高的视角审视经典名著。"迁移与小试":给出与本节知识相关的思考问题,预留思维空间，鼓励读者应用上述思考和感悟大胆迁移和实践。

这本有关名著阅读的书是力求严谨的，作为编写者的我们在阐释概念、解读思想、剖析意蕴的过程中都经过了深入思考，其中融入了诸多学术成果和前沿观点。这本书是在大量学术研究的基础上，结合中学生的年龄特点的再加工的成果。在编写过程中，我们以与生活关联的问题为导向，以问题解决为目的，以解读经典名著内涵为路径，引领读者走近经典，从而实现"化难为易、深度阅读"的目的。本书配合初高中语文名著阅读教学进行学科拓展，从学生年龄特点出发，意在为学生提供一个思维提升的平台，拓宽学生的视野，并成为中学名著教学的有效补充。

本书的编写首先要感谢我们的同学们，正是大家在阅读经典名著的过程中敢于提出问题，勇于表达困惑，才激励我们有勇气去完成本书。

还要感谢为本书的编写提供素材的专业研究者们，我们只是在他们的基础上做了一件为学生化难为简的事情。

需要感谢的人太多，难免遗漏，在此向所有帮助过我们的人表达我们的敬意！

由于编者能力有限，书中难免有疏漏之处，敬请读者不吝指正。

名著是深邃的，这里有历史文化、道德哲学、人生智慧……

名著是丰厚的，这里有生命体验、审美观照、家国情怀……

名著原来这么好看，让我们翻开书页一起阅读吧！

何歆

2024 年 5 月于北京

目　录

《红楼梦》里的底层逻辑　　1

第一章

第一节　《红楼梦》作为书名具有合理性吗?　　2

第二节　我们为什么要读《红楼梦》?　　9

第三节　曹雪芹一生在书写什么?　　15

第四节　可以把《红楼梦》的前五回删掉吗?　　21

《红楼梦》中的"雅"文化　　29

第二章

第一节　你知道《红楼梦》人物的雅号吗?　　30

第二节　《红楼梦》的判词说的是谁呢?　　36

第三节　你能猜出《红楼梦》中的谜语吗?　　48

第四节　你了解《红楼梦》里的谶语吗?　　56

第五节　掣花签是什么游戏呢?　　63

第六节　你想结诗社吗?　　70

第七节　你最喜欢《红楼梦》里的哪首诗?　　76

第八节　"一字评"的魅力在哪里?　　83

第九节　你知道《红楼梦》中人物名字的谐音吗?　　91

第十节　你能介绍一下《红楼梦》里的美食吗?　　98

第三章

《红楼梦》里的青春之美　　　　107

第一节　至贵者宝，至坚者玉——贾宝玉　　108
第二节　冷月花魂，孤傲性灵——林黛玉　　115
第三节　艳冠群芳，无情动人——薛宝钗　　122
第四节　英豪阔大，霁月光风——史湘云　　129

第四章

《红楼梦》里的矛盾世界　　　　137

第一节　真与假　　138
第二节　冷与热　　145
第三节　小与大　　152
第四节　雅与俗　　158
第五节　美与丑　　165
第六节　侠与黠　　173
第七节　奸与贤　　179
第八节　入世与出世　　185

第五章

《红楼梦》里的象征和寄托　　　　191

第一节　《红楼梦》中有哪些象征之物？　　192
第二节　你怎么理解"黛玉葬花"和
　　　　"宝玉挨打"的象征意义？　　197
第三节　《红楼梦》中的隐喻和镜像　　203
第四节　《红楼梦》寄托了怎样的美学理想？　　207

参考文献　　　　215

第一章

《红楼梦》里的底层逻辑

《红楼梦》不仅是一部长篇小说，更是一部百科全书式的著作，具有个性鲜明的人物形象、跌宕起伏的故事情节，运用丰富多样的艺术手法，向我们展现了诗礼簪缨之族的文化和生活样貌，映照出古代社会的人生百态，蕴含着丰富的哲学和传统文化元素，其中涉及了茶道养生、烹饪饮食、礼仪规矩、中医药膳、诗词曲赋、服饰园艺、审美经验、经济管理、丧葬制度等各个方面，堪称跨学科的典范之作，值得我们深入探究。从孔子两千多年前肯定《诗经》"兴观群怨"的跨学科功能，到《红楼梦》里的跨学科渗透，阅读《红楼梦》的过程也是一次跨学科主题学习之旅。

《红楼梦》不仅把知识的外延拓展到生活，还超越雅俗，跨越时空，至今仍影响着我们。那么，在阅读的过程中，你思考过这部书以《红楼梦》为书名具有合理性吗？有一些年轻人认为《红楼梦》是一部"死活读不下去"的书，今天我们为什么还要读？《红楼梦》的作者曹雪芹一生在书写什么？我们可以把《红楼梦》中故事性不强、看似"荒唐言"的前五回删掉吗？带着这些疑问，让我们走近《红楼梦》这部经典著作，回到它的底层逻辑，一起探寻它的奥秘吧！

第一节 《红楼梦》作为书名具有合理性吗？

名著与生活

　　读者朋友，你的名字有哪些寓意呢？姓名寄托了一个家族的美好期许，暗含着一个人的精神品格、理想追求，体现了我们兼容并包、自强不息的民族精神，形成了我国博大精深的姓名文化。自古以来，我们取名用字，有时会寄寓长辈的厚望，有时会用来弥补五行等某种不足，有时为了纪念某个人或某个特殊的日子。近几年，出现了姓名用字越来越集中的现象，我们经常看到有人对新生儿取名用字进行统计，甚至还有人对五大学科竞赛获奖者的名字进行整理分析。如今热门名字重合率也越来越高，比如"千金"是过去对别人家女儿的敬称，而成语"一诺千金"本义指一个诺言有千金的价值，有人巧妙地化用"千金"一词，于是"一诺"就成了非常受欢迎的女孩取名用字。

一诺千金

　　不仅是给一个人起名时我们会寄寓丰富的内涵，给书起名时同样也会寄托多重意蕴。《聊斋志异》《儒林外史》等书名简洁明了，四大名著的书名各具特色。在"眼球经济"活跃的当下，好的书名会让人眼前一亮，有时甚至成为一本书能否畅销的关键点之一。我们不难看出，不论是人名还是书名，能得到自己、他人和社会的认可的都有其合理性。

你觉得《红楼梦》这个书名怎么样呢？评价一个书名合不合理一定要理解作品写了什么，它的主题是什么。要在文学作品阅读过程中体验其中丰富的情感和意蕴。

当下，随着对考题情境化的重视，很多生活情境中的常见问题都会融入试题设问。如2022年高考北京卷这道有关《红楼梦》的试题，既是对个人体验情境的考查，又通过对《红楼梦》不同名字的分析，引导学生理解小说的主题。

2022年北京卷高考试题《红楼梦》阅读部分提及四个书名，第二问具体命题如下。

《红楼梦》甲戌本第一回开头，作者自道书名说：

（空空道人）因空见色，由色生情，传情入色，自色悟空，遂易名为情僧，改《石头记》为《情僧录》。至吴玉峰题曰《红楼梦》。东鲁孔梅溪则题曰《风月宝鉴》。后因曹雪芹于悼红轩中披阅十载，增删五次，纂成目录，分出章回，则题曰《金陵十二钗》，并题一绝云："满纸荒唐言，一把辛酸泪！都云作者痴，谁解其中味？"

小说第五回中，贾宝玉神游太虚幻境时听到的仙乐套曲就叫《红楼梦》。今天的通行本也多以《红楼梦》为书名。结合作品内容，谈谈《红楼梦》作为书名的合理性。

这道题涉及《石头记》《情僧录》《风月宝鉴》《金陵十二钗》《红楼梦》五个书名，希望大家阐释《红楼梦》作为书名的合理性。这个设问是以阅读名著的个人体验情境为载体，结合名著内容进行审慎思考，批判性理解，写出独到的个人感悟。对每个书名的分析还要合理，逻辑自洽，要求大家具有一定的高阶思维能力。

这五个书名究竟哪个最好呢？对于这个问题，历来众说纷纭。鲁迅认为不同

的书名并没有什么实际意义，不过是"多立异名，摇曳见态"。①鲁迅先生的看法你一定没想到吧！"披阅十载，增删五次"，朱淡文认为这些书名显示了作品成书的轨迹，"实际上是作者每增删一次，就增加一个题名，它们所题的是同一部小说在不同创作阶段的稿本，乃作者增删小说的雪鸿之迹"。②李少清认为：书中写的空空道人即脂砚斋的化名，他受了很深的佛教影响，他是不喜欢《石头记》这一名称的，在他第一次抄评此书时，将《石头记》改为《情僧录》了。小说中有"至吴玉峰题曰《红楼梦》"这一句，李少清认为"吴玉峰"是脂砚斋提出《红楼梦》这个名字时给自己起的别号。③关于《红楼梦》书名的争论，其实也从一个侧面反映出红学研究中的一些问题还存在很大的探究空间。

　　不论怎样，一部书的命名是与书的内容、主旨紧密关联的，《石头记》《情僧录》《风月宝鉴》《金陵十二钗》《红楼梦》这些书名都与小说的内容有一定的关系，只是各有侧重，各具特色。以《石头记》为名，是因为全书以"石头"的视角记录自己红尘历劫的故事；以《情僧录》为名，是因为"情"为主线，小说中人物的命运起伏均与"情"相关，因"情"而顿悟世事人生，最后因"情"而超脱释然；以《风月宝鉴》为名，是因为"风月宝鉴"是小说中出现的象征意象，虽有艳俗之气，但也可以从"宝鉴"反观自我，去恶向善；以《金陵十二钗》为名，是由于"十二钗"是小说中主要的女子形象，以"十二钗"为名，是为了突出众女子的人生悲喜。

一、《石头记》

　　这部小说在前五回里详细叙述了此书的由来。有一块石头，女娲炼石补天未被选用，把它弃置在青埂峰下。但它修炼之后已有灵性，能像人一样说话，后来它又遇见了一僧一道，恳请他们带它去红尘中经历一番。红尘梦尽，这块石头重回青埂峰，石身记满了它下凡遇到的事情。空空道人将这石头上记述的故事抄录

① 鲁迅.中国小说史略[M].北京：人民文学出版社，1973：279.
② 朱淡文.红楼梦论源[M].南京：江苏古籍出版社，1992：197.
③ 李少清.从《石头记》到《红楼梦》：兼谈甲戌本[J].红楼梦学刊，1982（1）：256-283.

了下来，于是有了这部小说。因此，以《石头记》为名，是因为全书写了石头记录自己红尘历劫的往事。

二、《情僧录》

空空道人说"因空见色，由色生情，传情入色，自色悟空"，遂易名为《情僧录》。贾宝玉本是一个"情不情"之人，但在经历了一系列人生变故，尤其是面对黛玉香消玉殒的沉重打击之后，他看透了人间百态，最后选择出家，"落了片白茫茫大地真干净"。因此，以《情僧录》为名。小说中主要人物的人生抉择皆与"情"有关，由"情"而执着，由"情"而顿悟，由"情"而超脱释然。

三、《风月宝鉴》

"风月宝鉴"是小说中的一面镜子，是一个象征意象，出自第十二回"王熙凤毒设相思局，贾天祥正照风月鉴"。跛足道人赠贾瑞"风月宝鉴"治病，这样描述"风月宝鉴"：

> 这物出自太虚幻境空灵殿上，警幻仙子所制，专治邪思妄动之症，有济世保生之功。所以带他到世上，单与那些聪明杰俊、风雅王孙等看照。千万不可照正面，只照他的背面，要紧，要紧！

此段第一句告诉了我们"风月宝鉴"的出处、制作者和功效，后两句说明了他带"风月宝鉴"下凡的意义所在和主要禁忌。其实这段话背后意有所指："风月宝鉴"的"正面"是美女，是"情"，"大旨谈情"；"背面"是"清"，清风明月，告诫人们不要太过执迷，劝人弃恶扬善。

四、《金陵十二钗》

"金陵十二钗"是指小说正册中的十二位女子，她们分别是林黛玉、薛宝钗、贾元春、贾探春、史湘云、妙玉、贾迎春、贾惜春、王熙凤、贾巧姐、李纨、秦可卿。她们是小说的主要人物，按照作者的意图，他写《红楼梦》，是为了替闺阁立传，同情她们的命运，感慨"千红一哭，万艳同悲"，同时赞赏这些闺阁女儿的才华、信义和聪慧，让须眉汗颜的真诚，因此以《金陵十二钗》为名。

五、《红楼梦》

《红楼梦》书名三个字的内涵是什么呢？"红"在古代多指"女儿"，即女性。"楼"是深闺大宅。"红楼"合在一起指住在深闺宅院中的女子，多指官宦人家的小姐。"红楼"与"朱楼"意思相近，古代的"红楼"是指权贵之家女子所居住的华丽的楼宇，如唐代诗人白居易《秦中吟·议婚》中就有"红楼富家女，金缕绣罗襦"之句，而卢纶《孤松吟酬浑赞善》则说"朱门青松树，万叶承清露"，杜甫又有"朱门酒肉臭，路有冻死骨"的感慨。从字面上理解，"红楼"即"朱门"，指代富贵家族。由此，"红楼"既可以象征女孩子的闺阁，又可以象征富贵官宦人家。从《红楼梦》作品本身来看，写了众多的女性形象，她们是官宦世家的小姐，出身高贵、才华横溢、各美其美、能力超群，但结局却以"悲剧"收场，作者对她们既赏识赞美，又理解同情。另外，书中所写"四大家族"皆是钟鸣鼎食、席丰履厚的仕宦之家，因而作品不仅写出了深宅闺阁中女性的命运，也暗示了大家族由盛而衰的必然结局。

"梦"是全书的关键所在，小说第五回写贾宝玉梦游太虚幻境，这是对《红楼梦》全书的提示。贾宝玉在太虚幻境里翻阅"金陵十二钗"图册，听仙女们演唱"红楼梦十二支曲"，饮酒品茶，非常快意，警幻仙姑和祖先之灵对他谆谆告诫，最后他陷入万丈迷津，这正是贾宝玉一生的提前预演。于繁华世事之中，这些无限深情之人、你争我夺之辈最终也不过是大梦一场，情海情深，风云变幻，这是宝玉顿悟的人生的真相、人世最本质的逻辑。"梦"也象征了曹雪芹人生如梦的幻灭感。

红楼梦断，繁华终归于落寞，书名中的温柔富贵之乡与梦幻虚影之所，也归于尽、归于净。因此，《红楼梦》成为书名，是对全书富贵之家走向衰亡与红颜薄命之悲剧的恰切且完整的概括，更具合理性。

你读过《百年孤独》吗？能厘清小说里复杂的人物关系吗？是否真的理解了"孤独"的含义呢？

与《红楼梦》一样，《百年孤独》这部反映拉丁美洲历史的长篇小说也预言了人物的坎坷命运和家族的命运悲剧。同样，马孔多一个家族的百年兴衰史背后隐含的也是拉美近百年的历史。它具有魔幻现实主义色彩，是一部极具影响力的作品。

《百年孤独》的作者是哥伦比亚作家加西亚·马尔克斯，1982年获诺贝尔文学奖，这部小说一看书名就让人觉得耐人寻味，再细察深思，书名合逻辑、合情理。

从宏观层面体会"孤独"的含义，主要指家族的孤独、马孔多的孤独、拉美的孤独，甚至是整个人类的孤独。而微观层面的孤独则是作品里许多丰富各异、性格鲜明的个体灵魂的孤独。小说同样也运用了隐喻和象征的手法，充分开掘"孤独"的丰富意蕴，比如冰块与镜子、失眠与遗忘、黑纱与小金鱼等，还运用了魔幻现实主义的手法，将现在、过去和将来三个时间层面立体交错。探寻"孤独"的本质，最终与"孤独"、与自我实现和解，获得救赎。马尔克斯说："生命中曾经有过的所有灿烂，终究都需要用寂寞偿还。人生终将是一场单人的旅行，孤独之前是迷茫，孤独过后，便是成长。"

同样作为拉美作家，阿根廷文学大师博尔赫斯曾经选译过《红楼梦》的部分章节，并在1940年出版。在博尔赫斯眼里，《红楼梦》中的"太虚幻境""风月宝鉴"、现实与梦境的交替模糊，与博尔赫斯在文学创作中所钟情的迷宫、镜子和幻境存在着某种意义上的契合。

打破地理的界限，跨越不同的时空，不论是名著《红楼梦》《百年孤独》，还是博尔赫斯，都钟情"镜子""幻境"这些具有象征意味的意象和虚境，都把作品丰富的文本内容和主题意蕴浓缩在题目里，使书名既能揭示作品主旨，又能传

达作者丰富的情感和创作意图，极具合理性。

迁移与小试

　　《正念的奇迹》被评为"樊登读书会"必读十本书之一，樊登评价它："《正念的奇迹》是一本关于真正的自由和情绪的哲学书籍。它告诉我们，真正的自由不是为所欲为，而是需要调动我们的正念。我们需要成为情绪的主人，不要被情绪左右。它不仅能够帮助我们更好地理解自己的情绪，还能够帮助我们更好地掌控自己的情绪，从而更好地应对生活中的挑战。"保持"正念"，心向阳光，养正直之气，不畏过去，活在当下，让生活充满积极的正能量，获得内心的愉悦和轻松。

　　《正念的奇迹》这个书名有两个关键词，即"正念"和"奇迹"。当我们在学习生活中遇到困难和挫折的时候，是选择逃避放弃，还是选择努力行走，感受大地的力量，勇敢面对重压；是焦虑烦恼，还是以平和乐观的态度观照万物，向阳而生……这本书为我们提供了一个很好的行为示范和精神出路。

　　请结合这本书的主要内容，思考并尝试分析这本书的书名是否具有合理性。推想一下作者命名的缘由，这本书本身是不是一个"奇迹"呢？

第二节　我们为什么要读《红楼梦》?

名著与生活

　　在日常学习生活中，你喜欢读《红楼梦》吗? 你是红学爱好者吗? 曹雪芹这位文学巨匠用他的生花妙笔在《红楼梦》这部旷世之作中，刻画了一大批栩栩如生的人物形象，这些角色不仅在中国文学史上留下了浓墨重彩的一笔，也在世界文学的舞台上熠熠生辉。《红楼梦》浑然一体、气势磅礴的艺术结构，征服了无数读者的心。曹雪芹通过艺术化的提炼，在书中展现了生活的多姿多彩，每一幅画面都散发着人性的温暖和诗意的光芒。而曹雪芹卓越的语言技巧，更让《红楼梦》在世界文学的海洋中独树一帜，成了不可多得的瑰宝。

　　"取法乎上，仅得其中; 取法乎中，仅得其下。"我们在挑选课外书籍时，不能只满足于那些容量狭小、思想肤浅的作品。相反，应该挑战那些能够让我们仰望的书籍，尽管阅读它们可能需要更多的思考和努力，但正是这种挑战，才能激发我们的求知欲，避免陷入自我满足的陷阱，从而获得真正的成长和收获。

　　简言之，选择《红楼梦》这样的经典之作作为课外阅读，不仅能够提升我们的文学素养，还能培养我们深思熟虑的习惯，让我们的精神世界更加丰富多彩。

思考与联想

　　我们为什么要读《红楼梦》? 很多人一定会脱口而出，因为《红楼梦》是中国古代最伟大的现实主义长篇小说。那么《红楼梦》何以伟大? 为什么被冠以伟大、优秀之名？《红楼梦》的艺术成就首先在于人物刻画得好，呈现了众多的艺术典型。曾经有人做过统计，说《红楼梦》里的各色人物共有四百多个，后来又有人说七百多个。[1]《红楼梦》问世二百多年以来，贾宝玉、林黛玉、薛宝钗、王熙凤乃至刘姥姥、焦大都成了大家耳熟能详的人物。《红楼梦》中刻画了大量栩栩如生的人物形象，你对哪些人物印象深刻？在小说第五回中，贾宝玉看到"自己的家乡"的大橱里有几个册子，是"金陵十二钗正册""金陵十二钗副册"，你知道正副册都有哪些人物？她们之间有哪些故事？又有怎样错综复杂的关系？除人物塑造外，《红楼梦》在神话叙事、悲剧意蕴等方面都独具特色。

究底与寻根

鲁迅在《中国小说史略》中说："其要点在敢于如实描写，并无讳饰，和从前的小说叙好人完全是好，坏人完全是坏的，大不相同。所以其中所叙的人物都是真的人物。总之自有《红楼梦》出来以后，传统的思想和写法都打破了。""全书所写，虽不外悲喜之情，聚散之迹，而人物事故，则摆脱旧套，与在先之人情小说甚不同。"

一、人物塑造

《红楼梦》像一场精妙绝伦的化装舞会，每个人物都戴着自己独特的面具，却又共享着人性的喜怒哀乐。他们既是独立的个体，又代表了社会的各个层面，让读者在他们的故事中看到自己的影子，感受到了生活的酸甜苦辣。我们以家族里的铁娘子王熙凤为例，来了解《红楼梦》人物塑造的技巧。

在《红楼梦》中，王熙凤无疑是最耀眼的明星之一。出生于赫赫有名的金陵王家，她自小就被当作男孩培养，小名凤哥儿，这段特殊的经历造就了她见识广博、性格泼辣、果敢决断的一面，即便是男人，也往往自叹弗如。凭借着出众的才能和与王夫人的血缘关系，王熙凤在荣府坐上了管家奶奶的宝座，一手遮天，

---

[1] 刘梦溪，冯其庸，蔡义江，等．红楼梦十五讲 [M]．北京：北京大学出版社，2007：23.

令行禁止，威震四方。秦可卿去世后，她更是临危受命，协助管理宁国府，展现出超凡的组织能力。

王熙凤既有大家闺秀的温婉优雅，骨子里又带着市井平民的烟火气息，时而又能展现出泼皮无赖的豪放不羁。论起狠辣手段，猛禽雄鹰也难与之匹敌；说到心机深沉，毒蛇蝎子也难以形容其万一。贾琏的小厮兴儿曾这样评价她"心里阴毒，口里尖快"，这番描述简直是凤姐性格的生动写照。然而，她那倾城倾国的美貌、灵动的神韵、犀利的言辞、幽默的谈吐，又让人对她既敬畏三分，也恨得牙痒痒，有时又爱得死去活来。正如王昆仑先生在《红楼梦人物论》中所说："恨凤姐，骂凤姐，不见凤姐想凤姐。"

曹雪芹以其高超的人物写作技巧，在《红楼梦》中塑造了王熙凤女中豪杰的形象，她独特的人格魅力和语言艺术，使她成了小说中不可或缺的灵魂人物，她的一言一行、一颦一笑，都深深印在读者的心中，让人既畏惧又着迷。

二、神话叙事

《红楼梦》是一部伟大的现实主义著作，但其中部分章节又笔涉虚幻。小说开篇即从中国颇负盛名的神话女娲补天写起，这为小说增添了一缕神话色彩。

小说中最重要的两个人物，贾宝玉和林黛玉，皆有着神话身份。贾宝玉是天上赤瑕宫的神瑛侍者，起了凡心，想要下凡体验人世；林黛玉则是西方灵河岸上三生石畔的一株绛珠草，受神瑛侍者灌溉之恩，修炼成女子，愿随神瑛侍者一同下凡体验人世。在程高本中，石头与神瑛侍者合成一个形象。石头体验过人世，重回青埂峰，上面密密麻麻的字迹便是今天的这部小说。

女娲补天、神瑛侍者与绛珠仙草等神话故事为《红楼梦》的整个叙事搭建了一个宏大的框架，将人间的故事与神话世界相连接，使小说超越了普通的现实描写，具有了一种奇幻而神秘的氛围。整个贾府的兴衰以及众多人物的命运，都在这个神话框架下展开，仿佛是命中注定，又充满了奇幻色彩。而小说在写实的同时，又有了超脱现实的奇幻之美。这种神秘浪漫色彩吸引着读者的阅读兴趣，使读者仿佛置身于一个亦真亦幻的世界中，增强了作品的艺术感染力。

值得注意的是，《红楼梦》的神话叙事既根植于中国神话传统，又不无自己的创造。《红楼梦》大部分地方并不刻意提醒叙事者的身份，只在某些关键之处灵活地转换身份，如小说开头，便是以全知全能的视角讲述女娲补天、石头下凡、绛珠还泪之事；又如元妃省亲时，插入一节元妃的内心独白：

> 此时自己回想当初在大荒山中、青埂峰下，那等凄凉寂寞；若不亏癞僧、跛道二人携来到此，又安能得见这般世面。

提醒读者小说本是石头口吻，颇为有趣。这种在现实主义书写中间加入神话、灵活转化视角的写法，是相当有创造力的。

三、悲剧意蕴

如贾宝玉所听《红楼梦》十二支曲的最后一支《飞鸟各投林》的末句所言，"白茫茫大地真干净"，《红楼梦》所要书写的，是彻头彻尾的悲剧。悲剧的美是一种独特而深刻的审美体验，它通过对苦难、不幸和毁灭的展现，引发人们内心深处复杂而强烈的情感共鸣，具有震撼人心的力量，而《红楼梦》的女主人公林黛玉，是悲剧美的集中体现。《红楼梦》众多人物身上也都体现了悲剧意蕴。

薛宝钗自幼丧父，哥哥薛蟠是个动辄闹出人命的"呆霸王"；香菱年幼被拐子拐去，十几岁卖给冯渊，又被薛蟠抢走；晴雯自幼失去父母，不知祖籍和姓氏，她被贾府管家赖大的妻子买来做丫头；袭人家境贫寒，卖给贾府，签了死契……

林黛玉是《红楼梦》中极具悲剧色彩的核心人物，在她身上，能看到个人身世、情感追求、人生理想以及社会环境等多个层面的悲剧性。她出身于书香门第，但林府支庶不盛。母亲贾敏早逝，父亲林如海不久后也离世，她如无根之萍，寄人篱下，孤苦无依。因此她后来生活在贾府，也缺乏真正的家庭依靠和温暖，始终有一种漂泊感和不安全感。

家族的兴衰与林黛玉的命运紧密相连，聪明敏感的她早已感受到了家族的衰落，却对此无能为力。第六十二回她说："咱们家里也太花费了。我虽不管事，心里每常闲了，替你们一算计，出的多，进的少，如今若不省俭，必致后手不接。"随着贾府的逐渐衰落，各种矛盾和危机不断涌现，而这也是时代的象征，一个庞大的旧时代正在一步步走向崩塌。

　　在《红楼梦》中，贾宝玉梦入"太虚幻境"，翻看了家族女子命运的名册。他最早翻开的并不是"十二金钗"的正册，而是又副册，里面记录的是丫鬟们的命运。这说明，尽管名册上有"正""副"之分，作者在书写时并无先后，表达了一种平等的态度。他在描写金钏、袭人、晴雯、平儿、鸳鸯，甚至小红、芳官、司棋等丫鬟时，投入的心血一点儿也不比描写小姐们少。除了丫鬟们，《红楼梦》中还有许多其他人物，像农村的无名二丫头，会作法念咒的马道婆，懂得利用权贵打黄牛官司的净虚女尼，还有她手下被秦钟强暴的小尼姑智能儿。这些人物虽然出场次数不多，故事也不多，却给读者留下了鲜明的印象，也提供了广阔的思考和反省空间。

　　如《红楼梦》中的刘姥姥，就是《红楼梦》中最具个性的小人物，不仅是贾府兴衰的见证者，更是一位充满智慧与艺术天分的乡村老妪。她的形象，如同一面镜子，映照出贾府的荣华与衰败，也折射出她自身那不凡的见识与才情。

刘姥姥

　　初次踏入荣国府，刘姥姥便以其淳朴而敏锐的目光，捕捉到了贾府的鼎盛与奢侈，她的惊奇与赞叹，为读者勾勒出一幅繁华景象。二度光临，她化身为大观园的活地图，以幽默诙谐的语言，带领众人游历于园林之间，潇湘馆与怡红院在她的口中，仿佛有了别样的风情，她那不经意的错认，反而增添了游玩的乐趣。刘姥姥的每一次出现，都如同一阵清新的山风，吹散了贾府的沉闷，带来了欢声笑语。

刘姥姥不仅是观察者，更是参与者。在贾府面临抄家的悲惨命运时，她挺身而出，以她的机智与深情救下了巧姐，她的行为彰显了人性的光辉，超越了贫富贵贱的界限，展现了真正的智慧与大义。她的行动，不仅挽救了一个少女的命运，也为《红楼梦》这部宏大的家族史诗添上了浓墨重彩的一笔。

刘姥姥的才艺同样令人称道。她那信口开河的故事，竟能让贾府上下听得如痴如醉，她那即兴表演的才能，无论是自嘲为"老风流"还是在大观园中的各种搞怪，都让她的形象鲜活而立体，她以乐观与幽默赢得了贾府老少的喜爱与尊重。

 迁移与小试

在中国文学史上，老舍先生被誉为"人民艺术家"。他在刻画人物方面展现了高超的艺术功力。他擅长通过细腻的描写和生动的对话赋予人物鲜明的个性和丰富的内心世界。他笔下的人物栩栩如生、形象丰满，常常具有深刻的社会背景和文化内涵。老舍能够通过人物的言行举止、心理活动和社会环境，细致入微地展现人物的内心矛盾和情感波动。

老舍善于通过细节描写和日常生活中的小事，揭示人物的本质和性格特点。无论是底层劳动人民还是知识分子，他都能刻画得入木三分，真实可信。此外，老舍还擅长运用幽默和讽刺的手法，使人物形象更加立体生动。他的语言风格简洁、明快，富有北京地方特色，使读者在轻松愉快的阅读中，不知不觉地走进了人物的内心世界，感受到他们的喜怒哀乐。

请结合《红楼梦》中小人物的形象，思考并分析老舍《茶馆》中众多小人物复杂而又丰满的形象。

第三节 曹雪芹一生在书写什么?

名著与生活

你参观过北京植物园里的曹雪芹纪念馆吗?曹雪芹的人生,仿佛一部跌宕起伏的小说,充满了意外与转折。他还未尽享童年欢愉,家族的骤然衰败,便将他从无忧无虑的伊甸园抛至现实的深渊。这一变故,不仅剥夺了他作为纨绔子弟享受奢华生活的权利,更夺走了他接受封建教育体系精心培育的机会——那些关于"四书"、经义、八股文的枯燥学习,原本是为了铺设通往科举金榜题名的道路。

曹雪芹

然而,正如人生中每一枚硬币皆有两面,失去的同时,亦有所得。在失去了"正统"教育的枷锁后,曹雪芹获得了自由探索知识海洋的契机。他不再受限于狭隘的学术框框,而是能够随心所欲地广泛涉猎,从诗词歌赋到民间传说,从历史典籍到戏曲话本,无所不包。这种博采众长的阅读经历无疑为他日后创作《红楼梦》提供了丰富的素材与灵感,塑造了一个学识渊博、见多识广的作家形象。

在当时,许多士子埋首于经史子集,追求功名利禄,却忽视了生活的真实与多元。曹雪芹则不然,他以独特的视角汲取了来自社会底层的养分,这些经历让他得以洞察人性的复杂、理解世态的炎凉,最终熔铸成《红楼梦》这部传世之作。这部小说不仅展现了大观园内的繁华与衰败,更深刻反映了清代社会的方方面面,成为后世研究中国传统文化与社会变迁的宝贵财富。

思考与联想

曹雪芹创作《红楼梦》可谓历尽艰辛，他常常衣食无着，甚至到了寒冬腊月，还得典当衣物来换取食物。就是在这样的艰苦条件下，他依然坚持创作，将自己对人生、社会的深刻思考和感悟倾注于字里行间。此外，《红楼梦》的创作并非一蹴而就，而是经过了长时间的积累和反复修改。曹雪芹曾说过"披阅十载，增删五次"。你知道文学史上还有哪些作品像《红楼梦》一样玉汝于成，还有哪些作家像曹雪芹一样从未被生活的困难打倒最终铸就伟大的作品吗？

究底与寻根

曹雪芹一生历尽坎坷与磨难，饱尝人世的辛酸和苦痛，不到五十岁便含恨离开了人间。在命运的无尽颠簸中，身世如转蓬的曹雪芹，一生不知经过多少次播迁。四十岁前后，他流落到北京西郊傍近西山的荒村，栖身于"茅椽蓬牖（yǒu）"之下、"瓦灶绳床"之旁，著书，绘画，写诗。"诗家不幸诗歌幸"，不幸的小说家曹雪芹却为我们留下了伟大的《红楼梦》。

一、繁华坠入困顿

曹雪芹祖上为满洲正白旗包衣，自曾祖曹玺（xǐ）起，三代任江宁织造。所谓"江宁织造"，从名义上来说，是朝廷派往江南负责掌管皇宫所需的各种织物的织造、采购、供应的官员。但实际上，江宁织造这个职务，还负有特殊的使命，等于皇帝直接派往江南的心腹和耳目，肩负了解江南民情、笼络明朝遗民等重任。

其祖父曹寅（yín）尤受康熙皇帝宠信。康熙皇帝六次南巡，其中有四次就以江宁织造府为行宫。这也造成后来江宁织造的财务亏空。皇帝到来，恭迎圣驾，不得不大笔花银子，又无处去报账，只能挪用江宁织造上的钱，挪用后又很难填补，这就造成财务亏空。

雍正皇帝上台以后，朝政发生了巨大的变化。雍正皇帝有个特点，就是不使用康熙皇帝重用的人，"一朝天子一朝臣"。雍正皇帝即位后，就对朝廷内部进行了大规模的"政治清扫"。曹家迅速败落下来。时任江宁织造的曹頫（fǔ）被挂上了一些罪名，曹頫被革职，曹家被抄家，雍正六年（1728），曹家全家迁居北京。

曹雪芹幼年在南京度过了一段美好的时光。这段生活给曹雪芹留下许多回忆。直到晚年，他的朋友还说："秦淮风月忆繁华""废馆颓楼梦旧家"。

迁居北京时，曹雪芹才十三四岁。十三四岁的少年，对所经历的事情应该记忆相当深刻。所以，家庭富贵荣华的生活和遽然衰败的经历，成为曹雪芹进行小说创作的一种丰富的生活资源。

到了北京以后，曹雪芹的生活一直比较贫困，潦倒不堪。他当过宗学的执事，做些文墨抄录之类的工作。大约在这个时候，他结识了皇室子孙敦敏、敦诚兄弟，和他们建立了十分深厚的友谊，饮酒赋诗，非常投机。

后来，大概是迫于生计，曹雪芹全家迁到北京西郊一个人烟稀少的小山村过着穷苦的生活，"举家食粥酒常赊"（敦诚《赠曹雪芹》），穷到连儿子都很难养活。在乾隆二十七年（1762）或二十八年（1763）除夕，曹雪芹因幼子夭殇，感伤成疾，加上无力请医，在困苦交加中含恨而逝。

二、穷且益坚的傲骨

曹雪芹的家族败落以后，如果他愿意攀附，也有可以攀附的阔亲戚，家门里也有得志的人物，但曹雪芹却不愿巴结他们。

曹雪芹工诗善画、高才博学，如果他肯投靠王公大人，做他们的清客、幕友，那一定有赏识他的人，富与贵唾手可得。他怎么会落得衣食不给，那样潦倒穷困呢？此外，他还可以奔走权贵之门，献字献画献诗。然而，这样的行止同曹雪芹的本性格格不入。他是明知有富贵可图也不肯去"摧眉折腰事权贵"的，因此曹雪芹的朋友常把他比作阮籍。不仅如此，曹雪芹自己也表示对阮籍极为欣赏与仰慕。

傲骨——曹雪芹的人格精神，充分地显示于他的艺术作品中。不仅见于他笔下的石头，也见于他的诗和他的小说中的人物形象。

曹雪芹在《红楼梦》里写的诗是为小说人物拟写的，大体都符合各个人物的个性、思想和文学修养，同时有曹雪芹个人情志的寄托。史湘云、林黛玉的菊花诗，反复吟叹菊花清高傲世的品格："数去更无君傲世，看来惟有我知音！""傲世也因同气味，春风桃李未淹留。""孤标傲世偕谁隐，一样花开为底迟？""一从陶令评章后，千古高风说到今。"这深情的吟叹，抒写了黛玉、湘云的情操、胸襟。不言而喻，曹雪芹也是借菊花的形象，为他理想的人格写照，为他自己的人格精神写照。

三、秦淮河的"梦"与"忆"

曹雪芹具有顽石一般的傲骨，又是一位热烈奔放的多情文人。他对权贵、"倚势仗富"者、庸俗的利禄之辈，始终保持傲视的态度，对志同道合的诗友，也总是充满拳拳之忱。穷困潦倒、燕市悲歌的曹雪芹，忘不了少年时代在秦淮河畔的繁华生活。那行去愈远的岁月，留给他无尽的回忆、无尽的梦。

《红楼梦》开头有一段作者自云：

> 今风尘碌碌，一事无成，忽念及当日所有之女子，一一细考较去，觉其行止见识，皆出于我之上。何我堂堂须眉，诚不若彼裙钗哉？实愧则有余，悔又无益之大无可如何之日也！……我之罪固不免，然闺阁中本自历历有人，万不可因我之不肖，自护己短，一并使其泯灭也。虽今日之茅椽蓬牖，瓦灶绳床，其晨夕风露，阶柳庭花，亦未有妨我之襟怀笔墨者。虽我未学，下笔无文，又何妨用假语村言，敷演出一段故事来，亦可使闺阁昭传，复可悦世之目，破人愁闷，不亦宜乎？

这清楚地说明，曹雪芹深深怀念当年他周围的一群女子，推崇那些女子；他不惜耗尽心血创作《红楼梦》，一个很重要的动力是为了表彰那些女子，悲悼那些女子，"使闺阁昭传"。

四、未成的遗憾

曹雪芹一生的主要事业是创作《红楼梦》。他的才华、学问主要表现在《红楼梦》上，他大半生心血也几乎都倾注在《红楼梦》上。

《红楼梦》开卷第一回有一首作者表白心迹的诗：

> 满纸荒唐言，一把辛酸泪！都云作者痴，谁解其中味？

在正统的礼俗之士看来，这是一部充满"荒唐言"的小说。作者也带点调侃地以"荒唐"自许。书中浸透了作者的辛酸和泪水、作者创作上的执着，他对"红楼"中少男少女的痴心、痴情，他对人世沧桑无尽的回忆与思索，有几人能理解呢？甲戌本上针对这首诗有一条眉批：

> 能解者方有辛酸之泪，哭成此书。壬午除夕，书未成，芹为泪尽而逝。
> 余尝哭芹，泪亦待尽。

曹雪芹"哭成此书"，为此书"泪尽而逝"。甲戌本书前"凡例"（全书总批，批者不详）题诗又称"字字看来皆是血，十年辛苦不寻常"，《红楼梦》的"字字"都是血所凝成。《红楼梦》这部书，可说是天才、痴情、血泪的结晶。

曹雪芹在三十岁左右开始《红楼梦》的写作。今传甲戌本第一回有"至脂砚斋甲戌抄阅再评，仍用《石头记》"字样，同时又有"曹雪芹于悼红轩中披阅十载、增删五次"的话。虽然今传甲戌本过录时间稍晚，但其祖本应是脂砚斋甲戌年（乾隆十九年）"抄阅再评"的本子。既然乾隆十九年（1754）曹雪芹已经"披阅十载"，那说明在乾隆十年（1745）前后，曹雪芹即开始写作《红楼梦》。曹雪芹大约三十岁，正当而立之年，他用近十年时间写出了《红楼梦》的初稿。曹雪芹于乾隆十九年的前一二年写出《红楼梦》初稿之后，没有停笔，又孜孜不倦地对他的小说继续进行修改、加工、增补。他移居北京西郊以后，衣食不给，仍执着、顽强、痴痴地坚持《红楼梦》的写作。

乾隆二十二年（1757），敦诚在喜峰口写的《寄怀曹雪芹》诗，勉励曹雪芹克服生活的贫困，"著书黄叶村"，这同时说明了曹雪芹贫居北京西郊荒村时，主要致力于"著书"。"著书"就是写《红楼梦》。

可惜天不假年，曹雪芹仍未完成《红楼梦》的撰写。曹雪芹去世时还不到五十岁，死时适逢腊月三十，这正是北京城里千家万户在爆竹声声中团聚的日子。曹雪芹恰恰在这一天凄然离开人世，好像是天公有意安排的具有强烈对比效果的悲剧！

"孤儿渺漠魂应逐，新妇飘零目岂瞑？"他未成年的儿子在他去世前几个月死去，他的魂魄大约追赶他心爱的儿子去了。他身后没有子女，妻子孤苦伶仃，漂泊流落，难以为生。凝结着他大半生心血的《红楼梦》书稿，前八十回幸亏有脂砚斋等人抄阅，一评、再评，得以流传于世，其他部分则因无人收拾，便散失殆尽了。他一生的诗词书画作品为数不少，也因无人收拾，都散失了。

 拓展与延伸

　　曹雪芹最终未能完成《红楼梦》的撰写，留下了深深的遗憾，不过后来高鹗续写了《红楼梦》后四十回。高鹗一生的经历颇似一场跌宕起伏的戏剧。他年轻时，曾在繁华的京城中畅游于歌楼舞榭，享受着风花雪月的快意人生。然而，随着岁月的流逝，科举之路的坎坷与仕途的平淡逐渐侵蚀了他的心田，将他从青春的欢愉中拉入了现实的泥沼。高鹗的内心深处始终萦绕着一种无法言喻的悲苦与困厄，这成为他创作生涯中不可忽视的情感背景。

　　高鹗终于在五十岁那年（乾隆五十三年）中举，七年后又一举夺魁，成为进士。然而，这些迟来的荣耀并未能完全弥补他心中多年的遗憾与失落。在内阁中书、内阁侍读、顺天乡试同考官等一系列官职的轮转中，高鹗始终未能触及权力的核心，这让他在诗文中不时流露出"泥途悲潦倒"的哀叹。正是这种人生体验，使得高鹗能够以一种深切的同情和理解，去接近并续补曹雪芹未竟的《红楼梦》。

　　高鹗续补《红楼梦》后四十回，不仅是对这部伟大作品的补充，更是对曹雪芹深沉情感的延续。他遵循原著的精神，以细腻的笔触勾勒出贾宝玉、林黛玉等人命运的终章，使整个故事得以圆满落幕。高鹗的续作虽在某些细节上可能偏离了曹雪芹的初衷，艺术表现力也不及前八十回那般震撼人心，但他成功地将作品塑造为一部完整连贯的文学巨著，实现了情节上的闭合，满足了读者对故事结局的期待。

　　自高鹗续补的《红楼梦》问世以来，两百多年的时间里，虽然出现了众多续书版本，但唯有高鹗的续作与原著一同流传至今，广受读者喜爱。这一事实本身，便是对高鹗续补工作的最高赞誉。

　　在世界文学史上还有一部和《红楼梦》一样未能完成的杰作，它就是俄国作家果戈理的《死魂灵》。它分为两部分，但第二部分并未完成。这部小说以讽刺和幽默的手法描绘了19世纪俄国社会的生活画面，揭露了农奴制度的腐朽和没落。

　　小说的第一部分讲述了一个名叫乞乞科夫的投机商人，他发现了一个可以利用的漏洞：向那些拥有已故农奴"灵魂"（即农奴登记册上仍然存在的名字）的地主购买这些"死魂灵"。由于农奴税是以活着的农奴人数为基础征收的，地主通常不会立即报告农奴死亡，以免失去税收减免的机会。于是，乞乞科夫计划用极低的价格购买这些"死魂灵"，然后将它们作为活人的财产抵押给政府贷款机构，从中牟利。通过这个荒诞的情节，果戈理巧妙地揭露了当时社会的腐败和人性的贪婪。

　　《死魂灵》的出版几经周折，尽管如此，依然被认为是俄国文学史上的一部杰作。它以独特的讽刺手法和深刻的社会洞察力，对俄国社会进行了辛辣的批判，同时展现了果戈理卓越的艺术才华。这部作品对后世文学产生了深远的影响，成为研究19世纪俄国社会不可或缺的文献。

　　请阅读《死魂灵》，试着分析它与《红楼梦》作为社会百科全书的相似性。

第四节　可以把《红楼梦》的前五回删掉吗？

　　生活中，很多人不喜欢读《红楼梦》的前五回，认为前五回故事性不强。但前五回如同一扇精致的窗棂，镶嵌在宏伟建筑的最显眼处，既是进入庞大叙事世界的入口，也是理解整部巨著精髓的关键。这五回就像一幅精细的工笔画，每一笔、每一画都透露着作者曹雪芹的匠心独运，以及对整个故事布局的深思熟虑。它们不仅勾勒出了故事的轮廓，更为后续章节铺设了坚实的基石。

第一回仿佛是整部《红楼梦》的灵魂引子，通过甄士隐和贾雨村的故事，巧妙地引入了"真事隐，假语存"的主题，预示了全书将现实与虚幻交织的写作风格。同时，通过甄家的兴衰，象征性地映射了贾府未来的命运，让读者在开篇之初就能感受到一股淡淡的哀愁和伤感，为整部小说铺垫了一层厚重的情感基调。

甄士隐

贾雨村

紧接着的第二回至第四回像精心编织的网，逐步揭示了贾府错综复杂的人物关系和社会背景。黛玉的进府、宝玉的出场，这些看似寻常的事件背后，实则暗流涌动，人物性格的鲜明对比、家族内部的微妙关系，都在这一系列事件中初露端倪。特别是宝玉与黛玉的初次相遇，仿佛命中注定的缘分，他们的纯真情感为后来的爱情悲剧埋下了伏笔。

第五回则是前五回的高潮所在，通过对宝玉梦游太虚幻境的描写，不仅展示了作者超凡的想象力，更将全书的主题推向了高潮。太虚幻境中的判词和"十二钗"的画像预示了众多人物的命运走向，使得前四回的人物刻画和情节铺垫有了更加深刻的内涵和指向性。这一回，就像一个巨大的迷宫入口，引领着读者深入探索《红楼梦》中人物命运的奥秘，以及作者对于人生百态的深刻思考。

总而言之，《红楼梦》的前五回就像一个精密的钟表，每一个齿轮、每一个零件都紧密相连，共同推动着时间的流转。它们不仅是故事的开端，更是整部作品精神内核的缩影，是不可删减的篇章。没有了它们，《红楼梦》就如同失去了灵魂，无法展现出其独有的魅力和深度。正如人体中的每一个器官，虽小却不可或缺，前五回在《红楼梦》中，便是这样的存在。

在《红楼梦》开篇，作者巧妙地通过甄士隐、贾雨村的故事引出贾府的主要人物，如贾宝玉、林黛玉等。这些初期的角色互动如何预示了他们之后的命运轨迹？比如，甄士隐梦中遇见一僧一道谈论"还泪"之说，这与后来林黛玉和贾宝玉之间的关系有何关联？

茅盾先生在《关于曹雪芹》一文中明确指出："《红楼梦》开头几回就把全书的结局和主要人物的归宿，用象征的笔法暗示出来。但是此后故事的发展，却又往往令人意外。这样的包举万象的布局，旁敲侧击、前后呼应的技巧，使全书成为巍然一整体，动一肢则伤全身。这是空前的高度成就！"从作品的实际来看，前五回互相关合照应，的确形成了一个严密的整体。

🐉 一、美丽而浪漫的神话

在《红楼梦》前五回中，曹雪芹匠心独运地构建了一系列神话叙事，为这部经典文学巨著注入了浓厚的神话色彩和丰富的象征寓意。首先，小说的开篇即以女娲补天的典故为引，引入了一块未能参与补天的顽石，这顽石不甘寂寞，幻化成人，成为贾宝玉。顽石的故事不仅象征着作者自身的才情与命运，也映射出宝玉的性格特质——对世俗规则的反叛与对自我价值的追求。顽石的形象，既是对现实的讽刺，也是对理想世界的向往，它在故事中承载着对生命意义的探索。

接着，"还泪"故事讲述了神瑛侍者与绛珠仙子之间的前世因缘。神瑛侍者用甘露浇灌绛珠草，使之得以修炼成人，绛珠仙子为报答这份恩情，决定下凡以眼泪偿还。这一设定为宝黛之间的爱情悲剧埋下了伏笔，寓意着二人前世的承诺与今生的缘分。它不仅展现了爱情的纯洁与牺牲，还揭示了宿命与抗争的主题，使得宝黛之间的感情超越世俗的框架，具有了超越性的美感和深度。

最后，太虚幻境的描绘是《红楼梦》中最为神秘与迷人的神话元素。贾宝玉在梦中进入太虚幻境，遇见了兼具林黛玉与薛宝钗之美的女子"兼美"，她代表了宝玉内心深处对完美女性的渴望，以及对钗黛二人的复杂情感。太虚幻境不仅是宝玉内心世界的真实反映，也象征着人生如梦、虚幻与现实交织的哲理思考。它让读者在奇幻与现实的边界徘徊，体验了一种超越日常的美学享受。

二、四大家族——冷子兴演说荣国府

《红楼梦》前五回中，曹雪芹借冷子兴之口对四大家族——贾、史、王、薛的描绘，不仅构建了小说的宏大背景，也奠定了整部作品的社会基础与家族脉络。

贾府作为四大家族的核心，是故事的主要舞台，其荣辱兴衰贯穿全书。贾府的"老祖宗"贾母是史侯家的小姐，与史家有着血缘上的联系；贾政的妻子王夫人，则是现任京营节度使王子腾的胞妹，这层关系加强了贾府与王家的纽带。

四大家族通过婚姻纽带彼此紧紧相连，其关系非同寻常，政治利害与经济利益不可分割。例如，贾府的当权者贾母、王夫人在决定宝玉的婚姻时，选择了出身于四大家族之一的薛宝钗，而非同样出身名门但家道中落的林黛玉，这背后体现了家族利益与社会地位的考量。此外，四大家族间的复杂关系，也在薛蟠打死人的案件中展现得淋漓尽致。贾雨村作为审理此案的官员，因其仕途曾得益于贾、王两家的提携，所以在处理案件时徇私枉法，这也从侧面反映了四大家族的影响力。

《红楼梦》前五回中对四大家族的描绘，不仅构建了小说的社会背景，也预示了故事的发展脉络。四大家族的兴衰，不仅是贾府的缩影，也是整个封建社会的写照。对四大家族的描绘，如同一扇窗口，透过它，我们可以窥见封建社会的全貌，感受到那个时代社会结构的复杂与家族命运的起伏。

三、黛玉明登场，宝钗暗揭示

林黛玉这位来自姑苏世家的少女，在父亲林如海的顶配教育下，不仅美貌与才华俱佳，她身上还流淌着一股不同于常人的高洁朗净之气。同时，林如海对她的宠爱让她在封建闺阁教育的束缚中保留了一份纯净与叛逆。

林黛玉从踏进贾府的那一刻，就融入了这个表面繁华却又暗流涌动的大家族。她的到来，如同一阵清新之风，吹拂过贾府的每一个角落，也悄悄地改变了贾府的命运轨迹。

林黛玉进贾府的情节描写非常充分，但与此同时，另一位女主角薛宝钗的故事线也在悄然铺开，与直接描写林黛玉登场不同，对薛宝钗这一人物作者用了隐笔。薛宝钗的哥哥薛蟠的出场为薛宝钗的出场做了铺垫，薛蟠的人命官司如同一道闪电，撕开了贾府与外界的平静表面，将贾雨村、英莲等人卷入其中，也揭示了贾府与薛家之间错综复杂的关系。这场突如其来的风波，不仅考验着贾府的应对能力，也从更深层次暴露了封建社会的黑暗面。贾雨村作为审理此案的官员，面临着道德与利益的抉择，最终选择了屈服于"护官符"，这三个字背后隐藏的是贾、史、王、薛四大家族的权势与利益纠葛。

如果没有前五回对林黛玉的明写和对薛宝钗的暗揭示，那么之后在小说中直接提到这两个最主要的女性人物形象，情节就会显得非常突兀。

四、金陵十二钗

贾宝玉梦游"太虚幻境"，这是一段充满神秘与浪漫色彩的奇幻之旅，其中最为人津津乐道的，莫过于他在此地所遇见的警幻仙子，看到了全书人物——"金陵十二钗"的命运。这十二位女子不仅代表着书中主要的女性角色，作者更匠心独运地将她们的命运以判词和曲文的形式，寓言般地呈现给了读者。这些判词和曲文如同一串串珍珠，串联起了《红楼梦》中的悲欢离合，让人在惊叹作者的文采之余，不禁对这些女子的命运产生了深深的好奇与同情。

首先，宝玉踏入"太虚幻境"，便被引入了"薄命司"，这里有十二个巨大的橱窗，每个橱窗里都藏着一本册子，上面绘有女子的画像，并配以判词。这些判词以诗的形式，简洁而深刻地概括了每一位女子的一生，预示着她们的结局。比如钗黛的判词——"可叹停机德，堪怜咏絮才。玉带林中挂，金簪雪里埋。"短短几句，既赞美了她们的才华与美德，也预示了她们悲惨的结局，令人唏嘘不已。

接着，宝玉又听见了十二支曲子，这便是著名的"红楼梦十二曲"。这些曲子比判词更为细腻，情感更为丰富，将"十二钗"的性格、命运，乃至全书的主旨，都蕴含其中。每一曲都像一个独立的小故事。如王熙凤的《聪明累》，描绘了她机关算尽，最终落得个家亡人散的凄凉下场，聪明反被聪明误。

在这"十二钗"中，除了林黛玉和王熙凤，还有如薛宝钗、史湘云、贾探春等，每个人都有自己的故事和特色。史湘云的判词——"富贵又何为，襁褓之间父母违。展眼吊斜晖，湘江水逝楚云飞"透露出她虽出身富贵，却命运多舛，早早失去了父母的关爱，最终如同湘江水逝、楚云飞散，令人感慨。

贾宝玉在"太虚幻境"所经历的不仅是一场灵与肉的碰撞，更是一次对生命意义与命运无常的哲学探索。"十二钗"的命运，如同一面镜子，映照出封建社会的种种弊端，也引发人思考个体在历史洪流中的渺小与无奈。

拓展与延伸

在《红楼梦》第一回中，作者叙述了甄士隐的"小荣枯"。脂砚斋评价甄士隐的故事为"士隐家一段小荣枯""确为贾府大荣枯之缩影"。相对于贾府的盛衰荣枯，甄士隐的这段人生历程显得短小而精悍。

甄士隐原本是姑苏城中的名门望族，生活优渥，家境殷实。正当他沉浸在元宵节的热闹氛围中时，一场突如其来的变故打破了他的平静生活——他的女儿甄英莲被拐子拐走了。还没从失女的痛苦中走出来，祸不单行，葫芦庙的大火又使他家的房屋化为灰烬。于是，甄士隐不得不投奔岳父，寄人篱下，开始了他贫病交加的晚年生活。

在这段凄凉的人生旅途中，甄士隐再一次遇到了癞头和尚和跛足道人。在他们的启示下，甄士隐听到了那首意味深长的《好了歌》。这首歌的歌词犹如一剂清醒剂，让他顿时觉悟：世事无常，荣华富贵皆如过眼云烟。他不仅听懂了这首歌的真意，还为它做了注解，彻底看破红尘，随同癞头和尚出家去了。

这段"小荣枯"的故事，以甄府的盛极而衰为开端，最后以出家为结尾，正好印证了《好了歌》中那种对人世间一切虚幻繁华的洞察。相比之下，贾府的"大荣枯"则更为壮观和悲凉，从"烈火烹油，鲜花着锦"的鼎盛时期，走向"落了片白茫茫大地真干净"的最终毁灭。这两段故事交相辉映，共同揭示了《红楼梦》虚无主义的主题，展示了人生的无常和命运的多舛。

《红楼梦》重新演绎了中国文学史上的女娲炼石补天的神话。据《淮南子·览冥训》记载，《红楼梦》中的补天神话则落脚于"无材补天"而被遗弃的顽石。用顽石的形象象征人性中的不完美与渴望。顽石的"无材补天"恰恰映射了贾宝玉的"无材可去补苍天"，两者在精神上形成了呼应。顽石在人间的历练，就如同宝玉在贾府中的成长，经历着情感的纠葛、家族的兴衰，最终认识到人生如梦、万事皆空的哲理。

鲁迅先生的《故事新编》或许是受《红楼梦》的启发，从而对古代神话、传说进行重新诠释和现代化改编的作品集。鲁迅以他特有的犀利笔触和敏锐洞察力将古老的神话传说赋予了新的生命力，使之在现代语境下焕发生机，既保留了传统文化的魅力，又注入了时代的精神。

例如，在《补天》一篇中，鲁迅以女娲补天的神话为蓝本，将女娲塑造成一位坚韧不拔的女性形象，她不仅要面对天地间的混乱和灾难，还要克服内心的疑惑和疲惫，最终以非凡的智慧和勇气完成补天的壮举。鲁迅在此不仅赞美了女性的伟大，也借女娲的形象表达了对理想和信念的坚守。

请阅读鲁迅先生的《补天》，分析两个"补天神话"的故事对中国传统神话"女娲补天"是如何升华的。

第二章
《红楼梦》中的"雅"文化

　　《红楼梦》不仅是一部文学杰作，更是中国传统文化中"雅"文化的典范。在《红楼梦》中，"雅"文化被定义为正直、规范、高雅和美好的事物。它贯穿于小说的每一个角落，从人物的言行举止到故事的叙述方式，无不体现出一种超脱世俗的优雅。

　　《红楼梦》的"雅"首先体现在其语言和叙事风格上。曹雪芹在小说中使用一种诗化的语言，将诗词歌赋融入其中，使得作品语言富有诗意和文人色彩。

　　"雅"文化还体现在《红楼梦》对贵族生活方式的细腻描绘上。宴饮作为日常生活的一部分，在小说中被赋予了非凡的意义。如第五十三回中描述的元宵夜宴，虽未详述菜品，但通过对宴厅气氛的刻画，尤其是对"炉瓶三事"、花卉、茶具等细节的描写，营造出一种高雅的氛围。这些细节反映了钟鸣鼎食之家的气派，以及"雅"文化中对生活品质的追求。

　　园林景观的描绘同样体现了"雅"文化的精神。大观园内的建筑和自然风光，如潇湘馆、稻香村等，不仅展现了中国园林建筑的文化意蕴，也与人物性格相呼应。林黛玉的潇湘馆以翠竹环绕，象征着她孤傲的性格；稻香村则体现了李纨对耕读传家的向往。这些景致的描写，反映了"雅"文化中自然美与人文精神的融合。

第一节 你知道《红楼梦》人物的雅号吗?

名著与生活

　　随着人工智能技术的发展,很多高雅的文学创作活动被 AI 代替。AI 可以瞬间生成一首诗,也可以为你起一个雅号。但古代文人是因职业、兴趣、创作方式、风格乃至代表作品而得雅号。如贾岛作诗耽于苦吟,曾为"独行潭底影,数息树边身"二句作注诗道:"两句三年得,一吟双泪流。"这种创作方式为主张文理自然的苏轼所不屑,他在《赠诗僧道通》中说"为报韩公莫轻许,从今岛可是诗奴",后人便对贾岛以"诗奴"目之。孟郊,字东野,作诗也好苦吟,元好问说"东野穷愁死不休,高天厚地一诗囚",所以后人称孟郊为"诗囚"。雅号也有因诗词佳句而得名的情况。陈师道在《后山诗话》中说:"尚书郎张先善著词,有云:'云破月来花弄影''帘幕卷花影''堕轻絮无影',世称颂之,号'张三影'。"张先这三个佳句中都有一个"影"字,所以他得到了"张三影"这一雅号。贺铸《青玉案·凌波不过横塘路》一词道:"试问闲情都几许?一川烟草,满城风絮,梅子黄时雨。"周紫芝在《竹坡诗话》中说:"'梅子黄时雨'之句,人皆服其工,士大夫谓之'贺梅子'。"需要说明的是,这样得名的雅号,颇有摘句批评的意味;文人因一二佳句便得雅号,也折射了受众对诗句的充分肯定。

　　大观园里每一位才子佳人的雅号同样承载着丰富的文化内涵和个性特征,引领我们深入探索那个时代的人情风貌和精神世界。

　　《红楼梦》中的雅号,不仅仅是人物的代号,它们承载着深厚的文化内涵和个人情感,通过这些雅号,我们可以窥见人物的性格特点、生活态度以及他们对生命的独特感悟。在大观园的每一个角落,这些雅号如同一首首无声的诗,讲述着一个个动人的故事,引领我们从当下走进那个繁华与哀愁并存的世界,感受其中的美与悲、爱与恨,以及人生的无常与永恒。

如果《红楼梦》中的人物与古代其他著名文人相遇，例如，"潇湘妃子"林黛玉遇到屈原，会有怎样的文化碰撞？

如果《红楼梦》中的人物来到现代，他们能获得哪些新的雅号？这些新雅号又反映了怎样的时代特征？

在《红楼梦》中，人物的雅号不仅是他们身份的象征，更是其性格、命运乃至深层文化意涵的镜像。这些雅号，如同一颗颗精心雕琢的宝石，镶嵌在故事的纹理之中，熠熠生辉，引领我们深入探索那个时代的社会风貌、文化传统与人性的光辉与阴暗。接下来，让我们一起深度剖析《红楼梦》中几位主要人物的雅号，以期揭示其背后的文化意蕴与人物特质。

一、林黛玉——潇湘妃子

林黛玉的雅号"潇湘妃子"源于她居住的潇湘馆，但其含义远超于此。潇湘，常被视为凄美、哀怨的象征，联想到古代传说中因丈夫舜帝去世而痛哭失声、泪滴斑竹的娥皇、女英二妃，黛玉的雅号便充满了悲剧色彩。黛玉体弱多病，性格敏感多疑，她对宝玉的深情与嫉妒，以及最终的悲剧结局，都与"潇湘妃子"这一雅号相呼应，预示着她的命运——美丽而哀伤，如同潇湘之水，清冽却带着无尽的哀愁。

二、贾宝玉——怡红公子

贾宝玉的雅号"怡红公子"则展现了他与众不同的个性。怡红，意味着愉悦、享受红色（在中国文化中常与喜庆、热情相关）的生活，反映了宝玉对自由、浪漫生活的向往。他不拘小节，厌恶科举仕途，渴望真挚的情感与纯粹的友谊，这些特质在他的雅号中得以体现。宝玉的"怡红公子"不仅是对他生活方式的描述，更是对其精神追求的象征，即在封建礼教的束缚下，寻求心灵的解放与个性的张扬。

三、薛宝钗——蘅芜君

薛宝钗的雅号"蘅芜君"源自她居住的蘅芜苑，蘅芜即香草，象征着高洁与芬芳。宝钗性格温婉贤淑，处世圆融，她的雅号恰如其分地描绘了她的内在品质——如同香草一般，即使身处复杂的环境中，也能保持自身的高洁与清香。宝钗的"蘅芜君"不仅是对她外在环境的描述，更反映了她内在的坚韧与优雅，以及在纷繁世事中坚守自我价值的高尚情操。

四、史湘云——枕霞旧友

史湘云的雅号"枕霞旧友"则显得格外生动有趣。她家原来有个亭子叫"枕霞阁"，如今父母都不在了，生活窘迫，史家是她的寄居之所，她也只能算是过去的小主人。但湘云性格豪爽，遇事超脱淡然，不拘小节，喜爱饮酒，在悲凉之余，她能超越苦难，这一雅号恰好体现了她乐观旷达、率真不羁的个性。"旧友"，也指湘云曾和宝玉从小一起长大，是旧友，暗含着宝玉与湘云之间的深厚友情。

五、贾探春——蕉下客

贾探春

贾探春的雅号"蕉下客"源自她对芭蕉的喜爱。芭蕉在中国文化中常被赋予孤独、寂寞的意象，但探春的"蕉下客"却展现出一种超然物外的淡泊心境。探春性格独立、聪明能干，她的雅号暗示了她不随波逐流，能够在复杂的人际关系中保持清醒的头脑与独立，如同芭蕉下的一位静观者，以冷静的态度审视世间百态。

六、贾迎春——菱洲

迎春的雅号"菱洲"源自她居住的菱洲,"菱洲"之名暗示了她温婉而略显柔弱的性格,如同菱洲上的菱花,美丽却不甚坚强。迎春的遭遇,也正如菱花一般,在风浪中摇曳,最终未能逃脱悲惨的命运。

七、贾惜春——藕榭

惜春的雅号"藕榭"源自她居住的藕榭,"藕榭"之名暗示了她淡泊宁静的性格,如同池塘中静静生长的莲藕,外表看似平凡,内里却蕴含着纯净与坚韧。惜春的雅号反映了她超脱于世俗的追求,以及对艺术的热爱。

八、王熙凤——凤辣子

王熙凤的雅号"凤辣子"生动地刻画了她泼辣精明的形象。这个雅号既有"凤"字的华丽高贵,又有"辣子"的辛辣直接,完美地反映了王熙凤在大观园中独树一帜、手腕强硬的性格特点,以及她在家族事务中所扮演的关键角色。

九、李纨——稻香老农

李纨的雅号"稻香老农"看似平淡,实则寓意深远。"稻香"代表了她对俭朴生活的向往,"老农"则体现了她淡泊名利、乐于耕读的品格。李纨在贾府中虽默默无闻,但她的雅号却彰显了她对家庭的贡献与对子女教育的重视。

李纨

拓展与延伸

北宋名臣范仲淹一生深受百姓爱戴，因此获得多个雅号，每个雅号都反映了他的品德、经历和贡献。

首先，"吃宰相"这个雅号，源于他早年家境贫寒，依靠每天一碗粥分作四份，早晚各两块，加盐和腌菜的艰苦生活，最终却成为国家的宰相，这雅号既体现了他勤俭节约的美德，也映射了他从底层奋斗到高位的传奇人生。

其次，"范履霜"是因他喜爱弹奏《履霜》一曲而得名，"履霜"源自《易经》，寓意在微小的迹象中预见未来可能的大变化，范仲淹以此曲警示自己，始终保持警醒和自律，即使身居高位也不忘初衷，体现了他深谙防微杜渐的道理，时刻保持谦虚谨慎的态度。

范仲淹担任陕西经略安抚副使时，他改革军制，训练士兵，让西夏不敢轻易侵犯，因此被称为"小范老子"。这个称呼表达了人们对他的尊敬和信任，与前任"大范老子"形成对比，显示了他在军事上的卓越才能和对士兵的关怀。

此外，他还获得了"龙图老子"的雅号，这个称号源自他对百姓的关爱、对民族团结的促进以及龙图阁直学士的身份，表明范仲淹不仅是一位优秀的军事统帅，还是深受少数民族尊重的和平使者。他筑城兴田，允许民间交易，与羌族订立友好协议，展现了卓越的政治智慧和对民族融合的远见。

最后，"穷塞主"这个雅号，最初是文学家欧阳修对他《渔家傲》词的戏谑称呼，带有贬义，但范仲淹的词意境深远，描绘了边疆的苍凉景象和戍边将士的爱国情怀与思乡之情，展现了作为边关主帅对将士生活的深切关怀和对国家的忠诚。这首词成了边塞诗的经典之作，展现了范仲淹的文学才华和丰富的情感世界。

范仲淹的雅号不仅是对他个人品质和历史贡献的肯定，也是对他卓越人格的生动注解，它们跨越了时间和空间，至今仍被传诵，成为历史长河中一抹亮色。这些雅号背后的故事，不仅丰富了我们对中国宋代历史的认知，也激励着后人学习范仲淹的高尚情操和不屈精神。

从《红楼梦》中雅号的魅力出发，我们可以开启一场关于《水浒传》中雅号的探索之旅。在《水浒传》这部英雄群像的史诗中，每个好汉的雅号，都是他们传奇故事的缩影，承载着他们的豪情与命运。

比如"及时雨"宋江，这个名字就像一首诗，预示着他在梁山泊的地位和作用，如同久旱逢甘霖，总能在关键时刻带领众人化险为夷，成为众望所归的领袖。而"智多星"吴用则是智慧的化身，他的计谋如繁星点点，照亮了梁山前进的道路，每一次策划都显得精妙绝伦。

再看"豹子头"林冲，这个雅号不仅描绘了他勇猛的形象，更暗示了他内心的坚韧与不屈。林冲的一生充满了悲壮与抗争，就像一头孤独的豹子，即便身处逆境，也要奋力一搏，守护自己的尊严。

还有"黑旋风"李逵，他的雅号如同一阵猛烈的风暴，扫过梁山，带来一股不可抵挡的力量。李逵的性格粗犷豪放，行事果断，他就像梁山的守护神，无论是战场上的英勇杀敌，还是对兄弟的忠诚保护，都让人感到安心。

《水浒传》中的雅号，不仅是人物的标签，更是他们灵魂的写照。每一个雅号背后，都有一个动人的故事，它们串联起来，构成了《水浒传》这部英雄史诗的瑰丽画卷。正如《红楼梦》中的雅号揭示了人物的深层性格，《水浒传》中的雅号同样引领我们深入探索每一位好汉的内心世界，感受他们复杂的情感与崇高的理想。

比较《红楼梦》和《水浒传》中的雅号，会发现两部作品中的雅号风格迥异。雅号作为一种独特的文化现象，在作品刻画人物、深化主题，增添故事的趣味性和艺术性等方面有哪些作用呢？让我们一起细细品味，用心传承吧！

第二节　《红楼梦》的判词说的是谁呢?

你旅游或研学时去过南京博物院吗? 看到过那里收藏的"金陵十二钗"图吗? 在《红楼梦》中, 曹雪芹以其深邃的洞察力和超凡的想象力, 编织了一个错综复杂的人物网, 将大观园内众女子的命运以一种既诗意又神秘的方式展现给世人。这不仅是一部家族的兴衰史, 更对中国古典文学中的人性、命运与社会进行了深刻剖析。其中, 判词与图册的设定, 仿佛是作者精心铺设的一道迷宫, 引领读者一步步接近人物的内心世界。

当贾宝玉随警幻仙子步入太虚幻境的"薄命司", 那些尘封的册子如同一扇扇通往未知的大门, 逐一揭开"金陵十二钗"的前世今生。林黛玉的灵秀、薛宝钗的端庄、贾元春的高贵……每一位女子都被赋予了独特的命运轨迹, 她们的故事交织在大观园的一砖一瓦间, 构建了一个既真实又梦幻的世界。

然而, 这并非简单的命运罗盘, 而是曹雪芹对封建礼教下女性命运的深沉哀叹。正册中的贵族小姐们虽享荣华富贵, 却难逃情感纠葛与家庭束缚; 又副册中的丫鬟们作为"家务奴隶", 身份卑微, 却往往展现出更为纯粹的情感与人性的光辉; 副册中的香菱从官宦之女沦为妾室, 她的经历跨越了阶层, 象征着命运的无常与社会的不公。

这些判词与图册不仅是对人物性格与命运的预示, 也是对封建社会制度的一种批判。曹雪芹通过这样的艺术手法展现了他对人性的深切关怀和对社会现实的清醒认识。尽管结局充满悲剧色彩, 反映了宿命论的思想, 但这并不妨碍《红楼梦》展示其所蕴含的丰富内涵和深刻哲理, 至今仍激发着无数读者的思考与共鸣。

鲁迅先生曾评述,《红楼梦》中的人物命运似乎早已注定,这种设定看似消极,实则深刻地揭示了封建制度下个体命运的无奈与悲哀。然而,正是这些看似荒诞不经的设定,让读者得以窥见作者对人物命运的深刻理解,以及对整个社会结构的犀利剖析。在原稿后半部分散佚的今天,这些判词与图册更显珍贵,它们如同一把钥匙,打开了理解《红楼梦》及其作者创作意图的宝库。

思考与联想

《红楼梦》中的判词以一种寓言式的语言,将人物性格、命运与时代背景紧密相连,成为解读小说深层意义的关键线索。其中,诸如"欲洁何曾洁,云空未必空""机关算尽太聪明,反误了卿卿性命"等判词,不仅精准刻画了人物的性格特点,更暗示了他们的悲惨结局。基于此,我们可以进一步探讨:判词的出现是否意味着作者认为人的命运是宿命的,还是在一定程度上可以改变的?

通过深入分析判词与人物性格、命运之间的内在联系,我们可以更全面地理解《红楼梦》中人物的塑造,以及曹雪芹对封建社会的深刻洞察。同时,这两个问题引导我们去思考《红楼梦》中人物命运的多重维度,以及判词背后所承载的深厚文化意蕴和哲学思考。

究底与寻根

在《红楼梦》的绮丽画卷中，有一幕令人遐想无限的场景——在一个迷离的梦境里，宝玉跟随神秘的警幻仙子步入了太虚幻境—— 一个充满玄机与寓意的世界。在那里，他仿佛穿越了时空，来到了一个名为"薄命司"的地方，那里存放着决定"金陵十二钗"命运的册子。在警幻的指引下，宝玉小心翼翼地开启了一排排封存着秘密的大橱，每一橱内都藏有金陵女儿们的画像与判词。它们犹如一把把钥匙，打开了每个人物的前世今生，悲欢离合。这些图咏，既是她们命运的预言，也是她们性格的缩影。下面，我们将一同探索这些判词的奥秘，体会作者如何巧妙地运用诗词将人物的生平经历与内心世界浓缩于寥寥数语之中，让读者在品味文字之美时，也能感受到《红楼梦》中人物的喜怒哀乐，以及作者对人生百态的深刻感悟。这不仅是文学上的解读，更是一场心灵的旅行。让我们跟随宝玉的脚步，一同揭开"金陵十二钗"的神秘面纱吧。

一、钗黛判词

画：两株枯木，木上悬着一围玉带；又有一堆雪，雪下一股金簪。

> 可叹停机德，堪怜咏絮才。
>
> 玉带林中挂，金簪雪里埋。

《红楼梦》中的林黛玉与薛宝钗，就像夜空中两颗最耀眼的星，一颗闪烁着孤独与才情，另一颗则散发出温润与智慧。黛玉，这位官宦之家的遗孤，宛如寒冬里的梅，清高而脆弱，她的聪慧似雪中之火，炽烈却易逝。宝钗则如夏日里的莲花，出自皇商巨贾之家，集博学与稳重于一身，她的魅力在于她的深邃和包容。

脂砚斋曾提到"钗黛合一"，并非指两人在故事中真正合为一体，而是指在情感与命运上，她们最终达到了心灵的共鸣。尽管二人性格迥异，黛玉率真多情，宝钗理智沉稳，但在小说的推进中，通过一系列"兰言"交流，她们之间的误解与隔阂逐渐消融，形成了深厚的友谊，宛如金兰之交。

这一说法，不仅体现了曹雪芹对人物塑造的精妙，更有对命运无常的深刻揭示。宝玉对两位佳人的感情虽有所不同，但都未能改变她们悲剧性的结局。林黛玉与薛宝钗虽然代表了两种截然不同的人生哲学，但在命运面前，她们的轨迹最终交汇于同一片凄美的天空之下。这一设定，既展现了人性的复杂与多元，也反映了作者对于世间悲欢离合的深刻洞察。在《红楼梦》的舞台上，钗黛的"合一"，不仅是对个体命运的悲叹，更是对整个人生舞台变幻莫测的思考。

二、元春判词

画：一张弓，弓上挂着香橼（yuán）。

> 二十年来辨是非，榴花开处照宫闱。
> 三春争及初春景，虎兔相逢大梦归。

判词是作者精心设计的谜题，用以暗示角色的特质与重大转折，增添故事的神秘感。判词的隐晦之处在于，它们既要预示未来，又不能完全揭露，以保持"天机不可泄露"的神秘氛围。然而，若过于晦涩，又会失去其预先提示的初衷。因此，判词需在隐与显之间取得平衡。

其中，"三春争及初春景"一句，被脂砚斋评为"显极"，巧妙地在显露与隐藏之间找到了完美的平衡点。然而，判词的最后一句是最让人困惑的部分，尤其是关于贾元春"大梦归"的原因，作者似乎有意保留悬念，不在此刻揭晓，加之不同版本中"虎兔"与"虎兕（sì）"字样的差异，更增加了判词的解读难度，让读者不得不暂时搁置疑问，期待后续情节的展开。

三、探春判词

画：两人放风筝，一片大海，一只大船，船中有一女子掩面泣涕。

> 才自精明志自高，生于末世运偏消。
> 清明涕送江边望，千里东风一梦遥。

这首判词如同一首优美的诗，即使单拎出来欣赏，也别具风味。其中，"千里东风一梦遥"一句含蓄而意味深长，仿佛让人嗅到了探春远嫁的哀愁。这句诗，正是对李白"天长路远魂飞苦，梦魂不到关山难"意境的再现，暗示了探春远嫁后的生离死别。然而，后四十回续书中，探春竟然衣锦还乡，与家人团聚，这与判词的深意背道而驰，显得颇为牵强。如果探春嫁入豪门，依旧能够常回家看看，享受天伦之乐，那么她怎么还能被称为"薄命"呢？显然，续书的作者并没有理解判词的真正含义。

这首判词，读来有如一首三叠曲，每读一遍，都能品出新的味道。"生于末世运偏消"这句，让人仿佛听到了作者的深深叹息，脂砚斋的批注指出这是作者对自身身世的感慨。的确，作者生逢乱世，命运多舛，但这不幸，却也成就了他的文学创作高度。没有末世的苦难，就没有《红楼梦》这部旷世巨作，世人也不会知晓曹雪芹这位天才作家。可以说，正是这份不幸，造就了曹雪芹和他的《红楼梦》。这首判词，不仅是探春命运的写照，也是作者自身命运的映射，让人不禁感叹：有时人生的不幸却能孕育出不朽的艺术。

四、湘云判词

画：几缕飞云，一湾逝水。

> 富贵又何为，襁褓之间父母违。
> 展眼吊斜晖，湘江水逝楚云飞。

湘云幼时曾寄住在贾府，那时的她或许还不懂世事沧桑，无忧无虑。然而，判词的前两句揭开了她曾经的辉煌与哀伤。她来自一个富贵之家，父母早早离世，这让她小小年纪就尝遍了人世间的酸甜苦辣。这段历史在小说中并未详细描述，判词填补了这一空白，让读者窥见了湘云过往的繁华与凄凉。

关于湘云的婚姻，小说中留下了许多悬念。判词暗示她婚后不久就面临着与丈夫的分离。然而，第三十一回的回目"因麒麟伏白首双星"似乎给出了另一种可能，表明湘云的丈夫并不会突然离世。这个回目暗含深意，预示着湘云与丈夫的缘分绵长，可能白头偕老，而非中途夭折。这不仅与判词中的猜测形成对比，也给湘云的命运增添了几分温情与希望。

五、妙玉判词

画：一块美玉，落在泥垢之中。

> 欲洁何曾洁，云空未必空。
> 可怜金玉质，终陷淖泥中。

判词讲的是妙玉，一位性格清高、品行高洁的女子，在命运的捉弄下，最终未能逃脱世俗的束缚，落入了与自己初衷完全相悖的境地。原本，妙玉的生活像一首纯净的诗，她犹如一朵远离尘嚣的莲花，独自绽放于世俗之外，追求着精神上的纯洁与超脱。然而，好景不长，随着贾府的衰败和家道的中落，她宁静的生活彻底被打乱，最终沦落风尘。

这段判词并没有直接描绘妙玉落入俗世的具体场景，而是通过"金玉"与"淖泥"的比喻，暗示了她从高洁沦落风尘的过程，充满了无奈与悲凉。

六、迎春判词

画：一恶狼追扑一美女，欲啖之意。

> 子系中山狼，得志便猖狂。
> 金闺花柳质，一载赴黄粱。

迎春是封建社会包办婚姻制度下的一位悲情女子，她的命运成了曹雪芹笔下对这一制度无情批判的典型例证。

在当时的社会里，择婿者追求的是外表英俊、家世显赫、有继承权的公子哥，而择妻者则渴望娶到美貌、嫁妆丰厚、能生育众多子嗣的女子。这种以貌取人、以财为重的观念最终导致了迎春的悲剧。迎春嫁给了看似尊贵的孙绍祖，却不知此人品行恶劣，如同"中山狼"般凶残。

"子系中山狼"，曹雪芹巧妙地利用汉字的拆字法，将"孙"（孙）字隐含其中，使得判词既含蓄又深刻，让人回味无穷。如果直接说"夫婿中山狼"，不仅使文字少了魅力，也削弱了判词应有的深意。

七、惜春判词

画：一座古庙，里面有一美人在看经独坐。

> 勘破三春景不长，缁衣顿改昔年妆。
> 可怜绣户侯门女，独卧青灯古佛旁。

判词首句以"三春"暗喻惜春的三位姐姐，而接下来的句子表达了作者对惜春的深切同情。脂砚斋批注中赞赏判词的末句，称其为"好句"。这里的"青灯古佛"特指真实的尼姑庵，而非大观园内的栊翠庵，暗示惜春最终遁入空门。

八、凤姐判词

画：一片冰山，山上有一只雌凤。

> 凡鸟偏从末世来，都知爱慕此生才。
> 一从二令三人木，哭向金陵事更哀。

这段讲述了《红楼梦》中描写王熙凤命运的判词引发了诸多争议。判词的前两句直接明了，但第三、第四句"一从二令三人木"却成了长期争论的焦点，至今未有公认答案。末句"哭向金陵事更哀"是与第三句连着的，很难给出确切的解释。但有一点似乎可以断定，这位金陵王家出来的女强人，肯定是受到了极大的打击，命蹇时乖，已无能为力，才只好哭着回娘家去。

九、巧姐判词

画：一座荒村野店，有一美人在那里纺绩。

> 势败休云贵，家亡莫论亲。
> 偶因济刘氏，巧得遇恩人。

判词描述的是《红楼梦》中巧姐的命运，其中"势败休云贵，家亡莫论亲"，虽然表面简单，却蕴含了深邃的人生哲理。它反映了作者曹雪芹亲身经历世态炎凉后的感慨，以及对人生无常、富贵转瞬即逝的真实体验。脂砚斋的批注进一步强调了这句话背后的情感重量，认为只有亲身经历过的人，才能深刻理解其中的痛楚，否则只会觉得是纸上谈兵。

关于巧姐的命运，脂砚斋的批注透露了两个重要线索：一是刘姥姥的"忍耻之心"，暗示了她在日后帮助巧姐的故事；二是巧姐与板儿之间有"缘"，最终二人结为夫妇，过着自给自足的平凡生活。这些线索揭示了巧姐虽出身贵族，但家族败落后，她并未依赖旧有的地位和财富，而是选择了与普通百姓一样的生活方式，展现了她的坚强和自立。

然而，高鹗续本却偏离了曹雪芹的意图，让巧姐嫁给了一个富有的地主，这种结局显然与曹雪芹画中预示的"荒村野店"生活背道而驰。

十、李纨判词

画：一盆茂兰，旁有一位凤冠霞帔的美人。

> 桃李春风结子完，到头谁似一盆兰。
> 如冰水好空相妒，枉与他人作笑谈。

判词围绕着《红楼梦》中李纨的命运展开，讲述了她一生辛勤教养儿子贾兰，却未能等到儿子带来晚年荣华的遗憾。李纨的判词结尾处，脂批提到的"真心实语"，似乎是对现实世界的深切感悟。有观点以为其曲子《晚韶华》所说的"爵禄高登"和"黄泉路近"指的都是贾兰，是儿子早卒，使做母亲的李纨希望落空。但这可能是一种误解，因为在判词中，对贾兰的描述是正面的，"到头谁似一盆兰"，象征着贾兰的美好品质和未来的辉煌。此外，画册中的"一盆茂兰"也生机勃勃，没有即将凋零的迹象，脂批也未曾提及贾兰会早逝。

《红楼梦》通过对李纨母子命运的描写，揭示了人生的无常和世事的不可预测。李纨一生的付出与牺牲，换来的却是未能享受到儿子成功带来的回报，这种悲剧性的反差，让人感叹世事的残酷。李纨的故事就像一面镜子，映照出人间亲情的伟大和生命的脆弱，令人动容。

十一、秦可卿判词

画：高楼大厦，有一美人悬梁自缢。

> 情天情海幻情身，情既相逢必主淫。
> 漫言不肖皆荣出，造衅开端实在宁。

关于秦可卿的判词，并非表达宝玉与秦氏存在不正当关系，尽管有"必主淫"等暗示。这里需要理解"淫"字在警幻仙子口中的含义，它并非传统意义上的理解，而是对情感与美的独特追求。畸笏叟建议曹雪芹删去涉及天香楼的情节，曹雪芹接受了这一建议，这并非出于被迫，而是主动为之。保留模糊线索和疑问，留给读者想象空间，不失为高明的写作手法。秦可卿的死因，在修改后的版本中被设定为病逝，但实际上，她的死因存疑。因此，在改编《红楼梦》时，应尊重原著的删改意图，无须擅自添加被删减的情节，以免破坏作品原有的艺术效果和内涵。

拓展与延伸

在《红楼梦》这部旷世巨著中，曹雪芹巧妙地构建了一个由正册、副册、又副册组成的独特体系，用以分类描绘大观园内外不同身份女子的缤纷人生。正册如同一轴华丽的宫廷画卷，聚焦于那些贵族小姐的锦绣生活；又副册则宛如一幅民间疾苦的素描，记录着晴雯、袭人这些"家务奴隶"的悲欢离合；而副册，便是连接这两端的桥梁，承载着那些出身各异、命运多舛的女子。

副册判词，便是对这群处于边缘地带的女性命运的深刻剖析，它们如同一串串珍珠，串联起了《红楼梦》中那些未被正册光辉完全笼罩的女子们的故事，让读者得以窥见那些在历史尘埃中闪烁的女性身影，感受她们的喜怒哀乐，以及她们在时代洪流中挣扎求生的坚韧与无奈。这些判词不仅是对个体命运的哀歌，更是对整个封建社会女性地位和命运的深刻反思，让人在品味《红楼梦》丰富内涵的同时，不禁对那些被历史遗忘的女子投以深深的一瞥，思考她们背后隐藏的社会价值和人性光辉。

一、晴雯判词

画：又非人物，亦非山水，不过是水墨瀹（wēng）染的满纸乌云浊雾而已。

> 霁月难逢，彩云易散。心比天高，身为下贱。风流灵巧招人怨。寿夭多因诽谤生，多情公子空牵念。

晴雯从小被人卖给贾府的奴仆赖大，连父母的乡籍姓氏都不知道，地位低下。然而，她在曹雪芹笔下，却绽放出了非凡的光彩。晴雯不仅拒绝王夫人施舍的微薄恩惠，还嘲笑阿谀奉承的袭人，展现出强烈的反抗精神。当赵姨娘试图欺负芳官时，晴雯坚定地站在弱势一方，目睹芳官等人勇敢反击，她感到无比欣慰。

晴雯的叛逆，最为震撼人心的瞬间，莫过于大观园抄检之时。面对凤姐和王善保家的威逼，晴雯毫无畏惧，以惊人的胆魄将箱子倒扣，将私人物品一股脑儿抛洒一地，这股刚烈之气令人侧目。她的抗争最终招致残酷的报复，病弱之际被无情逐出大观园，悲惨离世。

贾宝玉，这位贵族公子，对晴雯的死悲痛难抑，撰写《芙蓉女儿诔（lěi）》以表示深切哀悼。宝玉对晴雯的亲近，并非出于对美貌的迷恋或对娇嗔的宠爱，而是源于内心深处的民主思想。晴雯，虽尚未彻底觉醒，却对压迫与侮辱燃起熊熊怒火，她拒绝将枷锁视为装饰，坚决对抗不公。

曹雪芹在介绍"十二钗"的册子时，将她置于首位，这是有心安排的。作者对晴雯的偏爱，源自对现实社会的深刻洞察。通过晴雯的坎坷经历，曹雪芹或许也暗含了对当时社会不公的批判，赋予作品强烈的社会寓意。晴雯的故事不仅仅是个人命运的悲歌，更是对封建礼教束缚下女性抗争的歌颂，激发人们对自由和平等的永恒追求。

二、袭人判词

画：一簇鲜花，一床破席。

> 枉自温柔和顺，空云似桂如兰。
> 堪羡优伶有福，谁知公子无缘。

袭人是一个出身贫寒的女孩，自幼因家境困顿被卖入贾府为奴。在贵族家庭的熏陶下，她形成了温柔顺从的性格，符合当时社会对女子及奴仆的期望。与晴雯的刚烈截然不同，袭人的举止常被比作"似桂如兰"，深受赞赏。尽管部分读者对她持有负面看法，这多源于续书中的描述，但从脂砚斋的批注来看，袭人与宝玉间的关系更为复杂。

脂砚斋对袭人的称呼充满敬意，称其为"袭卿"，并指出宝玉的某些行为应当受到责备，暗示宝玉的某些"毛病"可能给家族带来"丑祸"。宝玉曾因此受罚，但他并未改正，最终酿成影响整个大家族的"孽根祸胎"。在面临危机时，袭人没有选择像晴雯那样极端的反抗，也没有像鸳鸯那样发誓终身不嫁，而是选择嫁给蒋玉菡，同时继续对宝玉和宝钗提供援助，体现了她心中的旧情和忠诚。

袭人的婚姻，在脂砚斋眼中，是宝玉未能听从袭人良言的结果，是对宝玉的一种批评。尽管袭人的出嫁原因复杂，但无论如何，她始终保持着对宝玉的关怀，这种情感贯穿于她的人生。袭人册页上的"一簇鲜花，一床破席"图案，不仅暗合其名字，也预示着她即便身处优越环境，也无法摆脱卑微的命运。袭人的故事，反映了当时社会对女性角色的期待与限制，以及个人在命运面前的无奈与挣扎。

三、香菱判词

画：一株桂花，下面有一池沼，其中水涸泥干，莲枯藕败。

根并荷花一茎香，平生遭际实堪伤。

自从两地生孤木，致使香魂返故乡。

香菱，甄士隐的亲生女儿，本名甄英莲，寓意"真应怜"，她的一生充满了悲剧色彩。原本在曹雪芹的创作意图中，香菱因遭受夏金桂的残酷压迫，身体逐渐衰弱，最终罹患干血痨，生命走向尽头，宛如一朵凋零的莲花，暗示着她与配偶薛蟠关系的枯萎。然而，在后续的程高版本中，香菱的命运轨迹被大幅度修改。原本应是悲剧收场的香菱，竟然奇迹般地存活下来，并在第一百零三回中经历了一场意外的转折。夏金桂企图在汤中投毒谋害香菱，却阴差阳错地害死了自己，这样的剧情设计旨在强调恶有恶报、善有善报的道理。

然而，这一改编与曹雪芹原著想要表达的深刻主题背道而驰，原著揭示封建宗法制度对女性的无情压迫和摧残，而非简单的善恶因果报应。改编后的情节虽然看似正义得到了伸张，却丧失了原著批判现实、同情女性悲惨命运的深刻内涵。

 迁移与小试

如同《红楼梦》里的"情榜"，《封神演义》中也有一份神秘而宏伟的名单，它记录着英雄们的功绩与命运——那就是封神榜。封神榜的出现，是姜子牙在周武王伐纣成功后，由天命所授，用来封赏在战争中立下汗马功劳的各路英豪。这些英豪中，既有忠诚英勇的将领，也有神通广大的仙人，甚至包括一些在战争中牺牲的冤魂厉鬼。封神榜不仅是一份荣誉的象征，更是对英雄们功勋的认可，让他们得以在天庭担任各种神职，继续守护人间。

封神榜的设定，与《红楼梦》中的"情榜"相似，都是对人物命运的预示和总结。但封神榜更多地体现了历史的变迁与英雄主义的情结，而"情榜"则更侧重于人物情感的细腻刻画与命运的悲欢离合。两者虽有不同，却同样展示了文学作品中对于人物命运的深刻探讨。

阅读《封神演义》，就像打开了一扇通往古代神话世界的窗口，让我们能够窥探那些英雄的辉煌与荣耀。而封神榜，就像这份辉煌背后的秘籍，记录着每一

位英雄的功勋与牺牲。请大家阅读《封神演义》后梳理一份"封神榜"，可以绘制成一张思维导图。

第三节　你能猜出《红楼梦》中的谜语吗？

名著与生活

　　在元宵节、中秋节，你参加过猜灯谜的活动吗？曹雪芹在创作《红楼梦》时，巧妙地融入了谜语这一元素，使之成为塑造人物性格、揭示人物命运、深化主题思想的利器。例如，黛玉对于李纨出的"观音未有世家传"这一谜面，她猜中"虽善无征"这一谜底，既彰显了她深厚的学识，又透露出她对封建迷信的不信奉，进一步凸显了她反叛封建礼教的坚定立场。而湘云对于李纨出的"一池青草草何名"这一谜面，她猜中"蒲芦也"这一谜底，不仅映射了她如蒲苇般坚韧又随遇而安的性格，也预示了她日后凄凉的遭遇，展现了她与世无争、鹤立鸡群的精神风貌。

　　《红楼梦》中的谜语，按照形式和猜解方式，大致可分为物谜与灯谜两大类。物谜如"枕头""兽头"等，通过形象的描述，引发联想，考验猜

谜人的想象力和观察力。而灯谜则更侧重于文字游戏，如"观音未有世家传"，要求猜谜者熟悉古典文学，尤其是"四书"等儒家经典，才能准确解读谜底，这也体现了曹雪芹对传统文化的深刻理解和尊重。

猜谜活动在《红楼梦》中不仅是贾府上下的一种娱乐方式，更是一种社会现象的反映。在贾府中，猜谜往往伴随着盛大的宴席，彰显了贾府的富贵与地位，而猜谜的结果，也常常预示着人物的命运走向。相比之下，宫中的猜谜则显得冷漠和压抑，宫女和太监之间的互动，折射出皇室成员的孤独与无奈，以及封建等级制度的森严。

《红楼梦》中，贾母的"猴子身轻站树梢"谜语，寓意着贾府大厦将倾的悲剧命运，而贾政的"砚台"谜语，则是他顽固维护封建秩序决心的象征。这些谜语，不仅增添了小说的趣味性和艺术性，更是对封建社会的深刻剖析与批判，展现了曹雪芹对社会现实的敏锐洞察。

贾 母

曹雪芹巧妙地利用谜语将人物性格、家族兴衰、社会变迁等多重主题融为一体，使得《红楼梦》成为一部充满智慧与哲思的文学巨著。这些谜语就像一面面镜子，映照出封建社会的种种矛盾与冲突，同时映照出人性的光辉与阴暗，使读者在欣赏文学艺术的同时，也能对历史与人性有更深刻的思考。

思考与联想

谜语是一种特别的游戏，就像一场智慧的捉迷藏，它用诗意的语言隐藏答案，邀请我们去解开谜底。你们有没有想过，为什么曹雪芹会在《红楼梦》中加入这么多谜语呢？

黛玉猜出的"观音未有世家传"这句谜语的背后，不仅展示了黛玉的聪明才智，也暗示了她对封建迷信的态度。你们觉得，黛玉为什么会这么快猜出谜底？这又能告诉我们什么呢？

而湘云猜出的"一池青草草何名"这句谜语，又为何能形象地描绘出湘云的性格转变？是不是因为湘云就像蒲苇一样，虽然柔弱，但在逆境中坚强？

《红楼梦》中还有哪些有趣的谜语呢？能尝试着分析一下这些谜语背后的意义吗？通过这样的思考，我们可以更好地理解《红楼梦》中人物的内心世界，以及作者想要传达的信息。谜语不仅是游戏，更是《红楼梦》这部作品的一把把钥匙，帮助我们打开一个个隐藏的宝箱，发现更多的宝藏。

究底与寻根

在《红楼梦》这部璀璨的文学瑰宝中，春灯谜犹如一串串镶嵌在情节脉络上的珍珠，不仅增添了节日的喜庆气氛，更在字里行间透露出人物性格与家族命运的微妙暗示。每当春灯初上，贾府上下沉浸在一片欢腾之中，各式各样的谜语便如春风拂过，轻轻挑逗着每个人的心弦。

在贾母的引领下，一场春灯雅谜的盛宴悄然拉开序幕。彩灯之下，贾政、宝玉、黛玉、宝钗等角色轮番登场，他们或俏皮或庄重，以谜语为载体，展现了各自的才情与性格。

春灯谜不仅是智力游戏，更是一种情感的交流与文化的传承。在贾府，这些谜语如同一面镜子，映照出每个人内心深处的喜怒哀乐，同时折射出家族的兴衰。它们承载着厚重的历史，成为《红楼梦》中一道独特而迷人的风景线。

一、贾环灯谜

> 大哥有角只八个，二哥有角只两根。
> 大哥只在床上坐，二哥爱在房上蹲。

贾环的谜语将枕头和兽头强行捆绑，唤作"大哥"与"二哥"，这般奇特组合，若非亲眼所见，实难想象。"有角只八个"，这"只"字用得着实古怪，八个角何其多，竟用"只"来形容？而那蹲踞屋檐的兽头，明明长着一对犄角，却被直白地写进谜面，失去了谜语应有的隐晦。这些破绽，让贾环的谜语显得粗疏，令人啼笑皆非。

在《红楼梦》中，贾环常常扮演着宝玉对立面的角色，他的一切仿佛是为了凸显宝玉的光芒。与此同时，他又与探春形成鲜明对比，后者机智灵敏、才华横溢，使贾环显得笨拙与粗鲁。作者借由贾环的笨拙谜语，巧妙地传达了人物的特点，以及对世态炎凉的洞察。

二、贾母灯谜

> 猴子身轻站树梢。

贾母的谜语看似平常，实则暗含深意。她所出的谜底"荔枝"，谐音"离枝"，正是"树倒猢狲散"的隐喻。这句俗语出自曹雪芹家族的口头禅，几乎成了曹家的家训。就像曹寅的友人施瑮所吟"廿年树倒西堂闭"，注释里记载着曹寅常说的"树倒猢狲散"，这成了家族成员共知的警世恒言。小说中引用此句，无疑是对生活的艺术提炼，而非家族史实的记录。

在贾府，这棵大树象征着朝廷赐予的荣耀与权力。而贾母，这位家族的太上皇，稳坐树梢，正如那老而弥坚的猴王。贾母的谜语犹如一枚石子，投向平静的湖面，预示着贾府命运的涟漪即将泛起。这不仅是对家族未来的预言，更是对封建制度下家族兴衰规律的深刻洞察。贾母的谜语简洁中寓含哲理，为贾府的悲剧敲响了前奏的钟声。

三、贾政灯谜

> 身自端方，体自坚硬。
>
> 虽不能言，有言必应。

这首谜诗生动描绘了贾政这个角色的鲜明性格，准确地勾勒出他道貌岸然的形象。他外表正直严肃，内心却顽固保守，自诩饱读诗书，实则只会死守教条，不善言辞。他虽缺乏文学才华，却对未来充满预感，担心家族衰败，正如谜诗所预示的那样，他的忧虑和预言最终会应验。贾政的谜语仿佛是他个人命运的缩影，预示着家族的未来，同时映射出封建制度下保守派的无奈与挣扎。

四、元春灯谜

> 能使妖魔胆尽摧，身如束帛气如雷。
>
> 一声震得人方恐，回首相看已化灰。

一响而散的爆竹恰好是贾元春富贵荣华瞬息即逝命运的写照。《红楼梦曲》中，元春曾预感家族即将面临的危机，劝告父亲尽快远离险恶的官场，以免遭受灭顶之灾。她早逝的原因，实际上与背后支持她的政治力量在朝廷派系斗争中失败有关，而非续作中描述的"圣眷隆重，身体发福"而病故。当元春晋升为皇妃，贾府荣耀达到顶峰时，那些政敌，所谓的"妖魔"，因贾府攀附皇亲而惊惧万分，甚至"胆尽摧"。脂砚斋曾透露，元春的死是全书情节转折的关键，这为我们揭示了贾府彻底覆灭背后的政治阴谋。

五、迎春灯谜

> 天运人功理不穷，有功无运也难逢。
>
> 因何镇日纷纷乱，只为阴阳数不同。

迎春的命运如同谜底所言的算盘珠子，被命运之手拨弄得一团糟。她嫁给孙绍祖这位中山狼，就如同被投入了乱麻般的婚姻深渊，日日夜夜遭受折磨，没有片刻宁静。她所托付的，是一个不懂珍惜的男子，这"难逢"的缘分，让她饱尝人间苦楚。即便贾府对孙家宽宏大度，迎春本性善良温顺，似乎应有"有功"之报，最终还是难逃命运的捉弄。作者对此只能无奈叹息，认为是命中注定的，阴阳错配，一切皆因"无运"。

明明贾府对待孙家仁慈有加，迎春自己也温顺老实，按理说应有"有功"之赏，可为何她的人生却如此凄凉？作者无从解释这背后的封建制度根源，只能归咎于"无运"，感叹世事弄人，阴阳不公。

六、探春灯谜

> 阶下儿童仰面时，清明妆点最堪宜。
> 游丝一断浑无力，莫向东风怨别离。

探春的命运就像谜底——风筝，风筝断线，飞向遥远的天际，永远无法归来。她的出嫁，正如清明时节的风筝，飘摇在空中，寓意春天的离别。在贾府的岁月里，探春犹如风筝借东风扶摇直上，凭借自己的聪明才智，成了家族中举足轻重的女主人。然而，一旦风筝线断，她便如风筝般无助地随风远去，再也无法回到曾经的权力巅峰。她的离去，似乎在家族灾难降临前，为贾府的子孙们留下了一线生机，避免了他们日后流离失所的命运。探春的远嫁，虽然孤独，但在贾府的姐妹中，算是较为幸运的结局。

七、惜春灯谜

> 前身色相总无成，不听菱歌听佛经。
> 莫道此生沉黑海，性中自有大光明。

这首谜诗中，作者巧妙地借用了佛教术语，如"色相"，但目的并非宣扬佛法，而是暗示惜春的人生走向。尽管惜春被划入了"薄命司"，判词中透露出她将来的命运令人"可怜"，"性中自有大光明"这句话，不过是预示她在绝望中的一种自我慰藉。脂砚斋阅读此谜时，想起曹雪芹原稿中对惜春结局的描述，感慨万千："这正是惜春遁入空门的预兆啊，公府千金竟沦落到穿缁衣乞讨度日，怎不让人悲叹！"实际上，惜春的晚年是在一个贫穷的尼庵中度过的，而非像续作中描写的那样，住在富丽堂皇的栊翠庵，这从"缁衣乞食"的字句中得到了证实，她的生活是如此清苦，连一点光明都难以触及。

八、宝钗灯谜

> 朝罢谁携两袖烟，琴边衾里总无缘。
> 晓筹不用鸡人报，五夜无烦侍女添。
> 焦首朝朝还暮暮，煎心日日复年年。
> 光阴荏苒须当惜，风雨阴晴任变迁。

这首谜诗字里行间隐藏的含义指向了薛宝钗的悲惨结局。这首谜诗原本预示着宝钗在宝玉出家后，将面临一生孤寂与哀伤。然而，续写者将谜诗的归属改成了林黛玉，认为既然宝钗与宝玉成婚，就不应有"琴边衾里总无缘"的说法，这更符合黛玉的遭遇。然而，原作者的意图其实是昭示"金玉成空"的悲剧，黛玉虽病弱且多情，中间几句诗看似适用，但细究之下仍有出入，如"日日复年年"暗示的并非短暂时光，而是漫长岁月。黛玉英年早逝，珍惜光阴对她来说确实恰当。末句中"风雨阴晴"与"变迁"等词，虽可解读为变故，但若不拘泥于"任"字，也能勉强解释得通。于是，续写者巧妙地改写了四句诗，将原诗改嫁给了聪明伶俐的黛玉，成功迷惑了不少读者。

拓展与延伸

《红楼梦》五十回中，春节将到，贾母叫大家作些灯谜。饭后雪晴，李纨与众姊妹往暖香坞去看惜春作画，便把自己已编好的灯谜说出来，让别人猜。

首谜"观音未有世家传",黛玉慧黠地以《中庸》中"虽善无征"为解,显示了她深厚的学问。次谜"一池青草草何名",湘云迅速以"蒲芦也"作答,展现了她如蒲苇般柔韧的性格,暗示了她日后在困境中依然坚韧不拔的品质。第三谜"水向石边流出冷",探春轻松猜出"山涛",彰显了她卓越的才华和历史知识。末谜"绮儿是个'萤'字",宝琴以"花"字解谜,黛玉解释"萤可又是草化的",这不仅是对《礼记》中"腐草为萤"典故的巧妙引用,也体现了黛玉的学问和性格中的天真烂漫。

这几个谜都需要有一定古代汉语知识才有可能猜出来。虽然它能为"书蠹"所喜好,却未必能为贾母等人所欣赏。所以,宝钗说:"这些虽好,不合老太太的意思,不如作些浅近的物儿,大家雅俗共赏才好。"这就引出了后面史湘云那个极诙谐风趣的《点绛唇》:"溪壑分离,红尘游戏,真何趣?名利犹虚,后事终难继。"宝玉一下子就猜出是"猴儿"。

当时,湘云以猴儿断尾解说它,引得众人哈哈大笑。如果这些人知道这句话所预示的真正含义是整个贾府"一败涂地""树倒猢狲散",还有谁能笑得出来呢?

古时候,文人雅士间流行一种烧脑的"桌游",那便是神秘的射覆。想象一下,夜幕低垂,星辰闪烁,一群风流倜傥的才子佳人围坐在画楼之下,桂香飘逸,烛火摇曳。一位才子轻轻拿起桌上的一件小物什,将其神秘地遮掩在器皿之下,随后缓缓吟诵:"画栋朝飞南浦云,珠帘暮卷西山雨。"这并非简单的藏匿,而是一场智力与诗意的双重较量!

而射覆则要求猜透那器皿下的奥秘,它可能是玉佩、书签,或是其他任何一件寻常之物,但要猜中,非得有深厚的学识和敏锐的洞察力不可。宝钗曾感叹"射覆比一切的令都难",这恰恰是因为它考验的不仅是你的记忆力,更是你的智慧和文化底蕴。

而射覆的升级版,更令人拍案叫绝!猜者无须实物,仅凭一句诗、一个典故,就能让人心领神会。比如,"春风得意马蹄疾,一日看尽长安花",你猜猜,覆下何物？原来，这是一枚象征着胜利与荣耀的马蹄铁，藏于诗中，隐于历史。如此游戏，若非饱读诗书、胸藏千篇，岂能轻易参透？

　　射覆渐渐演变成更为简化的"猜枚"，这游戏的精髓依旧不变。只需一枚小小的铜钱，或是一颗普通的瓜子，便可点燃一场智慧的火花。猜枚者需猜对物品种类、数量，甚至颜色，每猜中一次，便赢得满堂喝彩，猜错则甘愿受罚，一杯清酒下肚，气氛越发热烈。如今，"猜枚"虽已简化，但那份古老的传统韵味，那份智趣横生的氛围，依旧在每个角落悄然绽放。

　　所以，何不放下我们的手机，约上三五知己，重温这份古人智慧的结晶？让我们在"猜枚"的游戏中，感受那份穿越时空的乐趣，体验一场心灵与智慧的盛宴吧！或许，你会惊喜地发现，那些看似简单的物件背后，藏着无尽的智慧与乐趣。

第四节　你了解《红楼梦》里的谶语吗？

名著与生活

你了解神秘的谶（chèn）语吗？《红楼梦》里的诸多谶语，如同夜空中闪烁的星辰，指引着故事的走向，映照着人物的命运。这部巨著，不仅是一部家族兴衰史，更是对人性、情感与社会百态的深刻剖析。作者曹雪芹巧妙地将谶语融入情节，让读者在追寻谜底的过程中，感受命运的无常。

　　谶语，在《红楼梦》中，不仅仅是预示未来的简单符号，它们如同精心编织的网，预示着每一

个角色的宿命。曹雪芹通过这些隐晦的文字，构建了两个重要的谶语系统：一个是关于人物命运的，另一个则是关于贾宝玉、林黛玉、薛宝钗之间复杂情感纠葛的。这些谶语，犹如神秘的符咒，既赋予了小说超现实的色彩，又有助于加深读者对人物内心世界的理解。

例如，"金陵十二钗"的命运，就由"薄命司"内的判词和图谶所预言。判词中，枯木、玉带、雪与金钗的组合，寓意林黛玉与薛宝钗的悲凉人生。林黛玉，如同枯木上的玉带，注定要挂于枝头，孤独凄凉；而薛宝钗，如雪中埋没的金钗，虽贵为妻，却终将面对婚后冰冷的现实。这些谶语，不仅是对人物未来的精准预测，更是对她们性格和命运的深刻剖析。

又如，宝玉衔玉而生，宝钗佩戴金锁，两者之间的"金玉良缘"，以及宝玉与黛玉间的"木石前盟"，形成了鲜明的对比。曹雪芹借助这些谶语，展现了命运与情感的较量，宝玉对"金玉良缘"的反抗，象征着对天命的挑战，以及对真爱的追求。这些情节，不仅增添了故事的戏剧性，也让读者看到了人性的光辉与挣扎。

此外，《红楼梦》中的诗词，也被曹雪芹巧妙地转化为诗谶，成为人物命运的预兆。比如林黛玉的《葬花吟》、史湘云的"寒塘渡鹤影"，以及诸多人物在不同场合吟诵的诗句，都蕴含着深沉的人生哲理，预示着他们各自悲凉的结局。这些诗谶，不仅提升了小说的艺术价值，也使人物形象更加饱满，情感更加动人。

然而，曹雪芹并未完全遵循命运谶言的束缚，他通过《红楼梦》传达了"人情大于天命"的观念，即使将宝黛爱情假托于神话，也使得情节突破了单一因果的模式，展现出更为复杂的情感世界和人性深度。

《红楼梦》中融入了大量中国古代谶言文化，通过各种隐晦的语言和象征手法，为作品增添了一层神秘色彩。曹雪芹巧妙地使用谜语、图谶、诗谶等形式，

预示了人物的命运和情节的发展。《红楼梦》中的谶言系统是如何构建的？它与中国古代什么思想文化有关？《红楼梦》与《水浒传》《三国演义》在运用谶语方面有何异同？

究底与寻根

《红楼梦》中的谶语，如同古往今来的神秘密码，将命运的轨迹编织进故事。这些谶语不仅预示了人物的命运，也映射出中华传统文化中对于命运的敬畏与好奇。从拆字法的精妙运用，到谐音法的巧妙隐喻，再到双关法的深邃含义，曹雪芹在《红楼梦》中展示了一场语言的盛宴，让每个字词都承载着超越表面的深意。生肖法的引入赋予了生肖符号以命运的象征。无论是"虎兔相逢大梦归"的元春，还是"势败休云贵，家亡莫论亲"的巧姐，这些谶语就像一面镜子，映照出人物命运的悲欢离合，让人在惊叹作者深邃构思的同时，也对命运的无常产生了深深的共鸣。

一、拆字法

《红楼梦》中运用拆字法的谶语，是曹雪芹精心设计的一种隐晦预言手法，通过拆解汉字结构，巧妙地预示人物命运或重要事件。这种方法在古代谶言文化中十分常见，它利用汉字的形态和音义，以字形的分解和重组隐喻或直指特定人或事。

《红楼梦》中拆字法的谶语应用广泛，如判词"子系中山狼，得志便猖狂"中，"子系"拆解为"孙"，暗指迎春将嫁给姓孙的恶人。又如判词"自从两地生孤木，致使香魂返故乡"，"两地生孤木"指的是"桂"字，预示香菱被薛蟠娶的妻子夏金桂虐待，最终含恨而亡。最复杂的莫过于王熙凤的判词"凡鸟偏从末世来，都知爱慕此生才。一从二令三人木，哭向金陵事更哀"，其中"凡鸟"合为"凤"，而"一从二令三人木"历来众说纷纭，有人解读为"休"，暗示王熙凤被休，也有人认为是"冷"，暗示王熙凤遭遇冷酷的结局。这些拆字法谶语，展示了曹雪芹深厚的文学功底和对汉字深刻的理解，同时增加了《红楼梦》的神秘色彩和阅读趣味。

拆字法谶语在《红楼梦》中的运用，不仅体现了曹雪芹对古代谶言文化的继承和创新，也反映了他对于人物命运的精妙构思。通过这些拆字法谶语，读者可以深入探究人物的背景和未来，感受作品中蕴含的深邃寓意。

二、谐音法

《红楼梦》中运用谐音法的谶语，是曹雪芹巧妙结合了中华传统文化中对文字音韵的独特理解，以及对命运预言的文学表现手法。这种谶语的运用，不仅增加了作品的文学色彩，也加深了对人物命运的隐喻和象征。谐音法谶语通常利用汉字的一字多音或多义特性，通过词语的发音相似暗示或预言人物的未来。

例如，"金陵十二钗"之一李纨的判词中"桃李春风结子完"，其中"李"字与李纨的姓氏形成谐音，同时"完"字又与"纨"字谐音，暗示李纨早年守寡，子嗣单薄。再如，对林黛玉和薛宝钗的判词"玉带林中挂，金簪雪里埋"，"玉带"谐音"黛玉"，"雪"谐音"薛"，预言她们在爱情婚姻上的不幸。这些谐音法谶语，不仅在字面上与人物的名字或性格相关联，而且更深层次地预示了人物的命运走向，使读者在品味文字韵味的同时，也能体会到作者对人物命运的深刻思考。

三、双关法

《红楼梦》中双关法谶语的运用，是曹雪芹在创作过程中巧妙融合了汉字多义性的特点，创造出一语双关、言此意彼的表达效果，为小说增添了一层神秘的面纱。这种手法在谶谣制作中常用来制造指东打西、声东击西的效果，使得预言更加扑朔迷离，增加了作品的可读性和吸引力。

例如，判词中的"三春"原指孟春、仲春、季春，但在《红楼梦》中，这个词语的使用具有双重含义，有时指的是元春、迎春、探春三位姐妹，有时又指迎春、探春和惜春，与"初春"形成双关，预示着这些女性命运的不长和衰落。再如"桃李春风结子完，到头谁似一盆兰"，这里的"桃李"既指桃树和李树，又暗指李纨，而"兰"字既指兰花，又指向李纨的儿子贾兰，通过双关手法暗示了李纨早年守寡的悲惨命运。

此外，"玉带林中挂，金簪雪里埋"这句判词中，"玉带""雪"分别谐音"黛""玉"和"薛"，而"林"和金钗则与林黛玉和薛宝钗的姓氏形成双关，预示了两位女主角爱情与婚姻的不幸结局。

四、生肖法

《红楼梦》中的生肖法谶语是曹雪芹在构建人物命运和故事结构时采用的一种特殊手法，它巧妙地将人物的出生生肖与未来的命运联系起来，形成了一种隐晦而深刻的预言。这种方法在古代谶言文化中并不罕见，但曹雪芹在小说中的创造性运用，使之成为人物命运预示的一部分，增添了故事的神秘色彩和文学深度。

在《红楼梦》中，为人熟知的生肖法谶语之一是关于贾元春的判词"虎兔相逢大梦归"。这里的"虎"和"兔"代表的是生肖虎和兔，暗示了元春的死亡时间可能与虎年和兔年交接之际有关，或者象征着宫廷斗争和兵变的背景。这一谶语至今没有明确的解读，但引发了读者和学者对元春命运的多种猜测，包括她可能死于宫廷政变，或与特定的人物关联，如"虎"可能隐喻理国公柳彪，"兔"可能指向某个未知人物。

拓展与延伸

在《红楼梦》中甄士隐听了跛足道人那番"好便是了，了便是好"的话后，顿时"悟彻"，便对道人说了这首歌，自称替《好了歌》作注解，接着就随疯道人飘然而去。《好了歌注》是全书之总结性谶语，以一种极其明了的直白语言，宛如一盏明灯，照亮了整部巨著的最终归宿和人物的悲欢离合。这首诗以"好了"二字贯穿始终，仿佛是曹雪芹对人间万事万物发出的无奈叹息，寓意繁华终将落幕，喧嚣终将归于寂静。

陋室空堂，当年笏满床；衰草枯杨，曾为歌舞场。蛛丝儿结满雕梁，绿纱今又糊在蓬窗上。说什么脂正浓、粉正香，如何两鬓又成霜？昨日黄土陇头送白骨，今宵红灯帐底卧鸳鸯。金满箱，银满箱，展眼乞丐人皆谤。正叹他人命不长，那知自己归来丧！训有方，保不定日后作强梁。择膏粱，谁承望流落在烟花巷！因嫌纱帽小，致使锁枷扛；昨怜破袄寒，今嫌紫蟒长：乱烘烘你方唱罢我登场，反认他乡是故乡。甚荒唐，到头来都是为他人作嫁衣裳！

"陋室空堂，当年笏满床；衰草枯杨，曾为歌舞场。"寥寥数语，就将贾府的兴衰变迁描绘得淋漓尽致。曾经的权倾一时、富贵无边，如今只剩下一室空荡、荒草丛生，这正是对贾府乃至整个封建贵族家族命运的深刻写照。它预示着无论曾经多么辉煌，最终都将归于尘土，繁华如梦，转瞬即逝。

"说什么脂正浓、粉正香，如何两鬓又成霜？"这句则将人生比作一场化装舞会，青春美貌如同舞台上的浓妆艳抹，但岁月无情，终究难逃衰老的侵蚀，暗示了人物命运的无常与人生的短暂。

"金满箱，银满箱，展眼乞丐人皆谤。"这句揭示了财富的虚妄，即便是金银满仓，也无法抵御命运的捉弄，最终可能落得一个乞丐的下场，遭受世人的鄙视。这无疑是对贾府家族兴衰更替的隐喻，预示了贾家最终的破产和败落。

"正叹他人命不长，那知自己归来丧！"这句充满了讽刺意味，告诫世人不要轻易嘲笑他人的不幸，因为命运的轮回可能随时降临在自己身上。这不仅表达了人生的无常，也预示了贾府中众多人物命运悲剧的不可避免。

"训有方，保不定日后作强梁。择膏粱，谁承望流落在烟花巷！"这两句进一步强调了命运的捉摸不定，即便你出身高贵，也可能最终沦为社会底层，甚至陷入罪恶的深渊，这预示了《红楼梦》中许多人物命运的转折和悲剧性的结局。

整首《好了歌》解注通过对人生百态的描绘，传达了一种深深的宿命感，它以简洁而富有哲理的语言，预示了《红楼梦》全书的走向——从繁华到衰败、从欢乐到悲痛，最终一切归于"荒唐"、归于"虚无"。这解注仿佛是曹雪芹对世态炎凉、人生无常的感慨与总结，它不仅是对贾府家族命运的预言，也是对整个封建社会衰落的预兆，更是对人生本质的深刻反思。它以一种明了的谶语形式，贯穿于《红楼梦》的始终，成为整部小说的灵魂所在，引导着读者一步步揭开命运的面纱，探索生命的意义与价值。

 迁移与小试

中国古代的政治童谣是一种独特的谶言，它们通常被用来预言国家大事和重要人物的命运，具有显著的针对性和外在指向性。这些童谣不仅反映了人民的智慧和谋略，还体现了社会干涉性和强烈的社会责任感，与一般表达个人情感的诗歌形成了鲜明对比。政治童谣往往采用巧妙的拆字、比喻和象征手法，以寓言或谜语的形式，传递对未来的预测。

例如，东汉时期的童谣"千里草，何青青。十日卜，不得生"通过"千里草"和"十日卜"分别暗示"董"和"卓"二字，成功预言了董卓的覆灭。又如，"黄牛白腹，五铢当复"的童谣，以"黄""白"暗指王莽和公孙述，预测了公孙述政权的终结，展现了童谣在历史转折点上的精准预测能力。

政治童谣之所以能在古代社会广泛流传，很大程度上是因为它们借助儿童歌谣的形式，便于快速传播，覆盖范围广，且能隐藏作者身份，避免直接的政治风险。它们的传播速度快、持续时间长，能够引起广泛的注意，对统治者和民众都有深远的影响。同时，政治童谣的作者既可以是上层精英，也可以是普通民众，但都需要具备一定的政治智慧和敏锐的洞察力。

尽管政治童谣大多准确预测了历史事件，但也存在部分附会和伪造的现象。这些情况往往发生在权力斗争中，用以误导舆论或达到某种政治目的。比如，宋明帝刘彧设计的童谣"一士不可亲，弓长射杀人"被用来诬陷国舅王景文和勇将张永，导致他们无辜被害，这反映了政治斗争的残酷和复杂。

童谣的预测性与谶纬、诗谶和谶语相比，更加精准和可信。谶纬往往是事后编造的，缺乏真实性；诗谶更多是出于文人的好奇心理，而非有意为之的预言；谶语虽然与童谣性质相近，但在形式上多为口语表达，而非诗歌形式。

试着选择一则古代政治童谣，分析其预测的内容和历史背景，思考其对当时政治环境的反映，并与《红楼梦》中的谶语做对比，分析二者表达效果上的异同。

第五节　掣花签是什么游戏呢?

名著与生活

　　如果课堂上老师让你写一段文字,用一种花来比喻《红楼梦》中的一个女子,并阐明比喻的理由,你认为选择哪种花来比喻她们更形象贴切呢? 在《红楼梦》中也有与花有关的游戏。以花喻人,以花之特性暗合女子的性格,暗示女子的命运。掣(chè)花签是《红楼梦》中描述的一种古代宴会娱乐活动,通常在酒宴上进行,

尤其在第六十三回"寿怡红群芳开夜宴"中得到了详细的展现。

　　在游戏中,每个人轮流抽签,签上画着不同的花卉,旁边配有唐宋时期诗人的诗句。这些诗句大部分均可在旧时十分流行的《千家诗》中找到。因为人们耳熟能详,所以只要提起一句,就容易联想到全诗,雅俗共赏,不至于冷场。

　　曹雪芹巧妙地运用了花语这一独特的文学表现方法,将花卉的自然属性与人物的性格命运紧密相连,构建了一个充满诗意与哲理的象征世界。当然,这种"诗谶式"的表现方法,总给人以一种神秘主义的感觉。这多少反映了古人思想中的宿命论色彩。

思考与联想

　　在《红楼梦》中,香菱抽得了"并蒂花"签,题着"联春绕瑞",诗为"连理枝头花正开"，麝月的"荼蘼"签，题着"韶华胜极"，诗为"开到荼蘼花事了"，你知道并蒂花和荼蘼这两种花吗？你还知道古代哪些诗文中出现过并蒂花和荼蘼？

究底与寻根

在《红楼梦》第六十三回的"寿怡红群芳开夜宴"中，贾宝玉过生日。贾母、王夫人不在家，贾宝玉的生日原本打算简单度过，但得知薛宝琴、邢岫烟和平儿与他同日出生后，众人决定一起庆祝。虽然酒席由大观园小厨房匆忙准备，不如往年的丰盛，但由于是大家一起筹备的，因此充满了欢乐和期待。

宴会前，晴雯拿了一个竹雕的签筒来，里面装着象牙花名签子，通过掷骰子确定谁来抽签子。第一个就轮到了宝钗，于是掣花签的游戏就这样开始了。

一、宝钗花签

任是无情也动人。

宝钗之签，诗句出自唐代罗隐的《牡丹花》："若教解语应倾国，任是无情也动人。"宝钗所抽的牡丹签，寓言着这位端庄女子的复杂命运，乍一看是对宝钗美貌与魅力的赞美，却暗藏着命运的无奈与讽刺。

牡丹，自古以来被视为富贵与荣耀的象征，而宝钗的牡丹签，仿佛预示着她将在众人之中独领风骚。然而，这朵娇艳欲滴的牡丹，却注定要面对"辜负秋华"的寂寥。正如诗句中所言，即使宝钗拥有倾国倾城之貌，却因宝玉的"悬崖撒手"，而无法得到真正的幸福。这句"任是无情也动人"，实际上是对宝钗性格的精准刻画。她虽不似黛玉那样情感丰富，却以自己特有的方式赢得了贾府上下的一致好评。然而，这份"无情"也成了她悲剧命运的一部分，因为她始终无法触及宝玉内心深处的情感，只能默默承受着"终身误"的命运。

二、探春花签

日边红杏倚云栽。

探春的花签诉说着她未来命运的曲折与悲欢。签上注"必得贵婿",仿佛预示着探春将有显赫的婚姻,嫁入豪门,成为海外王妃,这是对探春未来荣耀的乐观预测。然而,这背后却隐藏着命运的捉弄与悲凉。这句诗出自唐代高蟾《下第后上永崇高侍郎》诗:"天上碧桃和露种,日边红杏倚云栽。芙蓉生在秋江上,不向东风怨未开。"

"不向东风怨未开"句,与她所作的风筝谜诗中"莫向东风怨别离"的隐义完全一样。

探春的花签,如同一面镜子,映照出她未来的命运轨迹。虽然签上的话语充满了对美好未来的憧憬,但"薄命司"的册子和其他诗词中,却一再暗示她远嫁异乡的悲切。探春的婚姻,虽然看似风光无限,却也注定要承受远离家乡与亲人的孤独与痛苦。

 三、李纨花签

竹篱茅舍自甘心。

李纨,其花签所蕴含的意义,就像一幅淡雅而深沉的水墨画,透露出她一生的操守与无奈。花签上所绘的"老梅",不仅是对李纨贞洁守节美德的象征,也是对她居住环境的一种隐喻——稻香村虽名为田园之居,却并非真正的乡村生活,而是大观园中的一隅,是一个理想化的隐逸之所。这梅花,正如李纨本人,虽然身居繁华之地,内心却向往着简朴与宁静。

"竹篱茅舍"是梅花生长的背景,也是李纨生活的写照,两者皆透露出一种超脱世俗的清高。然而,李纨的荣耀并非源自她内心的追求,而是命运的安排,这与梅花因林逋的诗句而闻名却失去了原有的幽静,有着异曲同工之妙。她的一生,虽得到了表面上的尊贵与荣耀,但这并非她内心所愿,反而让她成了别人茶余饭后的谈资，失去了自我，这正是"枉与他人作笑谈"的悲哀。

四、湘云花签

> 只恐夜深花睡去。

湘云的花签既展现了她开朗率真的性格，又预示了她未来命运的起伏不定。花签上所题的诗句出自苏轼之手，原是表达对春光易逝的惋惜，夜晚也要点灯赏花，不让一丝美好时光白白溜走。湘云的命运与这诗句紧密相连，正如她醉卧于芍药花丛中，那份随性与洒脱，仿佛春日里最灿烂的一抹阳光，温暖而明媚。

然而，黛玉一句俏皮的"石凉"替换"夜深"，却让这份欢乐的场景平添了几分冷意，预示着湘云未来生活中的变故。湘云可能有过新婚燕尔的甜蜜，但好景不长，如同春夜里的烛光，再怎么努力燃烧，也难逃熄灭的命运。她的生活，就如同春花般短暂，即便有过盛开的辉煌，最终也将归于寂静。正如苏轼诗中所言：春光别去，一切美好终将散场。

五、麝月花签

> 开到荼蘼花事了。

麝月的花签如同一面镜子，映射出大观园由盛转衰的轨迹。当她抽出那支象征着荼蘼花的签时，签上"花事了"的字样犹如一声轻叹，预示着春光不再，花期已尽。宝玉见到此签，心中泛起涟漪，眉头紧锁，但为了不让麝月感受到即将到来的悲凉，他迅速将签藏起，试图用欢笑掩盖心中的忧虑。

"花事了"这三字一语双关，不仅象征着群芳凋零的悲壮，更暗含着花袭人出嫁后的寂寥，意味着一个时代的结束。花签出自宋代王淇的《春暮游小园》："开到荼蘼花事了，丝丝天棘出莓墙。""丝丝天棘出莓墙"则预示着更为凄凉的未来。莓墙蔓生的天棘，象征着宝玉与宝钗的生活将陷入困顿，最终他将抛却尘世的牵绊，独自踏上寻找内心宁静的道路。麝月，这位始终陪伴在宝玉身旁的女子，将见证这一切的发生。她的存在，如同最后一抹温暖的光芒，照亮了宝玉心灵深处的孤独。麝月的花签，是《红楼梦》中对人生无常的深刻隐喻，它不仅反映了个人命运的悲欢离合，更勾勒出整个大观园乃至贾府由盛转衰的历史脉络。

六、香菱花签

连理枝头花正开。

并蒂花，自古以来便被视为夫妻恩爱的象征，但在这部充满悲欢离合的巨著中，一切都并非表面那么简单。香菱的命运，如同并蒂花般美丽而脆弱，承载着对未来的美好憧憬，却也预示着即将遭遇的风雨摧残。

而"妒花风雨便相催"这句诗仿佛是并蒂花签的另一半，揭示了香菱的悲惨结局。夏金桂，一个嫉妒心极强的悍妇，就像那突如其来的狂风骤雨，无情地摧毁了香菱的生命之花。作者通过并蒂花签，巧妙地将香菱的命运与夏金桂的嫉妒联系在一起，暗示香菱将因嫉妒遭受不幸，最终病入膏肓，香消玉殒。这不仅是一场命运的悲剧，也是对当时社会女性命运的一种深刻反思。

七、黛玉花签

莫怨东风当自嗟。

林黛玉所掣得的花签上，题着"风露清愁"四字，配以诗句"莫怨东风当自嗟"。这句诗原诗中的"红颜胜人多薄命"被巧妙地隐去，只留下这句意味深长的诗句，仿佛是对黛玉一生的预兆。

黛玉，如同芙蓉一般，外表娇弱，内心却充满诗意与情感。她的《葬花吟》中，"侬今葬花人笑痴，他年葬侬知是谁"与花签上的诗句遥相呼应，都表达了对生命脆弱与无常的哀叹。她深知自己如枝上花，美丽却易逝，难以承受外界的风雨摧折，尤其是贾府衰败、宝玉避祸出走的打击，让她心中充满了哀愁与绝望。花签上的诗句既是安慰，也是警醒。它告诉黛玉，她的命运虽有遗憾，但亦应自我反思，不要一味地抱怨命运的不公。正如脂批所引《论语》中的"求仁而得仁，又何怨？"黛玉的悲剧，固然有其时代的局限和社会的压迫，但她自身的脆弱与过度的忧虑，也未能让她熬过这场灾难，等待宝玉真正的回归。

八、袭人花签

> 桃红又是一年春。

袭人，花签上所题的诗句，仿佛是她一生的缩影，字字珠玑，映射出她的未来走向。大观园盛极而衰，袭人作为园中的重要角色，也将随之面临人生的重大转折——不得不寻找新的归宿，离开这个曾经给予她温暖与庇护的地方。袭人与蒋玉菡的结合给予她新生的希望与幸福。

拓展与延伸

在《红楼梦》第六十三回这场别开生面的"寿怡红群芳开夜宴"中，小说中许多重要角色都得到了自己的花语。除此之外，曹雪芹还通过种种手法巧妙地给没有参加夜宴，或者参加了夜宴而没有掣花签的红楼女儿们也赋予了代表花。其中，"蕉棠两植"的怡红院中的海棠是最重要的花。

女儿棠作为怡红院中的主要花木，它的象征意义众说纷纭。有观点认为女儿棠是林黛玉的化身，理由是"晴为黛影"，即晴雯是黛玉的影子，宝玉以为女儿棠的荣枯象征着晴雯的生死，实际上又何尝不是黛玉的写照呢？然而，也有学者提出，女儿棠代表着所有红楼女儿，它如同兼美仙姑，集合了钗黛二人的优点。更有趣的是，女儿棠还被一些学者解读为象征着史湘云或贾宝玉，这反映了红学家们对《红楼梦》中象征手法的理解各有千秋。

红色的女儿棠象征着红楼女儿们的美丽与哀愁，而绿色则不仅局限于黛玉的潇湘馆，还出现在宝钗的蘅芜苑和探春的秋爽斋，成为众女儿共同的象征色。红与绿的对比，象征着红楼女儿们在繁华与寂寥、喜悦与悲伤之间的挣扎与转换。

《红楼梦》中的女儿棠，映照出了红楼女儿们的喜怒哀乐，也折射出了曹雪芹对人性的深刻洞察和艺术创作的匠心独运。女儿棠的象征意义，不仅丰富了我们对《红楼梦》的理解，更让我们体会到这部伟大作品的博大精深。在女儿棠的芬芳中，我们仿佛看到了红楼女儿们的生命之树，在红尘中绽放，又在风中凋零，留下一地芬芳，令人久久回味。

《红楼梦》中，花不仅是装饰，更是人物性格与命运的象征。林黛玉手中的芙蓉签，映射出她那如露珠般清纯却薄命的特质；薛宝钗的牡丹签，则彰显了她雍容华贵、端庄大方的仪态。

在小说《哈利·波特》中，作者 J.K. 罗琳同样赋予了花朵以生命，通过角色的名字，巧妙地融入了花语的含义。比如莉莉·波特（Lily Potter），她名字中的"lily"意为百合花，象征着纯洁与美好，这与她在书中对抗黑暗势力的坚定立场不谋而合。佩妮·德思礼（Petunia Dursley）的名字源自矮牵牛花（petunia），这种花象征着愤怒与嫉妒，恰如其分地反映了她对妹妹莉莉拥有魔法能力的复杂情绪。纳西莎·马尔福（Narcissa Malfoy）的名字源于水仙花（narcissus），象征自恋，这与她傲慢自大的性格相吻合。此外，芙蓉·德拉库尔（Fleur Delacour）的名字，意为"花朵"，象征着美丽与魅力，她不仅外表迷人，内心也坚韧不拔，即便面对困难，依然保持乐观。

在西方文化中，花语更多地被用于表达情感与祝福，如情人节的玫瑰象征爱情、母亲节的康乃馨表达敬意等。《哈利·波特》中的花名，侧重于直接反映人物的性格特征与生活态度。

如果《哈利·波特》中的角色出现在《红楼梦》中，他们会抽到什么样的花签呢？

第六节 你想结诗社吗?

名著与生活

　　你们学校一定有许多社团吧,你参加过哪些社团呢?《红楼梦》中,大观园不仅是贾府小姐们的生活空间,更是她们精神世界绽放的舞台。诗社是大观园里青年男女自发组织的一个文学社团。诗社犹如一幅细腻的工笔画,不仅描绘出贾府才女们卓越的文学才华,也勾勒出曹雪芹心中理想社会的轮廓。

　　诗社的兴起,源自探春的一封花笺,她渴望效仿古人,在大观园中构建一个属于女儿们的文化天地。这封信件催生了海棠诗社的诞生。诗社的命名,以花为媒,海棠与桃花不仅是自然界中的美丽生灵,更蕴含着深刻的文化象征。海棠诗社的创立,恰逢白海棠盛开,而桃花社的提议,则源于黛玉一首《桃花行》的触动。以花名社,寓意女性如花般的生命力和创造力,也象征着她们与自然的和谐共生。

　　诗社的活动是《红楼梦》中一道亮丽的风景线。在诗社中,没有等级贵贱，只有才情的碰撞和心灵的交融。诗社的每一次聚会都是对诗词创作的热爱与追求，是情感与智慧的双重盛宴。成员们通过"拈阄"（jiū）决定限韵，体现了机会均等的公平原则，而"各有主意自管说出来大家平章"的民主氛围，更让每个人的声音都能被倾听。

诗社的规则既有严谨的成分，又不失灵活与随性。李纨作为社长负责组织活动，而王熙凤则扮演着"监察御史"的角色，确保活动的有序进行。社规的设立，旨在保证诗社的正常运转，同时体现了女性在组织管理上的卓越才能。诗社活动的经费来源既有东道主的慷慨赞助，也有公款的支持，甚至偶尔会有成员间的均摊，展现了清代文人结社的真实面貌。

诗社的诗歌创作，是《红楼梦》中最具艺术魅力的部分。从咏物诗到联句、联诗，每一首诗都凝聚着才女们的情感与才智。她们以花鸟为题，抒发个人情愫，也映射出自己对社会人生的深刻洞察。海棠诗、桃花诗、菊花诗、柳絮词，这些诗词不仅数量众多，艺术水准也很高，是当时女性文学创作的生动写照。

诗社的活动随着时间的推移，经历了从繁盛到衰落的过程。从海棠诗社的成立，到桃花社的提议，再到凹晶馆联诗的落幕，诗社的轨迹如同贾府的兴衰，见证了时代的变迁和个人命运的起伏。

《红楼梦》中的诗社，不仅是文学创作的摇篮，更是女性才华的展示平台。它让我们看到了清代女性在文学领域的卓越贡献，也让我们感受到了曹雪芹对理想社会的向往与追求。

思考与联想

就像海棠诗社和桃花诗社那样，我们也准备成立一个诗社。假如你们的诗社将举办一场以"四季"为主题的创作比赛，你会选择哪个季节？请描述你心中的这个季节是什么样的，以及你会用哪些诗词元素表达这个季节的特点。如果你们的诗社要举办一次"诗与远方"的主题联欢会，你希望邀请哪位古今中外的诗人或文学家出席？为什么选择这位诗人或文学家？你希望他在联欢会上做些什么？

 究底与寻根

《红楼梦》中，诗社活动自然是围绕作诗展开的，参与者包括宝、黛、钗等核心人物，还有如香菱、宝琴等次要角色，她们的才情在诗社中得以充分展现。诗社的成立与活动，体现了大观园女性在组织管理上的能力，同时揭示了她们对封建礼教的反叛和对个性自由的追求。通过诗社的诗词创作，曹雪芹成功地塑造了一系列立体丰满的女性形象，使读者得以窥见清代女性的精神世界，领略她们的艺术才华。

一、咏物诗

诗社的咏物诗创作不仅反映了人物的性格特点，还体现了诗人的生活感悟与审美情趣。以海棠诗社为例，蘅芜君宝钗的咏海棠诗"珍重芳姿昼掩门"，表面上是对白海棠的珍爱，实则暗含了宝钗对自身身份的矜持与珍重。她以海棠之白喻己之雅淡，彰显了其稳重端庄的内在美，诗作"含蓄浑厚"，宛如海棠静默绽放，不言而喻地诉说着自己的高洁追求。

紧随其后的菊花诗社，黛玉的《问菊》则别具一格。这首诗不仅借菊花寄托了自己寄人篱下的无奈，更以问句的形式倾吐了心灵深处的烦闷与焦虑。黛玉以"一样花开为底迟"质疑命运的不公，为何菊花独享深秋的寂寥，而非春日的繁华。这种自我映射，使得菊花成了她精神世界的象征，菊花的孤独也映射了黛玉的内心世界，她在诗中寻求知音，渴望有人能理解她的寂寞与渴望。

《红楼梦》中的咏物诗，无论是宝钗的海棠还是黛玉的菊花，都承载着诗人的生命体验与情感寄托。这些诗不仅仅是对自然美景的赞美，更是对诗人内心世界的细腻描绘。海棠的清洁、菊花的孤傲，都被赋予特定的情感色彩，成了人物性格的映照。通过咏物，诗人将自然界的花草树木变成了自己情感的载体。

在《红楼梦》的五次结社诗词创作中，咏物诗占据了主导地位，每种花卉都有其独特的意义。海棠的高洁、菊花的坚韧、红梅的傲骨、柳絮的飘逸，无不透

露着诗人的审美理想与情感。这些咏物之作，正是曹雪芹笔下人物的真实写照。

二、讽刺诗

在《红楼梦》中，讽刺诗的运用虽不多见，但每一次出现都深刻而精彩，展现了作者曹雪芹的敏锐洞察力和深邃思想。

在诗社的场合下，宝钗创作的《螃蟹咏》是一首令人印象深刻的讽刺诗。这首诗表面上以螃蟹为题，实际上却暗藏玄机，巧妙地批判了当时社会上的腐败现象。诗中"桂霭桐阴坐举觞，长安涎口盼重阳"描绘了一个看似闲适的画面，然而接下来的转折"于今落釜成何益，月浦空余禾黍香"却让人感受到一种讽刺的苦涩，寓意那些贪婪无度的人终将自食其果。宝钗通过这首诗不仅展示了她对人情世故的深刻理解，也表达了对那些横行霸道、无视道德的官场人物的不满。特别是那句"眼前道路无经纬，皮里春秋空黑黄"，更是直接点明了那些伪君子的真面目，他们外表光鲜，内心却充满了邪恶。

相比之下，黛玉的《咏菊》则从另一个角度展现了讽刺的力量。这首诗通过菊花这一象征，传达了对世俗社会的蔑视和对个人尊严的坚守。诗中"无赖诗魔昏晓侵，绕篱欹石自沉音"形象地描绘了黛玉对诗歌创作的痴迷，而"诗魔"一词则隐含了她对诗歌创作的狂热追求，甚至到了忘我的境地。在诗中，黛玉将菊花人格化，使之成为自己孤独而高洁的灵魂象征。她通过菊花，表达了对自身命运的哀叹、对世俗眼光的不屑，以及对高洁品格的执着追求。尤其是结尾处"一从陶令平章后，千古高风说到今"，黛玉借陶渊明之名，表达了自己不与世俗同流合污的决心，同时对那个腐朽社会进行了无声的控诉。

讽刺诗在《红楼梦》中虽不常见，但它如同一道闪电，穿透了小说表面的繁华，直击社会的黑暗面。宝钗的《螃蟹咏》和黛玉的《咏菊》两首诗，分别以辛辣的讽刺和深刻的自省，展现了两位女性角色不同的性格特质和社会立场。宝钗的精明与世故，黛玉的敏感与自尊，在讽刺诗的创作中得到了体现，它们不仅是对个人情感的抒发，更是对当时社会风气的有力批判。这些讽刺诗的存在，不仅丰富了《红楼梦》的艺术内涵，也让读者看到了曹雪芹深邃的思想和对人性的深刻洞察。

三、节日诗

节日诗作为古典文学中的独特篇章，承载着深厚的文化底蕴和丰富的民俗风情。在《红楼梦》这部巨著中，节日诗不仅记录了贾府的兴衰历程，也映射出人物的内心世界。中秋诗社活动是节日诗创作的典范。

中秋节历来是团圆的象征，但在《红楼梦》第七十六回"凸碧堂品笛感凄清，凹晶馆联诗悲寂寞"中，曹雪芹以诗为媒介，细腻地描绘出贾府由盛转衰的悲凉景象。诗的前半部分，诸如"撒天箕斗灿，匝地管弦繁"，描绘了中秋之夜的繁华与喧闹，然而这些华美的辞藻之下，潜藏着一股难以言喻的哀愁。诗人试图以乐景掩饰内心的孤寂，却在"构思时倚槛"的细节中流露出深深的忧伤，仿佛预示着贾府繁华背后的危机。

黛玉、湘云和妙玉三位才女的中秋诗作，成了这场诗社活动的亮点。黛玉的诗句"阶露团朝菌""壶漏声将涸""冷月葬花魂"，不仅表达了她对自身命运的深切忧虑，也象征着贾府即将衰败的悲剧。湘云的"庭烟敛夕楣""虚盈轮莫定""寒塘渡鹤影"，则透露出她对未来的不安与迷茫。两位女子寄人篱下的身世使她们的诗作更添一份哀婉，同时控诉了封建社会对女性命运的无情束缚。

妙玉作为续诗者，试图扭转前人诗句中的悲凉调子，却在无意间加重了全诗的凄美色彩。她的续作中，嫠（lí）妇的悲泣、清猿的哀啼，以及霜重竹冷的景致，无不暗示着贾府的末路。妙玉虽遁入空门，却未能完全超脱尘世的纷扰，她对贾府衰败的深刻体会，反而让她在"金陵十二钗"中占有一席之地。

这些节日诗不仅展现了《红楼梦》中人物的才华与情感，更深层次地反映了清代社会的变迁与个人命运的无常。它们以中秋为载体，将传统节日的欢庆与家族的兴衰紧密相连，成为解读《红楼梦》中人物心理与社会背景的重要窗口。

拓展与延伸

香菱，命运多舛，被拐卖、被迫嫁给薛蟠，最终成了他的侍妾。在薛蟠因羞愧离家后，香菱得以住进大观园，与薛宝钗相伴。她对诗的渴望源于对美好生活的向往和对自身价值的追求，而非简单的对地主阶级精神生活的向往。

香菱起初对诗歌一无所知，在林黛玉的指导下，她开始接触王维、杜甫的作品，逐渐领悟诗的魅力。她写的三首咏月诗，从最初的措辞不雅，到后来的诗意盎然，不仅体现了她诗词技艺的飞跃，也反映了她对故乡、对过去生活的深情回忆。比如"绿蓑江上秋闻笛，红袖楼头夜倚栏"，这些诗句描绘出一幅幅动人的画面，让人感受到香菱内心的孤独与哀愁。

在大观园诗社的氛围下，香菱不再满足于侍妾的身份，而是渴望通过文学创作表达自己的情感与思想。她对诗的热爱，实际上是对自由与美的追求，对个人命运的不甘和对更高精神境界的向往。在诗社中，香菱不仅学会了作诗，更找到了自我价值的实现方式，她的诗作受到了大家的认可，被邀请加入海棠诗社，证明了即使出身卑微，也能通过努力实现自我超越。

兰亭雅集是东晋时期的一次文人聚会，发生在会稽山阴的兰亭，由王羲之主持，群贤毕至，少长咸集。这次集会不仅留下了千古名篇《兰亭集序》，还体现了魏晋时期的独特文化意蕴。如同《红楼梦》中大观园内的诗社，兰亭雅集展现了文人墨客对艺术、自然和生命的深刻感悟。

兰亭雅集不仅仅是一场欢宴，还蕴含着深刻的哲理。《兰亭集序》中，王羲之写道："仰观宇宙之大，俯察品类之盛，所以游目骋怀，足以极视听之娱，信可乐也。"这与《红楼梦》中贾宝玉感叹人生无常，寻求精神解脱的意境相似。两者都表达了对生命短暂和世事变迁的感慨，以及在自然中寻找慰藉的愿望。

《兰亭集序》中还提到了"一死生为虚诞，齐彭殇为妄作"，这是对庄子哲学思想的反思，也反映出王羲之面对生死的态度。这种态度与《红楼梦》中贾宝玉对红尘的超脱和对生命本质的探索有着共鸣。他们都试图超越世俗的束缚，寻找生命的真谛。

兰亭雅集集中体现了魏晋风度的精髓——追求个性自由、精神独立和审美享受。它们不仅是文学和艺术的盛宴，更是思想的碰撞和心灵的交流。在这些集会上，文人通过诗词歌赋探讨人生的意义，表达对美的向往，同时流露出对现实的无奈和对未来的忧虑。

兰亭雅集也成了后世文人向往的理想状态。它象征着文人墨客追求的精神境界，即在自然的怀抱中，与志同道合的朋友共享诗意人生，同时在诗酒歌赋中反思生命的价值和宇宙的奥秘。这种追求跨越时空，至今仍能触动人心，激发人们对美好生活的向往和对生命意义的探寻。学习之余，你也邀三五好友，来一次雅集吧！

第七节　你最喜欢《红楼梦》里的哪首诗？

《红楼梦》里有许多诗词，你会背哪首呢？曹雪芹，集诗书画艺于一身，涉猎广泛，学识渊博，堪称三教九流无所不通的奇才。《红楼梦》犹如一座璀璨夺目的艺术宫殿，汇聚了古典现实主义小说的全部精华，堪称中国古代文学的集大成之作。

不同于其他作品，《红楼梦》不仅小说主体文采斐然，更融汇了诗词歌赋、谣谚、诔赞、偈（jì）语、楹联、书信、灯谜、酒令、骈体文、拟古文等各类文体，琳琅满目，蔚为壮观。在诗歌领域，《红楼梦》更是一座瑰丽的宝库，藏有五言绝句、七言绝句、五言律诗、七言律诗、排律、歌行、骚体等各式诗体；涵盖咏怀、咏物、怀古、即事、即景、谜语、打油等多元题材；有命题诗、限韵诗、限体诗、同题异咏、分题合咏等多样玩法；还有应制诗、联句诗、拟古诗，乃至模仿《春江花月夜》的意境、《长恨歌》的格调、《击瓯歌》的韵律、《离骚》的激情、《招魂》的悲壮，无一不有，包罗万象。这是一部真正意义上"文备众体"的鸿篇巨制，其丰富多彩的文化内涵，让无数后来者望尘莫及，叹为观止。

曹雪芹巧妙地汲取了传统诗歌的精髓，将其融入小说的肌理，使得每一处环境描写和气氛渲染都充满了诗情画意，仿佛是大自然与人类情感共鸣的舞台。小说开篇即以甄士隐的故事作为引子，借助《好了歌》和《好了歌注》，以诗歌特有的精练和含蓄展示了封建社会末期的典型历史环境，为全书的悲剧主题铺设了基调。这不仅是对封建伦理道德崩溃的深刻揭示，也是对整个时代风貌的真实再现。通过对"功名""金银""妻妾""子孙"等封建伦理支柱的否定，表达了封建阶级面临的后继无人和必然衰亡的命运，预示了小说中人物命运的悲剧走向。

然而，《红楼梦》中的诗歌创作艺术不仅仅局限于开篇的宏大叙事，它更深入地渗透到了小说的每一个角落，成为塑造人物形象、刻画人物心理的重要手段。例如，贾宝玉的《紫菱洲歌》通过描写大观园秋风萧瑟、荷叶凋零的景象，寓意贾府的衰败和迎春的不幸命运，反映了宝玉内心的悲凉与哀愁。这首诗不仅是对自然景物的描绘，更是对人物内心世界的深刻挖掘，体现了物是人非、荒凉寥落的历史背景对人物精神状态的影响。

此外，《红楼梦》中的诗歌还以其独特的艺术魅力，简洁而深刻地反映了环境的变化，烘托了人物精神面貌的变化。元妃归省时的诗作洋溢着富贵安逸的气息，展现了贾府鼎盛时期的辉煌；而大观园诗社解散后的《桃花行》和《柳絮词》，则弥漫着末世的哀音，预示着家族的衰败和人物命运的悲凉。这些诗不仅是对个人命运的感慨，也是对家族衰亡的集体哀歌，它们共同构成了《红楼梦》深邃的艺术世界。

在《红楼梦》的诗歌世界里，每一首诗都像一个窗口，透过它们，我们可以窥见一个时代的兴衰，感受一个人物的喜怒哀乐，体会一种文化的深远韵味。这就是《红楼梦》诗歌创作艺术的独特魅力，它跨越时空，触动人心，让我们在文字的海洋中遨游，领略中国古典文学的无尽风光。

《红楼梦》中诗歌繁多，每一首都蕴含深意，如同一幅幅精致的画卷，细腻

地描绘了大观园内外的景致与人物的内心。若要选择一首最喜欢的诗，你会选择哪首？请试着赏析一下。

既然《红楼梦》讲述了大观园的兴衰以及人物的悲欢离合，那我们不妨从这个角度入手，创作一首诗，以表达对曹雪芹创作这部伟大著作的敬意与感慨。

 究底与寻根

当我们翻开《红楼梦》这部文学巨著，就如同踏入了一个梦幻与现实交织的世界。在这里，曹雪芹以其独特的艺术才华将诗歌融入小说，创造了一幕幕动人心弦的画面。

一、终身误

都道是金玉良姻，俺只念木石前盟。空对着，山中高士晶莹雪；终不忘，世外仙姝寂寞林。叹人间，美中不足今方信。纵然是齐眉举案，到底意难平。

《终身误》仿佛是贾宝玉与林黛玉爱情故事的挽歌。这首曲子以贾宝玉婚后仍然对已故的林黛玉念念不忘为主线，刻画了薛宝钗虽然拥有"金玉良姻"的表面幸福，却孤独一生的凄美画卷。《终身误》这个曲名，就像一把钥匙，打开了封建社会爱情与婚姻之间不可调和的矛盾之门。

故事中，贾宝玉与林黛玉的"木石前盟"与薛宝钗的"金玉良姻"被癞头和尚的神符所定，被警幻仙子的仙册所记，这不仅揭示了作者对命运无常的悲观认知，更映射出在封建宗法制的枷锁下，自由恋爱与家族利益之间的激烈碰撞。在那个时代，想要冲破世俗的藩篱，追求基于共同理想和志趣的爱情，几乎是不可能的。正如林黛玉用尽一生的眼泪还债，她的悲剧和贾宝玉与薛宝钗的结合，都是冥冥中注定的宿命，是封建礼教下无法逃避的必然。

但是，封建的力量强大无比，即便能够迫使贾宝玉与薛宝钗步入婚姻的殿堂，却无法改变贾宝玉内心深处对林黛玉的深情厚谊。没有爱情基础的"金玉良姻"，终究无法抚平贾宝玉心灵上的创伤，更无法化解他与宝钗之间截然不同的

思想和性格所带来的摩擦。尽管二人在外人看来举案齐眉，但贾宝玉的心中，始终有着难以磨灭的遗憾和不满。最终，这份精神上的煎熬和内心的挣扎促使他彻底放弃了尘世的一切，选择出家为僧，而薛宝钗则独自守着空荡荡的闺房，抱憾终身。所谓的"金玉良姻"，到头来不过是一场空欢喜。

《终身误》这首曲子，就像一面镜子，映照出封建社会人性的光辉与阴暗，它不仅是对那个时代女性命运的同情与呐喊，也是对所有被束缚的灵魂的呼唤与慰藉。在《红楼梦》这部宏大的史诗中，《终身误》以其独特的魅力成了提醒世人，真正的爱情和自由是任何权力和制度都无法剥夺的宝贵财富。

二、枉凝眉

> 一个是阆苑仙葩，一个是美玉无瑕。若说没奇缘，今生偏又遇着他；若说有奇缘，如何心事终虚化？一个枉自嗟呀，一个空劳牵挂。一个是水中月，一个是镜中花。想眼中能有多少泪珠儿，怎禁得秋流到冬尽，春流到夏！

《枉凝眉》这首曲子，讲述的是宝黛二人爱情理想遭遇变故，林黛玉泪尽而逝的故事。曲名"枉凝眉"寓意一切悲愁都是徒劳，正如曲中所唱的"枉自嗟呀"。

曹雪芹在《红楼梦》中借黛玉"还泪"表达深意。宝黛初遇，宝玉因黛玉无通灵玉而怒摔，黛玉为此落泪，认为是自己之过。脂批指出，黛玉的泪并非普通的悲伤，而是"还甘露水"，是还债的象征。戚序本中脂批进一步阐述，黛玉之泪非因个人身世之悲而落，而是因宝玉的自毁和"离恨石"而流。她怜惜宝玉，作为宝玉的知己，她不惜一切代价地珍惜宝玉，这就是"绛珠之泪，至死不干，万苦不怨"的原因，即"春恨秋悲皆自惹"。这说明黛玉的泪是她对宝玉深厚感情的体现，是她对命运无奈的接受，是她对知己的回报。

"离恨"包含了愁恨、怨恨、憾恨，黛玉虽有被收养的身世之憾，但她的眼泪更多是为了宝玉的遭遇而流。她心疼宝玉的不自惜，作为宝玉的知己，她"千方百计为之惜"，这正是她"至死不干，万苦不怨"的情感根源。袭人曾劝慰黛玉："姑娘快休如此，将来只怕比这更奇怪的笑话儿还有呢。若为他这种行止，你多心伤感，只怕你伤感不了呢。"

黛玉的泪，是她对宝玉深沉的爱的体现，是对命运不公的抗议，是对知己的无私奉献。她的眼泪，如同永不干涸的泉水，滋养着她与宝玉之间的情感，即使面对万苦，她也毫无怨言。黛玉的"还泪"，是她对宝玉的报答，是她对爱情的坚持，是她对命运的抗争，展现了她坚韧而纯洁的灵魂。她的泪，是她对生命最后的告别，是对宝玉最深的眷恋，是对人间一切美好事物的留恋。

三、飞鸟各投林

> 为官的，家业凋零；富贵的，金银散尽；有恩的，死里逃生；无情的，分明报应；欠命的，命已还；欠泪的，泪已尽。冤冤相报实非轻，分离聚合皆前定。欲知命短问前生，老来富贵也真侥幸。看破的，遁入空门；痴迷的，枉送了性命。好一似食尽鸟投林，落了片白茫茫大地真干净！

《飞鸟各投林》是贾宝玉所听曲子的收尾段，对《红楼梦》中众多人物的命运和家族的兴衰进行了高度概括和总结。

曲子一上来便讲述了那些既富且贵的家族和人物，最终都逃不过家业衰败、财富消散的命运。在一派树倒猢狲散之中，巧姐在刘姥姥的救助下死里逃生，是因为王熙凤曾对刘姥姥有恩；而王熙凤对尤二姐等手段狠辣无情，最终也得到了报应；贾珍、贾赦等人为了利益草菅人命，最终也为自己的行为付出了代价；林黛玉为报答神瑛侍者贾宝玉的灌溉之恩，今生以泪还情，泪尽而逝。

"冤冤相报实非轻，分离聚合皆前定"表达了一种因果循环、命运天定的思想，在《红楼梦》中，人物之间的恩怨情仇错综复杂，在命运的安排下不断上演着悲欢离合的故事。作者相信人物的寿命长短、富贵贫贱都是前世注定的，即使有人在老年时还能保有富贵，也不过是侥幸而已，突出了人生的无常和命运的不可捉摸。

"看破的，遁入空门；痴迷的，枉送了性命"，写出了两种面对命运的态度和结局，以贾宝玉、惜春为代表的人物，在经历了家族的兴衰和人生的苦难后，看破红尘，选择出家；而像王熙凤等众多痴迷于功名利禄、权力争斗的人，最终都在这场繁华梦碎中失去了生命，深刻地揭示了《红楼梦》中对人生虚幻、世事无常的主题表达。

曲子最后以形象的比喻，将贾府及整个封建贵族社会的衰落比作飞鸟在食物吃尽后各自散去，只留下一片空旷、白茫茫的大地，象征着一切繁华都如过眼云烟，最终归于虚无，深化了作品的悲剧主题。

《红楼梦》一书有着明显的"宗唐"色彩。唐诗的韵味、意境和情感，深深渗透进《红楼梦》的每一个章节，使其成为一部诗与小说交融的杰作。

曹雪芹的家族背景与唐诗有着不解之缘。他的祖父曹寅不仅是位才华横溢的诗人，还负责刊刻了《全唐诗》，使唐诗成为曹家的家学。曹雪芹从小浸润在浓厚的唐诗氛围中，唐诗的美、唐诗的韵，滋养了他的文学素养，为他日后创作《红楼梦》打下了坚实的基础。曹雪芹虽未留下完整诗作，但从仅存的诗句和朋友的描述中，可以看出他对唐诗的热爱和模仿。他对中唐诗人李贺那种奇幻、瑰丽的诗风的向往，也在他的小说中得以体现。

《红楼梦》中唐诗的影响无处不在。有学者认为"红楼梦"这个名称来源于唐诗，无论是白居易的"红楼富家女"，还是李商隐的"红楼隔雨相望冷"，或是韦庄的"美人情易伤，暗上红楼立"，都与小说基调相契合，体现了唐诗中"红楼"这一意象的魅力。小说前八十回中直接引用唐诗达34处，引用量几乎占据所有引用诗文的四成，这在古代小说中极为罕见，显示了曹雪芹对唐诗的钟爱。

曹雪芹在《红楼梦》中对唐诗的运用，不仅仅是直接引用，更体现在对唐诗的化用和创新上。比如，黛玉的《葬花吟》与初唐诗人刘希夷的《代悲白头翁》在语言风格和意境上惊人地相似，展现了曹雪芹对初唐诗的借鉴。晚唐诗人的诗句，如罗隐、温庭筠、李商隐等，也被巧妙地融入小说情节中，甚至一些知名度较低的晚唐诗人的诗句，曹雪芹也能信手拈来，显示出他对晚唐诗的深刻理解和鉴赏能力。

此外，《红楼梦》中的人物对唐诗的评论，也反映了曹雪芹的诗学观念。他推崇盛唐诗风，主张"入门须正"，提倡从王维、杜甫、李白等盛唐诗人入手，学习诗歌，这与南宋诗论家严羽的《沧浪诗话》中强调的"以盛唐为法"的观点相呼应。然而，曹雪芹并未盲目追随，而是提出了自己独特的见解，认为学诗应从易到难，先学五律再学七律，最后学习七绝，这与严羽的按时间顺序学习诗的主张有所不同，更加符合初学者循序渐进的学习过程。曹雪芹以《红楼梦》为载体，不仅传承了唐诗的精髓，还赋予了唐诗新的生命，使之与小说融为一体，绽放出耀眼的光芒。

迁移与小试

在明清易代的烽火中，女性的地位尤为脆弱，她们不仅要面对生活的艰辛，还要承受身体与人格的双重威胁。国家不幸诗家幸，诗人不幸诗歌幸。因遭国破家亡之痛，这一时期涌现出许多杰出的女性诗人，她们用诗歌记录自己的家国情怀，柳如是就是其中最为杰出的代表。

柳如是自幼流落风尘，这一特殊的成长背景，让她对人生有着非同寻常的理解与感受。正如她在《春日我闻室作呈牧翁》中所写道："此去柳花如梦里，向来烟月是愁端。"这里，"柳花如梦里"不仅描绘了春日的美丽景象，更是隐喻了她自己如同梦境一般虚幻不定的命运。"向来烟月是愁端"，则表达了她对过往岁月的无限哀愁。柳如是用"柳花"和"烟月"这样富有诗意的意象，巧妙地传达了自己内心深处的情感波动，同时反映出她对美好事物易逝的深刻认识。

在柳如是的诗词中，杨柳是一个反复出现的主题，几乎成了她个人命运的象征。例如，在《金明池·咏寒柳》中，她写道："有恨寒潮，无情残照。正是萧萧南浦。更吹起，霜条孤影，还记得，旧时飞絮。"这段词不仅描绘了一幅寒风中孤独杨柳的画面，也暗示了柳如是自己在摇摇欲坠的大明王朝的艰难处境。她将自己的遭遇与杨柳的自然状态相结合，既是对自身命运的深刻反思，也是对世间无常的一种哲理思考。

柳如是不仅在情感表达上具有深刻的洞察力，在精神气质上也展现出非凡的个性。她的许多作品都流露出一种高标独蹈的精神品质。比如在《杨柳二首》之一中，她写道："怀香老去凭谁惜，独抱奇姿只自知。"这句话不仅体现了她对自我价值的坚持，也展现了她面对逆境时的坚韧不拔。即使是在"日暮飘零"的情况下，柳如是仍然能够"翩翩雁翅独超前"，保持自己的独立与尊严。这种在困境中依然保持高洁品性的态度，是她诗词中最为动人之处。

此外，柳如是还具有强烈的社会参与意识，这在当时的女性中是罕见的。她的诗词中不乏对国家大事的关注与评论，展现了一个女性知识分子的广阔视野。在《初夏感怀》中，她写道："遥怜处处烽烟事，长啸无心阁自凭。"这里的"遥怜"二字，既表达了她对战乱中百姓疾苦的同情，也体现了她对国家命运的深切关怀。柳如是通过自己的笔触，传达了独特的生活经历以及她不同寻常的个性，使得她的诗作闪烁着奇光异彩，通过这些作品，她为我们在文学史上，树立起一个迥异于主流作家的诗人形象。[①] 请举出你了解的女性诗人的诗作，并谈谈其作品的艺术价值。

第八节 "一字评"的魅力在哪里？

你平时写文章一定也反复修改，字斟句酌吧？《红楼梦》对语言的运用可以说精妙绝伦。曹雪芹以其深厚的文学功底对每一字每一句都进行了精心雕琢，尤其是对回目中修饰词的运用，展现了他独步文坛的炼字艺术。

《红楼梦》一些主要人物进入回目，作者往往在其名字前冠以一个字，以概括和凸显其

① 李君. 柳如是诗词创作的美学风貌及其成因 [J]. 河北师范大学学报，2008（4）：115-118.

品性和个性，即所谓"一字评"。在《红楼梦》的回目中，曹雪芹大量使用了"一字评"的结构形式，这种评价方式不仅简练、直击人心，而且精准地概括了人物的性格特征。

例如，"贤袭人""俏平儿""勇晴雯""敏探春"等，让读者在寥寥几字间，就能感受到人物的鲜活与立体。曹雪芹在创作时，对于每一个字的选择，都是经过深思熟虑的。他深知每一个字背后都承载着人物的命运走向和深刻的社会内涵。

曹雪芹对"一字评"的运用，不仅体现了他对人物性格的深刻理解，也展示了他卓越的语言驾驭能力。这些"一字评"不仅是对人物的评价，也是对当时社会现实的反映，无论是贤良淑德的女性，还是聪明伶俐的丫鬟，都在曹雪芹的笔下被刻画得栩栩如生。通过这些评价，我们能够窥见曹雪芹对于"情"的执着追求，他倡导的"真情"社会，是对当时世态炎凉的强烈批判，也是对未来美好世界的热切期盼。

曹雪芹在炼字过程中，用文字构建了一个充满哲理的世界，让读者在欣赏文学的同时，也能思考生命的意义。当我们细细品味这些"一字评"，仿佛能听到曹雪芹跨越时空的低语，他告诉我们，每一个字，都是对生命的礼赞，对人性的探索，对社会的反思。在曹雪芹的笔下，每一个"一字评"都是一幅生动的画面、一段深情的故事、一份深邃的哲思，它们共同编织了这部不朽的文学史诗。

思考与联想

如果《红楼梦》中的"一字评"是曹雪芹为每个人物量身定制的标签，你觉得对哪一个人物的"一字评"最能引起你的共鸣？试着解释为什么这个字能如此精准地抓住这个角色的灵魂？在《红楼梦》中，有些人物的"一字评"看似褒义，实则暗含讽刺或悲凉，比如"贤袭人"。请分析一个这样的例子，探讨曹雪芹是如何通过"一字评"传达多层次含义的。

"一字评"是曹雪芹在回目中对人物进行的精练评价，如"贤袭人""敏探春""呆香菱"等，这些评价不仅精准地概括了人物的性格特征，还与人物的命运紧密相连。小说有此"一字评"的主要有以下人物：

贤袭人："贤袭人娇嗔箴宝玉"（第二十一回）

俏平儿："俏平儿软语救贾琏"（第二十一回）；"俏平儿情掩虾须镯"（第五十二回）

勇晴雯："勇晴雯病补雀金裘"（第五十二回）

敏探春："敏探春兴利除宿弊"（第五十六回）

时宝钗："时宝钗小惠全大体"（第五十六回）

慧紫鹃："慧紫鹃情辞试忙玉"（第五十七回）

慈姨妈："慈姨妈爱语慰痴颦"（第五十七回）

憨湘云："憨湘云醉眠芍药裀"（第六十二回）

呆香菱："呆香菱情解石榴裙"（第六十二回）

酸凤姐："酸凤姐大闹宁国府"（第六十八回）

懦弱迎春："懦弱迎春肠回九曲"（第八十回）

姣怯香菱："娇怯香菱病入膏肓"（第八十回）①

除去上述直接冠于名字前面的"一字评"，还有一种不和名字挂在一起但同样具有凸显人物品性和个性的别号别称，如：

香菱："薄命女"（第四回）、"慕雅女"（第四十八回）

袭人："花解语"（第十九回）

黛玉："痴情女"（第二十九回）、"林潇湘"（第三十八回）、"潇湘子"（第四十二回）、"痴颦"（第五十七回）、"幽淑女"（第六十四回）

---

① 第80回底本无回目，梦稿本作"懦迎春肠回九曲，姣香菱病入膏肓"；蒙府、戚序本作"懦弱迎春肠回九曲，姣怯香菱病入膏肓"；甲辰本作"美香菱屈受贪夫棒，丑道士胡诌妒妇方"；程甲本"丑道士"作"王道士"，余同甲辰本。

宝玉："情哥哥"（第三十九回）、"忙玉"（第五十七回）、"痴公子"（第七十八回）

宝钗："蘅芜君"（第四十二回）

柳湘莲："冷郎君"（第四十七回）、"冷二郎"（第六十六回）

薛蟠："呆霸王"（第四十七回）、"滥情人"（第四十八回）

贾琏："浪荡子"（第六十四回）

尤三姐："情小妹"（第六十六回）

尤二姐："苦尤娘"（第六十八回）

傻大姐："痴丫头"（第七十三回）

迎春："懦小姐"（第七十三回）

晴雯："俏丫鬟"（第七十七回）

芳官："美优伶"（第七十七回）

贾政："老学士"（第七十八回）

夏金桂："河东狮"（第七十九回）

孙绍祖："中山狼"（第七十九回）

　　以上名字前冠以"一字评"者，可以说每个字都界定得非常准：袭人是"贤"字，平儿是"俏"字，晴雯是"勇"字，探春是"敏"字，宝钗是"时"字，紫鹃是"慧"字，湘云是"憨"字，香菱是"呆"字，凤姐是"酸"字……不仅很好地概括了每个人的品性和个性，而且都非常形象生动，真所谓换一字不可，颇让人拍案叫绝。如"呆香菱"的"呆"字，何等贴切生动，正如庚辰本脂批所总结的："今以'呆'字为香菱定评，何等妩媚之至也。"又如"时宝钗"的"时"字，极其准确地点出了宝钗合乎时宜的性格特征。

　　后一种情形虽未和名字挂在一起，但其指向非常明确，其中的"一字评"，具有同样的功效和作用。如黛玉"痴情女""痴颦"的"痴"，宝玉"情哥哥"的"情"和"忙玉"的"忙"，尤三姐"情小妹"的"情"，尤二姐"苦尤娘"的"苦"，迎春"懦小姐"的"懦"，芳官"美优伶"的"美"，薛蟠"呆霸王"的"呆"，柳湘莲"冷二郎"的"冷"，都具有对人物性格一字定性和一锤定音的作用。①

一、"一字评"表示人物个性

在前八十回的回目中,使用"一字评"格式的搭配有25组,可分为两类。一类是指名道姓地评价(有12组):贤袭人、俏平儿、勇晴雯、敏探春、时宝钗、慧紫鹃、憨湘云、呆香菱、苦尤娘、酸凤姐、懦弱迎春、姣怯香菱。另一类是用代名词,根据正文可知具体指称的人物(有12组):醉金刚(倪二)、痴女儿(红玉)、慈姨母(薛姨妈)、愚妾(赵姨娘)、刁奴(吴新登家的)、幽淑女(林黛玉)、浪荡子(贾琏)、情小妹(尤三姐)、冷二郎(柳湘莲)、痴丫头(傻大姐)、懦小姐(迎春)、俏丫鬟(晴雯)。其中,各人评价用字也都用得极其贴切,不仅结合该回目故事,也概括出人物的品格、秉性。

以"贤袭人"为例,袭人这一角色在小说中被赋予了"贤"字,这不仅是对其品德的高度赞扬,同时体现了袭人的忠诚与温柔。尽管袭人作为宝玉的贴身丫鬟,但她对宝玉的关怀超越了普通仆人的职责,她对宝玉的规劝和担忧,展现出一种母亲般的慈爱与智慧。然而,"贤"字也透露出一丝刻板与拘束,暗示了袭人性格中的保守和对现有秩序的顺从,这与林黛玉的灵动形成了鲜明对比。袭人的人格特点正是曹雪芹笔下有血有肉的圆形人物的典型代表,她既具有传统美德,又带有时代背景下的局限性。

在"敏探春"中,"敏"字则生动地描绘了探春的智慧和果断。探春在治家方面展现出了与王熙凤相似的才能,但又不失温婉与理性。她不仅心思细腻,能够留意到生活的细节,面对刁钻的问题时,也能做到有理有据、不卑不亢。探春的"敏"还体现在她处理人际关系的智慧上,她能够在尊卑分明的社会环境中游刃有余,赢得了王夫人的器重。探春的形象表明,即便出身庶出,只要具备智慧和勇气,也能在复杂的家族关系中占据一席之地。

① 孙逊.《红楼梦》人物与回目关系之探究 [J]. 文学遗产,2009(4):127-129.

二、"一字评"暗示人物命运

曹雪芹对于人物进行评价时，并非随随便便地找一个字修饰，人物在作者心中是有一个轮廓的，他想要展现给读者的也是他心中最真实的形象。这个形象包括人物的性格特征、外貌特点，甚至其命运结局。

以"呆香菱"为例，她是《红楼梦》中第一位亮相的女性角色，她的存在，不仅是情节发展的关键，更是整部作品悲剧色彩的起点。在曹雪芹的笔下，这个"呆"字，不仅仅是形容她因长期遭受压迫而变得麻木的表情，更是一种对命运无常的无奈和对生活失去希望的反映。香菱的命运，正如书中无数女性角色一样，充满了悲剧色彩。她的"呆"，是长期压抑和痛苦的结果，而"姣怯"，则进一步揭示了她在身心双重打击下的脆弱。作为一个柔弱的女子，她经历了太多不应该承受的苦难，以至于连自己的名字、父母的信息、家乡的回忆都成了模糊的影子。她的命运，就像是被黑暗吞噬的微光，让人不禁感叹生命的无常和世界的冷漠。

曹雪芹在描写香菱时，特别安排了"周瑞家的"这样一个角色，用以反衬香菱的凄凉。周瑞家的虽然平时并不显得特别善良，但在面对香菱的遭遇时，却也不禁发出同情之声。这种对比，更加凸显了香菱的悲惨命运，让读者在感受周瑞家的同情之余，更能深刻体会到香菱所承受的苦难，从而引发共鸣，泪水不禁在眼眶中打转。

曹雪芹通过"呆香菱"和"姣怯香菱"的描述，不仅展现了人物的内心世界，更深层次地探讨了命运与人性的主题。香菱的故事，是《红楼梦》中众多悲剧之一，但她坚韧的生命力和对美好生活的向往，同样令人动容。在曹雪芹的笔下，香菱的形象，就如同一朵在暴风雨中挣扎求生的小花，尽管环境恶劣，但她依然保持着对生活的热爱和对未来的憧憬。这种精神，不仅赋予了香菱这个角色更加丰富的内涵，也让读者在同情之余，看到了人性中最为光辉的一面。

拓展与延伸

《红楼梦》回目的语言构造，如同一首首精致的诗篇，不仅体现了曹雪芹在文字驾驭上的深厚功底，也映射出这部巨著的美学理念。《红楼梦》回目之美，首先在于音韵的和谐，它巧妙地运用叠音、叠韵、双声和平仄，使语言如珠落玉盘般悦耳。例如，"情切切良宵花解语，意绵绵静日玉生香"，叠音"情切切""意绵绵"细腻地勾勒出袭人与宝黛之间的情感细腻和绵长。又如，"白玉钏亲尝莲叶羹，黄金莺巧结梅花络"，"白玉钏"对"黄金莺"，"莲叶"对"梅花"，色彩与意象交织，展现出一种绘画般的美感。这些例子，仿佛让人置身于一场声音与色彩的盛宴，每一字每一句都如同音符与画笔，共同谱写着《红楼梦》的华章。

曹雪芹像一位细心的匠人，对待每一个字都如同雕琢艺术品，力求精准、生动。比如"泼"字，用来形容王熙凤醋意大发时的场景，不仅形象地描绘了她泼辣的性格，也使得整个画面鲜活起来，仿佛读者能感受到那股醋意扑面而来。又如"毒"字，用于描述王熙凤设计陷害贾瑞，既揭示了她手段的狠辣，也反映了作者对其行径的谴责。这些字词的选择，如同画家手中的颜料，一笔一画勾勒出人物的鲜明性格和复杂心理。

《红楼梦》的回目在句式上追求工巧与自然的完美结合，既有整齐的对仗，又不乏灵活多变的结构。如"比通灵金莺微露意，探宝钗黛玉半含酸"，"撕扇子作千金一笑，因麒麟伏白首双星"，这些回目句式或"三二三"，或"三一四"，或"三三二"，或"四二二"，或"四四"，变化无穷，如同书法中的行云流水，既有规律的美感，又不失灵动的韵律。

此外，回目还巧妙地运用了比喻、借代、衍名等修辞手法，增强了语言的表现力。例如，用"杨妃"和"飞燕"分别比喻薛宝钗和林黛玉，既形象地传达了她们各自的魅力，又蕴含了历史文化的韵味。再如"薄命女偏逢薄命郎，葫芦僧乱判葫芦案"，"葫芦案"由"葫芦僧"衍生，既讽刺了官府的昏庸，又展现了语言的幽默与智慧。

在《红楼梦》的回目中，曹雪芹对每一个字词、每一句对仗，都倾注了对人性的洞察、对情感的抒发、对社会的批判。回目不仅是章节的标题，更是作品灵魂的窗口，透过它们，读者能够窥见《红楼梦》这座文学宝库的冰山一角。

迁移与小试

杜甫是唐代伟大的现实主义诗人。曹雪芹对文字的精细雕琢很大程度上是受杜诗的影响。杜甫的诗歌创作展现了非凡的炼字技巧，这种艺术手法使得他的诗作达到了卓越的境界，成了中国古典文学宝库中的一颗璀璨明珠。下面，让我们通过几个例子，一起领略杜甫炼字艺术的魅力。

其一，杜甫擅长运用看似平凡的词汇，却能从中挖掘出深刻的内涵。比如在《石壕吏》中，"投"字用得极其普通，却道出了战乱时代行路人急于投宿的惶恐心态，同时暗示了兵荒马乱的社会背景；"夜"字则透露了百姓白天躲避官差的辛酸，官差则趁夜抓丁的狡猾；而"逾"字，不仅描绘了老翁翻墙的动作，更反映了老人面对战乱时的果断与敏捷，这一细节将作品主题升华，展现了普遍的社会现象。

其二，杜甫的炼字艺术能让无生命之物充满活力。在《望岳》中，"钟"和"割"二字，前者赋予泰山汇聚神秀的能力，后者则让泰山有了分割晨昏的神力，这两个字生动地勾勒出泰山的雄伟与神秘。而在《登岳阳楼》中，"坼"和"浮"二字，前者描绘了洞庭湖将吴楚大地分割的壮阔，后者则让天地仿佛随湖水起伏，展现出洞庭湖的博大与浩渺。

其三，杜甫对自然界的细微观察，让他能用精准的词语捕捉瞬间之美。如《春夜喜雨》中"随风潜入夜，润物细无声"，"潜"和"细"二字，细腻地描绘了春雨悄然降临的温柔与滋润，这是其他季节的雨所不具备的特质。又如"寒风疏草木，旭日散鸡豚"，"散"字生动刻画了鸡豚清晨出巢觅食的忙碌景象，这个字的选择不仅形象，而且贴合实际。

其四，杜甫在使用虚字时同样匠心独运。如"秋窗犹曙色，落木更天风"，"犹"和"更"二字，营造出一种时间流转的意境，让人感受到季节变迁的微妙变化，以及诗人内心深处的感慨。这些例子充分展示了杜甫炼字艺术的精妙，他能够将平淡无奇的字眼，锤炼成饱含深情与哲理的语言珍珠，使读者在欣赏诗句的同时，能够感受到诗人心灵的震颤，以及他对生活的深刻洞察。

杜甫的炼字艺术，不仅仅是对文字的打磨，更是一种情感与智慧的凝聚。他通过对每一个字的精心选择，构建了一个个鲜活生动的画面，让读者仿佛置身于历史的长河之中，与诗人一同感受那个时代的悲欢离合。这种艺术魅力，不仅激发了读者对杜诗的兴趣，更引领着后来无数诗人对诗歌艺术的追求，成了一代又一代文化传承中的宝贵财富。

请你再举一个善于雕琢文字的诗人的例子，分析他雕琢文字的特色。

第九节　你知道《红楼梦》中人物名字的谐音吗？

　　《红楼梦》中的人名，蕴含着作者令人惊叹的语言智慧和深刻的文化底蕴，是整部作品不可或缺的组成部分。这些名字不仅仅是简单的标签，它们如同一把把钥匙，开启着通往书中人物性格、命运乃至整个社会风貌的密室。曹雪芹以谐音双关的修辞手法，巧妙地将人物的特质、故事的情节以及对社会的批判寓于其中，使得每个名字都仿佛是精心雕琢的艺术品，令人赞叹不已。你平时积累过运用双关语的古诗词吗？

　　谐音双关不仅透露了创作思想，还细腻地勾勒出故事发生的典型环境。"十里街"（势利街）、"仁清巷"（人情巷），这两个地名直指社会的现实面貌：人们在利益面前易变，人情冷暖，世态炎凉。葫芦庙的"葫芦提"更是将世事的混沌与混乱展现得淋漓尽致，让人不禁感叹世事如梦，真假难辨。

　　人物性格的描绘上，谐音双关同样发挥着独特的作用。贾赦，谐音"假色"，一个色欲熏心的角色；贾政，谐音"假正"，表面上一本正经，实则平庸无能；贾宝玉，谐音"假宝玉"，他内心充满矛盾与挣扎，既有自责也有骄傲，是典型的反叛者形象。而甄宝玉，则是"真宝玉"，与贾宝玉形成鲜明对比，两者虽外貌相似，性格却截然不同，这种真假对举的设定，更加凸显了人物的复杂性。

谐音双关在《红楼梦》中不仅是语言艺术的表现，更是情感与思想的载体。它如同一曲悠扬的旋律，穿插在字里行间，引领读者深入作品的精髓。每一个名字都承载着作者对人物命运的预示，对社会现实的批判，对人生百态的感悟。它们共同编织出一幅幅生动的画面，让《红楼梦》这部巨著更加丰富多彩，引人入胜。

思考与联想

《红楼梦》中，作者曹雪芹巧妙地运用了谐音，使得许多人物的名字和地点都暗含深意，增添了不少趣味和深度。在生活中，有许多谐音现象，它们往往在不经意间带给我们惊喜和乐趣。你是否注意到某些商店的名称，或者朋友的昵称，甚至是日常对话中偶尔出现的谐音笑话？你是否能说出这些谐音带来的幽默效果和背后的含义？

谐音不仅可以用于名字，还可以用于发明新的词汇或短语，以此来表达特定的含义或情绪。我们可以尝试自己创造一些谐音词，让这些词既能引发笑声，又能传递一定的信息。例如，用"茶"和"查"谐音，创造一个词叫"茶访"，来形容一边喝茶一边访问朋友的情景。

究底与寻根

《红楼梦》中的人物名字充满谐音双关，这种巧妙的语言游戏不仅增添了阅读的乐趣，也隐含着深刻的文化和社会寓意。下面概述一些《红楼梦》中具有谐音特色的人物名字。

甄士隐——真事隐；贾雨村——假语存。《红楼梦》卷首开宗明义，"作者自云：因曾历过一番梦幻之后，故将真事隐去，而借'通灵'之说，撰此《石头记》一书也……虽我未学，下笔无文，又何妨用假语村言，敷演出一段故事来……"因而书中有假语存焉。曹雪芹在开卷第一回第一段文字中，就明白无误地交代了这两个人物的谐音含义及其功用，意在提醒读者时时注意《红楼梦》的立意本旨。尽管如此，他仍怕读者有所疏忽，在书中的缘起部分复题一绝云："满纸荒唐言，一把辛酸泪！都云作者痴，谁解其中味？""荒唐言"即所存的假语，"其中味"即隐去的真事。

甄费——真废。甄费即甄士隐，"真废"的含义即真人真事被废弃不用了，这是对"真事隐"的呼应和强调。

贾化——假话。贾化即贾雨村。脂批"贾化，表字时飞"，暗隐"假话，实非"，这是对"假语存"的呼应和强调。

甄英莲——真应怜。英莲是甄士隐之女，自幼即被拐骗，备受欺辱。后又被呆霸王薛蟠抢去，遭到了更加粗暴地蹂躏。"根并荷花一茎香，平生遭际实堪伤。自从两地生孤木，致使香魂返故乡。"薄命之人，真应怜也。

娇杏——侥幸。娇杏原为甄士隐家丫鬟，只因回头看了贾雨村两眼，便被他引为"风尘中之知己"。后来雨村为官后，娇杏被他要去做了二房。她到了雨村身边，一年后生了一子（封建社会，母以子贵），又过半年，正妻染病去世，于是被扶作正室。"偶因一回顾，便为人上人。"岂非侥幸？

霍启——祸起。霍启是甄士隐所用家奴，元宵节抱了士隐的小女去看社火花灯，不小心竟把孩子丢失，他因害怕便逃跑了。但甄家之祸（包括后来士隐夫妇思女成疾，甄家房屋着火），遂由他而起。

封肃——风俗。风俗者，混账也。《红楼梦》中的封肃是甄士隐的岳丈，他见女婿落魄来归，很不高兴；士隐拿出银子托他买一些房产，他从中赚了不少；后来士隐越来越穷了，他总是抱怨谩骂。然而，对于为官作宦的贾雨村，他却是讨好奉承……封肃所为，确实混账。

冷子兴——能知兴，即能知兴衰之意。"欲知目下兴衰兆，须问旁观冷眼人。"冷子兴是个走南闯北、深谙世情的人，他慧眼独具，冷眼旁观，看出了荣宁二府衰败的迹象："如今生齿日繁，事务日盛，主仆上下，安富尊荣者尽多，运筹谋画者无一；其日用排场费用，又不能将就省俭，如今外面的架子虽未甚倒，内囊却也尽上来了……这样钟鸣鼎食之家，翰墨诗书之族，如今的儿孙，竟一代不如一代了！”这番剖析，揭示了贾府必将败落的命运。

贾政——假正。一般人都认为“贾政”的谐音含义是假正经，这种判断虽无大的偏差，但不够准确。孔子说过：“政者，正也。”贾政者，假正也。在贾府的主子中，只有贾政显得最是“端方正直”了，然而骨子里并非如此。听说金钏跳井自杀，他立即推脱干系，声称“我家……自祖宗以来，皆是宽柔待下”，后来又想把责任推给“执事人”。他外面享着“拯溺救危”的美名，暗地里却在帮助庇护杀人凶手薛蟠。他的所谓“礼贤下士”，实际上是结交无耻文人。他听任手下奴才纳贿，又落得“风声清肃”……在大庭广众之中，他随口就能讲一个“老婆逼着丈夫舔脚”的笑话，可见在这位道学家的肚子里，无聊的东西装得并不少。贾政的表象为“正”，实质为“反”。贾政者，假正也。

李纨——礼完。李纨是贾政的大儿媳，“虽青春丧偶，且居处于膏粱锦绣之中，竟如‘槁木死灰’一般”，她对一切都不关心，一心培养贾兰，闲时“陪侍小姑等针黹（zhǐ）诵读”，封建礼教，何其完备！

冯渊——逢冤。冯渊与薛蟠争买英莲，被薛蟠平白打死，贾雨村为讨好四大家族，胡乱判了此案。冯渊真是逢冤。

秦可卿——情可亲。可卿死时，“那长一辈的想他素日孝顺，平一辈的想他素日和睦亲密，下一辈的想他素日慈爱，以及家中仆从老小想他素日怜贫惜贱、爱老慈幼之恩，莫不悲嚎痛哭。”（此可作“情可亲”的字面注解）

秦钟——情种。秦钟是秦可卿之弟，他在宁国府送殡路上，看见个灵巧村姑，就不禁赞叹：“此卿大有意趣。”到了馒头庵，和女尼智能儿互通款曲；临别时，依依不忍分离；回城以后，又几度与智能儿偷期缱绻；最后竟因此而夭逝。临终前，还惦记着智能儿尚无下落。如此多情，堪称情种。

詹光——沾光；单聘仁——善骗人；卜固修——不顾羞；程日兴——何曾（“程”字拆为禾呈，谐音“何曾”）热心。这四个人都是贾府门下的清客。所谓清客，是指在富贵人家帮闲凑趣的门客。他们不劳而食，专会沾光；花言巧语，极善骗人；涎皮赖脸，不顾羞耻。其实，他们对主人的事，何曾热心过呢？不过是糊弄人罢了。和这几个人混在一起的，还有一个胡斯来，一听就知道是个胡厮赖（胡搞，厮混，耍赖）。

戴良——贷粮；钱华——钱花。戴良是仓上的头目，专管粮食的进出，岂非贷粮？钱华是贾府的买办，买办么，总是要拿钱去花的。

戴权——贷权。原来，权位跟粮食一样，是可以"贷"的。这里的"贷"，可以理解为"有偿给予"。戴权是掌宫内监，他凭着两员龙禁尉的空缺，收了襄阳侯家一千五百两银子，又向贾珍索取一千两。如此卖官鬻爵，非贷权而何？

夏秉忠——瞎秉忠；夏忠——瞎忠。夏秉忠是六宫都太监，夏忠也是太监。忠而属瞎，骂尽太监者流！（夏秉忠与夏忠是否为同一人，本文无须考证）

王仁——忘仁。王仁是凤姐之兄。第一百零一回中，贾琏对凤姐说："你打量那个王仁吗？是忘了仁义礼智信的那个'忘仁'哪！""他一到京，接着舅太爷的首尾就开了一个吊，他怕咱们知道拦他，所以没告诉咱们，弄了好几千银子。后来二舅嗔着他，说他不该一网打尽。他吃不住了，变了个法儿，指着你们二叔的生日撒了个网，想着再弄几个钱好打点二舅太爷不生气，也不管亲戚朋友冬天夏天的，人家知道不知道，这么丢脸！……"王仁所行如此，所以外头的人都叫他"忘仁"。

卜世仁——不是人。卜世仁是贾芸的舅舅，香料铺掌柜。贾芸找他赊冰片等物，他不仅不赊，反将贾芸排揎（xuān）了一顿，临了又和他的"贤内助"合演了一段哭穷的双簧，变着法儿不留外甥吃饭。他的所作所为，连泼皮倪二听了都气得了不得。卜世仁实在不是人！

石呆子——实呆子。穷得连饭也没的吃，偏他家就有二十把古旧扇子，贾赦出高价收买，他死也不卖，"要扇子先要我的命！"后来贾雨村讹他拖欠官银，把他拿到衙门里去，把扇子抄去送给贾赦，他果然愤而自尽。石呆子要扇子不要性命，在世俗眼光看来，实在是个呆子。

吴良——无良。他和薛蟠在一起喝酒，薛蟠打死张三，被捕入狱，他受薛家买通，假造供词，硬说是薛蟠失手误伤人命。人之无良，一至于此。[①]

《红楼梦》中人物命名还巧妙地融入了古典诗词的意境，展现出曹雪芹深厚

---

① 郑立德.《红楼梦》人名谐音拾趣 [C]// 江苏省红楼梦学会. 红学论文汇编，2004：4.

的文化底蕴和对作品精心设计的匠心。书中主要人物的名字往往直接来源于唐宋诗词，这些诗词不仅赋予了人物名字以美感，还隐含着人物的性格特征、命运走向以及与故事发展的深层联系。

例如，林黛玉的名字，取自晏几道《生查子》中"远山眉黛长"，描绘了黛玉那似远山般的眉毛，与她那哀愁、病弱的形象相得益彰；又如薛宝钗的名字，出自李商隐诗中"宝钗无日不生尘"，寓意着宝钗的高贵与尘世的无奈。就连贾宝玉的丫鬟，如晴雯、绮霞等名字，也各有出处，如晴雯源自元好问的《云峡》诗，绮霞则可能来自张若虚的《春江花月夜》。这些名字的选取，使得人物形象更加立体，也增加了故事的文学韵味。

此外，《红楼梦》中人物居住的场所名称，如稻香村、潇湘馆、蘅芜苑等，也皆取自诗词，进一步营造了浓郁的文化氛围，让读者仿佛置身于诗画般的环境中。比如，稻香村的名字源于许浑的诗句"村径绕山松叶暗，野门临水稻花香"，让人联想到乡村的恬静与自然之美。

曹雪芹在人物命名上的用心，不仅体现在直接引用诗词，还在于他对诗词进行提炼与创新，将诗词中的意境和人物性格巧妙融合，如林黛玉的名字，不仅仅是对"黛"和"玉"这两个字的简单借用，更是对其"病弱""哀愁"特质的深刻刻画，体现了作者对人物性格的细腻把握。

《红楼梦》中人物命名的诗词化，不仅提升了作品的艺术品位，还让读者在品味文字的同时，感受到中国古代文化的博大精深。

迁移与小试

《天龙八部》是金庸先生笔下的武侠巨著，其人物命名充满着深邃的文化底蕴与艺术魅力，彰显出作者深厚的文学素养和对中华传统文化的热爱。小说中的人物名字，既蕴含着丰富的情感色彩，又巧妙地暗示了角色的命运轨迹，如同一首首精致的诗词，让人回味无穷。

乔峰——本名萧峰（萧姓为辽国大姓），"乔"姓得自养父农户乔三槐。"乔"字已暗含其并非本姓（"乔"在字义上有"装假""改扮"意，如乔装、乔模乔样等），而"峰"字又遥接其父之名"远山"。

段誉——名字寓意"断欲",其中"段"字同"断","誉"字同"欲"。段誉生父一生红颜知已无数,而段誉本人则被要求断绝欲望,这种讽刺意味体现在他的名字中。

虚竹——这个名字取自《庄子·人间世》中"瞻彼阕者,虚室生白",寓含着空灵脱俗之意。虚竹本是少林寺的和尚,后成为逍遥派掌门,他的名字恰如其分地反映了他的人生哲学——放下执念,追求内心的平静与自由。

木婉清——名字来源于《诗经·野有蔓草》中的"有美一人,清扬婉兮"。这个名字不仅美丽而且神秘,很好地体现了木婉清的性格特点。木婉清的母亲是秦红棉,她自称幽谷客。秦红棉名字中的"木"字和"棉"字都与"零落依草木"有关,因此木婉清被赋予了"木"姓。此外,秦红棉不希望女儿知道自己生母的身份,也不希望女儿随父亲(段正淳)的姓,因此选择了"木"作为姓氏。

阿朱和阿紫——她们的名字简洁明快,富有诗意,如同两颗璀璨的宝石,分别代表着热情与神秘。朱、紫是一个母亲所生,而性格、品质迥异。其名取自《论语》。《论语·阳货》:"恶紫之夺朱也。"何晏集解:"朱,正色;紫,间色之好者。恶其邪好以乱正色。"后因以"朱紫"比喻以邪乱正或真伪混淆。

《天龙八部》中的逍遥派是一个崇尚道家的门派,其掌门人为无崖子。"无崖"即"无涯"。其名来自《庄子·养生主》:"吾生也有涯,而知也无涯。"和无崖子一辈的尚有天山童姥与李秋水。童姥谓年老而童身,其造型与武功取材于佛祖释迦牟尼。李秋水名字来于《庄子·秋水》就不用多说了。值得一提的是无崖子的两个弟子:苏星河、丁春秋。在道家里,"星河"是空间上的"无涯",而"春秋"则是时间上的"无涯"。

《天龙八部》中的人物命名,是金庸先生对中华传统文化的致敬,也是对人性深刻洞察的体现。每个名字的背后,都藏着一段故事、一种情感,如同小说中跌宕起伏的情节,令人赞叹不已。通过这些名字,我们不仅能够领略到金庸先生的文学造诣,更能感受到中国古典文化中那份独特的韵味与魅力。

请阅读金庸的一部小说,谈谈小说主要人物名字里的文化因素。

第十节　你能介绍一下《红楼梦》里的美食吗?

名著与生活

　　你是美食爱好者吗?你吃过茄鲞(xiǎng)这道名菜吗?在《红楼梦》这座瑰丽无比的文学殿堂里,美食不仅是滋养身体的佳肴,更是滋养灵魂的艺术。这里,每一顿饭都是一场视觉与味觉的盛宴,每一道菜背后都藏着一段故事,每一次举箸都是一次文化的对话。

　　想象一下,当刘姥姥第一次品尝那精致得令人"惊魂"的茄鲞、鸽子蛋时,她的惊讶与赞叹,不正是对大观园奢华生活的最直接见证吗?那些花形小点心,如同艺术品一般,不仅满足了口腹之欲,更让人在心中种下了对美好生活向往的种子。这,便是红楼美食的魅力,它让每一个平凡的日子都充满了不平凡的意义。

茄鲞

　　再来看看那些飘香四溢的酒品——果子酒的甜美,西洋葡萄酒的醇厚,合欢花酒的浪漫,玫瑰清露与木樨清露的清新,无一不在诉说着大观园的繁华与精致。而妙玉那用积藏三年的梅花雪水煮成的茶，更是将自然之美与人文之雅完美融合，让人在品味之余，不禁感叹生活的无限可能。

不仅如此，《红楼梦》中的美食还蕴含着深厚的文化内涵。无论是漱口茶的饮法，还是牛乳蒸羊羔的食用，抑或御田胭脂米与白粳米的区别，这些看似寻常的饮食细节，实则反映了人物的身份地位、生活习惯以及社会风俗。美食在这里成了沟通心灵的桥梁，连接着亲情、友情和爱情，让读者在享受美味的同时，也能感受到人与人之间那份温暖与关怀。

最让人称奇的是，红楼中的美食不仅仅是物质上的享受，更是一种精神上的追求。它让大观园这个仙境般的地方，既有超凡脱俗的美，也有接地气的生活气息。美食就像一股活水，让红楼的世界更加丰富多彩，也让读者在品味美食的过程中，更加深刻地理解了《红楼梦》这部伟大作品的内涵。

思考与联想

在《红楼梦》中，王熙凤对"茄鲞"的描述令人印象深刻，这道菜不仅体现了大观园的奢华，也展现了古代烹饪技艺的精湛。我们可以尝试还原这道经典美食，体验一把红楼中的美食文化。《红楼梦》中的下午茶文化同样丰富多彩，不仅有各种精致的点心，还有不同种类的茶品。我们可以举办一场"红楼下午茶"体验活动，亲身体验一下古代贵族的休闲生活方式。

究底与寻根

当刘姥姥跨过大观园的朱红门槛，她所踏入的，不仅是一个金碧辉煌的宅邸，更是一方味蕾的仙境。在这里，美食不再是简单的果腹之物，而是化作了艺术，凝结成了文化。每一道菜，都如同一幅细腻的工笔画；每一口汤，都似一首悠扬的古曲，唤醒着舌尖的沉睡，触动着心灵的琴弦。贾府的餐桌，是人间烟火与诗情画意的完美交融，是日常生活的极致升华。刘姥姥的眼中，不仅闪烁着对美食的惊叹，更映照出一个时代的繁华与风雅，让后世读者在品味文字的同时，能遥想那曾经的盛世景象，感受那份穿越时空的美味与温情。

一、贾府宴会

在《红楼梦》的华美篇章里，贾府的宴会仿佛是一幕幕精致生活的戏剧上演。从晓翠堂到缀锦阁，从清晨的第一缕阳光到夜晚的最后一抹星光，贾府的餐桌总是洋溢着令人叹为观止的奢华与匠心独运的艺术感。

晓翠堂的盛宴，犹如一场视觉与味觉的双重交响乐。四楞象牙镶金的筷子，宛如艺术品般被精心摆放，它们不仅是进食的工具，更是地位与身份的象征。乌木镶银箸则彰显着日常的优雅，即便是在家常宴饮中，贾府也从不吝啬于细节的雕琢。一两银一个的鸽子蛋，是刘姥姥眼中的奇迹，也是贾府对食材品质极致追求的缩影。

缀锦阁的酒宴，则是另一番风味。在这里，一道小小的茄鲞背后，藏着烦琐的工序和精心的调配，鸡油炸制的茄子丁儿，与鸡脯肉、香菌、新笋、蘑菇、五香腐干以及各色干果交织在一起，再经由鸡汤的温柔洗礼，最后以香油与糟油的醇香收尾，装入瓷罐封存，待时机成熟，与炒鸡爪一同呈现，成为一道绝妙佳肴。凤姐儿的讲解虽不乏夸张，却也真实反映了贾府美食制作的精妙复杂。

贾府的饭后用点，令人目不暇接。藕粉桂糖糕的香甜、松穰（ráng）鹅油卷的酥软、螃蟹馅小饺儿的鲜美、奶油炸制的各式小面果……这些点心虽非奇珍异宝，却因贾府的巧手匠心，变得独一无二。刘姥姥的赞叹，恰如其分地表达了这些美食给人心灵带来的震撼。

元宵家宴上的场景，将贾府的饮食文化推向了高潮。贾母的挑剔、凤姐的机敏，共同编织了一幅温馨而生动的画面。鸭子肉粥、枣儿熬的粳米粥、杏仁茶……一道道看似普通的粥品，在贾府的厨房里，也被赋予了非凡的意义。而那随侍在侧的精致小菜，更是展现了贾府对美食的无尽探索。

除了美食，贾府的宴饮中还融入了丰富的娱乐元素。听曲看戏，成了贾母饭桌上的一道独特"菜肴"。无论是大戏班的盛大演出，还是十二官的清唱，都能根据贾母的心情与偏好，适时调节气氛。而说笑斗牌，则是宴饮中的轻松调味剂，凤姐儿的幽默与机智，总能为餐桌增添欢声笑语，使每一顿饭都充满了欢乐与融洽。

贾府的宴会，不仅仅是味蕾的盛宴，更是一次次精神的滋养，它融合了家族的情感、文化的传承以及对美好生活的无限向往。在这座古老宅邸的每一扇门后，都藏着一个关于美食与生活的故事，等待着每一位访客去细细品味。

🐉 二、"红楼"中的茶

在《红楼梦》中，茶，不仅仅是一种饮品，更是一种文化的载体，流淌在贾府的每一个角落，浸润着每一个人的心田。从晨曦微露到夜幕低垂，从迎宾送客到闲庭信步，茶香袅袅，贯穿于贾府日常的每一个瞬间，成为一幅幅生动的生活画卷。

茶，在贾府，不仅是礼节的象征，更是情感的纽带。无论是贾蓉恭敬地为先生奉茶，还是花自芳母子对宝玉的周到照料，抑或对忠顺王府长史官的款待，茶的香气中弥漫着尊重与温情。茶果相伴，更添几分雅致，正如陆纳的"茶果待客"与桓温的"茶果宴客"，在贾府，这传统礼仪被演绎得淋漓尽致，茶与果的搭配，恰如一场味觉与视觉的盛宴。

而以茶敬亲，更是贾府中不可或缺的规矩。无论是宝玉、黛玉的公子小姐风范，还是贾珍、尤氏的尊长之礼，亲奉以茶，皆是对长辈最深切的敬意。新茶的馈赠，不仅传递着主人的好客之心，更蕴含着对宾客的尊重与厚爱。贾府饮茶尚新，从袭人的精致新茶，到贾琏要求沏上进贡新茶，无一不展现出对茶品的极致追求。

然而，贾府的茶文化，远不止于表面的仪式与礼节。饭后的漱口茶，成为贾府饮食文化的一大特色。不同于林黛玉家中简单的饭后饮茶，贾府的饭后漱口茶，讲究的是对口腔的清洁与保健，体现了对健康饮食的深刻理解。《考槃余事》与《本草纲目》中的记载，佐证了贾府这一习惯的科学性与合理性，彰显了贾府饮食之道的博大精深。

若论真正的品茶高手，妙玉无疑是最闪亮的明星。栊翠庵中的"茶话会"，妙玉以其独特的茶艺与学识，展示了品茶的至高境界。从珍贵的茶具到稀世的水源，再到对茶量的精准把控，妙玉将饮茶提升为一门艺术。她的"一杯为品"，不仅是对唐代卢全品茶七碗的反叛，更体现了时代变迁下饮茶风尚的演变，以及对茶文化精髓的深刻领悟。

茶是贾府日常生活中不可或缺的一部分，它承载着家族的礼仪、情感的交流、健康的智慧，以及对美好生活的无限向往。

三、"红楼"中的美酒

自古以来，美酒与美食一样，无不与人们的饮食生活密切相关，红楼中就"藏"有不少美酒，且各有特色。

无论是生日宴上的欢聚、雪景中的雅集，还是花下的闲谈、剧场内的乐音，美酒总是如影随形，为这幅宏大的生活画卷添上一抹醉人的色彩。

其中，合欢花酒堪称一绝，它不仅是酒，更是一剂良药。林黛玉，这位多愁善感的女子，在品尝了性寒的螃蟹后，感到心口隐隐作痛，便自斟半盏酒。然而，面对黄酒，她却选择了拒绝，转而索求合欢花酒。这酒，由合欢树上绽放的花朵浸入烧酒而成，带着自然的甘甜与平和，能够舒缓情绪、安定心神，让人忘却忧愁，久饮更有轻身明目的奇效。对于黛玉而言，这杯酒不仅抚慰了身体的不适，更温暖了她敏感脆弱的心灵。

黄酒，尤其是绍兴酒，无疑是红楼美酒中的佼佼者。它不仅口感醇厚、香气馥郁，更蕴含丰富的营养价值。《红楼梦》创作的十八世纪，绍兴酒早已名声在外，成为达官显贵间的馈赠佳品，以及贵族家庭宴席上的常客。它酒精度适中，既能满足品鉴的乐趣，又不会过度沉醉，加之多种饮用方式的灵活变化，使其成为养生与社交的双重利器。第六十三回中，宝玉生辰之夜，一坛上好的绍兴酒，不仅点燃了宴会的热烈气氛，更见证了丫鬟们对宝玉深厚的情谊，让这场夜宴成为红楼诸艳尽情释放自我，共享欢乐的舞台。

除此之外，红楼中还藏匿着各式各样的美酒，每一坛都有其独特的故事与养生价值。屠苏酒，相传饮之可延年益寿，为新年祈福增添了一份吉祥寓意。而果子酒，则以其天然果香，成为滋养心脏的佳酿，令人心旷神怡。这些酒，不仅仅是舌尖上的享受，更蕴含着古人对健康生活的深刻理解与追求。

　　在《红楼梦》中，不仅美酒佳肴令人垂涎，其对食补养生的细腻描绘同样让人叹为观止。贾府上下，无论是日常饮食还是病后调养，都体现了古人对"药食同源"理念的深刻理解和运用。在贾府，饮食不仅关乎口腹之欲，更是一种养生之道，甚至可以说，餐桌上的每一道菜肴都承载着深厚的医学智慧。

　　晴雯感冒后采取的"净饿疗法"，便是这一理念的生动实践。通过暂时的饥饿，让身体得以休息，减轻肠胃负担，再辅以适当药物调治，最终达到康复的目的。这种做法看似简单，实则遵循了《千金要方》中"饱食即卧，乃生百病"的古训，强调了饮食节制与身体健康之间的密切联系。

　　贾母偶感风寒，王太医的诊断与建议，同样体现了这一思想。他认为贾母无须过多药物干预，只需清淡饮食，暖身调养即可。这番见解，恰与贾府内部流传的"净饿为主，次则服药调养"的经验不谋而合。而王夫人与凤姐儿为贾母精心准备的野鸡崽子汤，不仅味道鲜美，更有补中益气的功效，是病后调养的理想选择。野鸡肉的补身效果，正如《食疗本草》所言，能"主五脏气喘"，是驱邪外出的上乘药膳。

　　牛乳蒸羊羔，这道贾母口中"我们有年纪的人的药"，更是将食补养生推向了极致。选用未见天日的小羊胎，以富含营养的牛乳蒸制，不仅肉质嫩滑、香气扑鼻，更富含蛋白质、脂肪及多种维生素和矿物质，对老年人而言，实为大补气血、强筋健骨的佳品。然而，贾母之所以将其视为"有年纪的人的药"，是因为补品的选择需与个人体质相匹配，过犹不及，年轻人血气方刚，无须此类大补，否则可能适得其反。

　　至于"动物人参"之称的鹌鹑，其在贾府的地位亦不容小觑。贾母偏爱的糟鹌鹑，不仅口感醇厚、香气独特，更富含营养价值，有补五脏、益中续气之效。尤其是在清朝，鹌鹑还承载着"平安"的美好寓意，成为节日宴席上不可或缺的佳肴。

　　果子狸，这道秋冬季节的滋补佳品，同样体现了贾府对食材季节性的重视。

其肉质细嫩、香气浓郁，富含水果清香，具有补中益气、祛风散寒之功。即便经过腌制风干，依然保留了鲜美的口感与丰富的营养，成为贾府餐桌上的一道美味风景。

《红楼梦》中的食补养生之道，不仅展现了古人对食物药用价值的深刻认知，更反映了他们对生活品质的极致追求。每一道菜肴背后，都蕴含着深厚的文化底蕴与健康哲学，让读者在领略美食的同时，也能感受到中华传统医学的魅力。贾府的餐桌，无疑是一部生动的食疗百科全书，引领我们探索古人智慧的无限广阔。

迁移与小试

《随园食单》是清代文人袁枚关于美食的一部经典著作，也是展现其独特诗学追求和美学情趣的窗口。在这本书中，袁枚记录了他四十年来的饮食体验，涵盖了乾隆时期江浙地区的各种烹饪技法，从珍馐佳肴到日常简餐，无不透露出他对美食的热爱和对生活美学的追求。

袁枚的美食观与诗学追求紧密相连，他倡导食物应展现其本真性，就如同诗应表达真挚情感。他重视食物的色、香、味，这与他在诗文创作中强调识、才、学的结合如出一辙。在袁枚看来，美食不应受限于固定模式，正如诗歌不应拘泥于成规，两者都应追求"和而不同"的境界。他推崇含蓄的美学风格，在诗文中追求意味深长，在美食上则讲究本味与回味，二者都体现了"不着一字，尽得风流"的意境。

在《随园食单》中，袁枚还探讨了饮食文化的深层内涵。他认为饮食不仅是满足生理需求，更是一种文化表达，承载着历史、政治、伦理和美学的多重意义。饮食习惯和观念因阶层而异，农夫与贵族在饮食选择上的差异，反映了不同生活方式和价值观。袁枚还借由《典论》中的话，说明饮食文化的积累需要世代传承，是文化身份和品位的彰显。

为了更好地理解袁枚的美食哲学，我们不妨深入品读《随园食单》，感受其中的雅致情趣。书中详细描述了豆腐的多种制作方法，如：蒋侍郎豆腐用猪油煎制，配以虾米；杨中丞豆腐则与薄鳔（fǔ）鱼片一同烹煮……这些细节展现了袁枚对食材特性的深刻理解和尊重。每一道菜背后，都是对生活美学的追求，正如一首首诗，流淌着作者的情感和智慧。

袁枚的美食文化，既是对传统习俗的继承，也是对个人情感的抒发。他将日常饮食升华为艺术享受，让读者在品尝美味的同时，感受到文化的韵味。《随园食单》不仅是一部菜谱，更是一部生活的诗集，引领我们走进一个充满诗意与雅趣的世界。

请你闲暇时也阅读一下《随园食单》吧！让我们跟随他的笔触，探索食物与诗歌之间的奇妙联系，感受他对生活美学的独到见解。这是一次心灵与味蕾的双重盛宴，在品味美食的同时，一起领略中华传统文化的魅力。

第三章
《红楼梦》里的青春之美

　　《红楼梦》塑造了众多人物形象，他们都有独特鲜明的个性，具有深厚的艺术造诣和高雅的审美情趣。一群朝气蓬勃、快乐阳光的男孩和女孩恣意挥洒青春，共赴一场青春的盛宴，他们懂得美、欣赏美、表现美，处处都彰显着青春之美。

　　青春之美，美在天性率真，无瑕无邪。至贵者宝、至坚者玉的贾宝玉，冷月花魂、孤傲性灵的林黛玉，艳冠群芳、无情动人的薛宝钗，英豪阔大、霁月光风的史湘云，五辣俱全、褒贬不一的王熙凤，豪爽豁达、高傲脱俗的贾探春，心比天高、风流灵巧的晴雯……这些个性率真、性情纯真的年轻人，有些似神仙姐妹，有些是至交知己，温情脉脉、春意融融，洋溢着青春之美。

　　青春之美，美在梦幻缥缈，转瞬即逝。大观园亭台楼阁、鸟语花香，古朴雅致的怡红院，幽静清冷的潇湘馆，幽香四溢的蘅芜苑，是青春少年短暂的避风港。《红楼梦》里的青年男女共同在世外桃源般的大观园里度过了他们难忘的青春时光，摈弃了俗礼俗套的干扰，挣脱悲剧命运的藩篱，让花样年华别样精彩。

第一节　至贵者宝，至坚者玉——贾宝玉

名著与生活

　　现实生活中，是勇闯天涯、笃志前行，还是追求岁月静好、现世安稳，是青年需要面对的人生选择。有人说，青春年少可能会被他人定义；有人说，青春年少可能会被别人质疑。"知人者智，自知者明。胜人者有力，自胜者强。"不论是平均年龄33岁的"神舟十二号"研发团队，或是平均年龄24岁在EDA（电子设计自动化）上勇夺冠军的华中科技大学的四名"95后"学子。他们的青春敢于"自定义"：相信自己，无惧风雨，才能拥有属于自己的精彩；拥有青春，不惧成长，未来有无限可能。

思考与联想

　　你身边有没有一些不谙世事、活在自我世界里的人？他们不愿承担责任，或被家人过度保护在象牙塔内，从内心深处拒绝长大。你读过的《红楼梦》及其他经典作品，有没有像这样拒绝长大的人物形象？你认为贾宝玉发自内心地拒绝成长吗？一个拒绝长大的年轻人能拥有未来吗？

究底与寻根

一、一个拒绝成长的少年

　　《红楼梦》中的主要人物形象之一贾宝玉就是这样一个拒绝成长的人，但他的身上也有许多闪光之处。出身于钟鸣鼎食之家、诗礼簪缨之族，富贵闲人，爱

憎分明，颇具才情，谦谦君子，温润如玉。《红楼梦》第二十二回中，林黛玉曾因看到贾宝玉写的偈语而与他开玩笑，"宝玉我问你：至贵者宝，至坚者玉。尔有何贵？尔有何坚？"黛玉之问，表面看起来是戏谑之语，但也启发我们去思考：宝玉的"贵"，"贵"在何处呢？除了身份地位的尊贵之外，最主要的是他善良率真的本性，对真善美的追求，对封建礼教的质疑，对平等博爱、自由理想的向往，对女性发自内心的尊重。宝

贾宝玉

玉的"坚"，又"坚"在何处呢？对黛玉爱情的坚贞，对自己所追求的理想和精神的坚守。这"贵"与"坚"正是贾宝玉身上体现出的青春之美，美在少年率性多情、温和善良，美在勇敢地质疑、无悔地坚守。

当然，每一个愤世嫉俗的少年最终都应该明白，就算是宝玉这样的世袭公子，如果在本该奋斗的年纪选择了安逸，选择了逃避，选择了一条所谓遗世独立、散漫随性的出尘之路，那么又该如何去面对自己本应该担负的家国使命？事实上，很多人的人生选择与他的成长经历有关。

二、你知道宝玉的前世今生吗？

《红楼梦》第一回提到，女娲炼石补天之时，在大荒山无稽崖炼成了三万六千五百零一块石头，但只用了三万六千五百块，仅仅留下一块未用，把它丢弃在青埂峰下。这块石头经过磨炼后，通了灵性，但不能补天，也只能独自嗟叹。

因听了一僧一道说红尘中的荣华富贵，就想去红尘历练一番，二位仙师劝它，红尘中虽然有快乐的事，但也不能长久，这样还不如不去。但这石苦苦哀求，二位仙师只能反复告诫，一旦遇到不如意，不要后悔。僧人念咒写符，将这块大石头变成了晶莹剔透的美玉，还是觉得有点大，接着又把它缩成像扇坠一样小，还在上面刻了字，带着它到"昌明隆盛之邦，诗礼簪缨之族，花柳繁华地，

温柔富贵乡去安身乐业"。虽然朝代不可考证，但演绎了一段传奇故事。这石投胎入世以后，成了贾政与王夫人的次子——贾宝玉。

三、一个叛逆的"不肖子"

以贾政为代表的世家望族想把宝玉打造成他们最理想的继承人的模样，但宝玉却是一个典型的叛逆者，是他们眼中的不肖子。

第一个叛逆思想是他的"功利观"。他完全没有功利心，从小不喜欢读有关科举考试的书，看透了身边的"沽名钓誉之徒"的表演，因而厌恶仕宦经济，排斥家族为他选的人生道路，嘲讽那些热衷于利禄功名的人是"国贼禄鬼之流"。

第二个叛逆思想是他的"男女观"。他极力反对"男尊女卑"的封建道德观念。在《红楼梦》第二回中，冷子兴曾转述过贾宝玉的"男女观"：

> 女儿是水作的骨肉，男人是泥作的骨肉。我见了女儿，我便清爽；见了男子，便觉浊臭逼人。

宝玉对女子有着与生俱来的尊重和热爱，这种平等的"男女观"在今天看来都极具先进性。

第三个叛逆思想是他的"爱情观"。他和林黛玉互为知己，但在贾母、王夫人等人的安排和欺骗下，却被迫娶了薛宝钗为妻。终因双方追求不同，而且宝玉也忘不了他的精神知己林黛玉，成婚后不久，宝玉了却尘缘，出家当和尚去了。

贾宝玉的这些叛逆思想被看作"各别另样"和"不肖无双"。

四、一个清醒的智者

鲁迅先生在《中国小说史略》中评价《红楼梦》："悲凉之雾，遍被华林，然呼吸而领会之者，独宝玉而已。"鲁迅还说："颓运方至，变故渐多；宝玉在繁华丰厚中，且亦屡与'无常'觌面。"[①]悲凉的雾气遍布表面的繁华，宝玉作为大

---

① 鲁迅. 中国小说史略 [M]. 北京：人民文学出版社，2006：239.

观园里唯一的男性，自始至终都是一个清醒者，是最早体会到人生悲剧和贾府败落悲剧的人，能洞悉大观园女儿们的命运悲剧，"千红一哭，万艳同悲"，盛筵终散，这痛苦只有自己能领会，自己来咀嚼。鲁迅曾翻译过匈牙利诗人裴多菲的一句诗，"绝望之为虚妄，正与希望相同"，这句话本是鲁迅的人生认知，用来形容清醒的宝玉也很恰切。在经历了金钏、晴雯、黛玉等众姐妹之死后，贾宝玉逐渐觉醒。这清醒是一种境界，也是一种美。

五、"石玉""情不情"二元矛盾的消解

有人认为贾宝玉"亦石亦玉"，也有人说他是一个"情不情"之人，这些概念听起来有些晦涩难懂吧？看似矛盾的二元概念集中在一个人身上，应该怎么理解呢？

（一）"玉性"和"石性"之争

"亦石亦玉""他有玉的灵性之美，有时又像石头一样顽劣粗蠢"。从宝玉的为人处世、一言一行看，他的确不是一个十全十美的人。但不论是表现出"玉性"的一面，还是表现出"石性"一面，都是宝玉的真性情的流露——他是一个很纯粹的人。

美 玉

顽 石

那么，"玉性"和"石性"是从哪里看出来的呢？关于"玉性"和"石性"的认识有两种不同的观点，这启发我们要学会辩证地思考问题。

第一种观点:"玉性"和"石性"两者兼具。中华传统文化常把君子比德于玉,玉外表温润、内在坚硬。"玉德"成了一种道德标准,"玉性"可以理解为优秀的、宝贵的精神品质。体现在宝玉身上是指他进步的思想,闪光的、美好的品质。他对女性的尊重、关心和怜惜,对真善美的追求,对等级尊卑的蔑视。他看见龄官在地上用金簪一遍又一遍地画"蔷"字,天忽然下雨,好心叮嘱她不要写了,竟忘了自己没避雨。这么关心女孩,尤其是陌生女孩,这是封建时代其他世家公子很难做到的。

"石性"可以理解为如冰冷的石头一般冷漠自私。具体体现在宝玉身上是指他沾染的纨绔子弟的习气。比如,宝玉提醒完龄官后便冒雨赶回怡红院,里面人只顾笑,没听到他敲门,恰巧袭人开门,宝玉以为是小丫头,开门后一脚就踢在袭人的肋骨上,还愤怒地大骂。此时,完全没有了对女孩儿的关爱体贴。

当然,也有人认为因为他的离经叛道不符合当时的主流观念,所以在大多数人眼里便成了"石性"。

第二种观点:"玉性"和"石性"一体。贾宝玉身上的"玉"和"石"这两重属性是合而为一的,不能把贾宝玉理解为既有"玉性"又有"石性"的"玉、石"二重性人物。[①]

(二)"情不情"与"情情"

脂砚斋说贾宝玉是"情不情之人",那什么是"情情",什么是"情不情"呢?"情情"是指对有生命的人和物的感情。如林黛玉,《红楼梦》在超叙事层面交代了宝黛的前世。林黛玉的前世是一株生在西方灵河岸边的绛珠仙草,因为得到神瑛侍者甘露的灌溉才活了下来,修成人形。绛珠仙草受了恩惠,今生便决定用"还泪"的方式报答,因此黛玉报恩式的感情主要是儿女私情、亲情等人与人之间美好、朴素的情感。她的感情主要集中在"小我"的层次。

"情不情",是指对一切人、一切事物都有感情,包括大自然的万物,花鸟

---

① 丁维忠.石头·神瑛·通灵玉·贾宝玉[J].红楼梦研究辑刊:7辑,2013:38.

虫鱼、山石草木等，贾宝玉的"情不情"包含着人间大爱和对生命真谛的顿悟。对所有人、事、物都能有感情，甚至包括对他没有感情的人。宝玉不仅对青梅竹马的林黛玉有情，而且对贾府上下以及他见过的任何一位青春女子都体贴关怀。常叹如花美眷，似水流年。在面对诸如枝头新绽的杏花、花间啼叫的雀儿、飘落的美人风筝、美人肖像图等美丽事物的时候，也都表现出一种体贴温柔的态度。

如《红楼梦》第十九回，宝玉说小书房内的美人图，"那美人也自然是寂寞的，须得我去望慰他一回"。美人图本是无生命之物，他却来"望慰"，这就是"情不情"，至善的人性让人世间充满温情。对无情之人、无情之物也能给予感情，从中能看出宝玉的悟性，也能看出曹雪芹的思想高度。

《红楼梦》第七十回中说：

> 争奈宝玉因冷遁了柳湘莲，剑刎了尤小妹，金逝了尤二姐，气病了柳五儿，连连接接，闲愁胡恨，一重不了一重添。弄得情色若痴，语言常乱，似染怔忡之疾。

虽然很多人的逝去跟贾宝玉没有直接的关系，但他还是为他们而痛心，亲历了这些人的不幸，经历了一系列的打击，贾宝玉已经身心俱疲，残酷的现实让他意识到迟早都会散。他与众女子是彼此守护、互相温暖的，她们是他重要的情感寄托。尤其是与薛宝钗成亲之后，宝玉最后的理想破灭了，信念崩塌了，他毅然决然地选择了出家为僧。

在一百二十回有一个宝玉与贾政话别的场景。贾政去金陵送贾母灵柩，接到家书，看到宝玉和贾兰得中，心里很高兴，后看到宝玉走失，又转喜为忧。于是日夜兼程。一天，天很冷，下着雪，贾政让人把船停泊在一个安静的地方，自己在船内写家书。当写到宝玉的事情时，便停笔。

> 抬头忽见船头微微的雪影里面一个人，光着头，赤着脚，身上披着一

领大红猩猩毡的斗篷，向贾政倒身下拜。贾政尚未认清，急忙出船，欲待扶住问他是谁。那人已拜了四拜，站起来打了个问讯。贾政才要还揖，迎面一看，不是别人，却是宝玉。

三人中有人歌曰：

> 我所居兮，青埂之峰。我所游兮，鸿蒙太空。谁与我游兮？吾谁与从。渺渺茫茫兮，归彼大荒。

这是最后宝玉拜别父亲的场景，不论贾政怎么追问，他都不回答，然后随一僧一道飘然而去。这段带着隐喻的《离尘歌》表达的意思是：我住青埂峰，我游玩的地方，是茫茫的宇宙太空。谁与我同游，我又跟从谁？天地浩渺，让我们都回到来的地方吧。《离尘歌》模仿楚辞，告诉我们贾宝玉的归途，终于完成了"下凡历劫"，了却了红尘往事，最终"归彼大荒"，回到原初的地方，回到精神的原乡。正如他自己所说：

> 等我化成一股轻烟，风一吹便散了的时候，你们也管不得我，我也顾不了你们了。

贾宝玉的青春随着他的释然和回归落幕了，他的青春之美，美在清醒，美在诗意，美在抗争，美在本真，美在尊重和平等，美在灵魂的自由。

 迁移与小试

有人说"宝玉挨打"后林黛玉哭得眼睛肿得像个桃子，虽然话不多，但她的行为实际上拉近了与贾宝玉的距离。"宝玉挨打"是多种蓄积已久的矛盾暴露激化的必然结果，概括起来主要有以下几个矛盾：父与子的矛盾，嫡与庶之间的矛盾，主与奴之间的矛盾，贾府与忠顺王府之间的矛盾，还有贾母、王夫人与贾政在教育孩子方面的矛盾。

生活中，你与家长有矛盾吗？你是如何看待亲子间的矛盾的，又是如何用你的智慧化解矛盾的呢？请说出你的看法吧！

第二节 冷月花魂，孤傲性灵——林黛玉

名著与生活

　　近几年，各大媒体经常进行流行语评选，"i人e人"入选"2023年十大网络流行语""i人e人"源自心理学领域的MBTI性格测试。MBTI是一种人格测评工具，基于瑞士心理学家荣格的理论，MBTI性格测试把人的性格分为两种："I"表内向，主要指比较含蓄内敛的性格，可以理解为大家眼中的"社恐"；"E"表外向，主要指比较开朗活泼的性格，有点像大家眼里的"社牛"。"i人e人"成了流行的社交标签。

"i人"和"e人"

思考与联想

　　你是一个什么样性格的人呢？你是认同"i人"，还是"e人"？阅读《红楼梦》后，你认为贾宝玉是什么样的性格？林黛玉、薛宝钗、贾探春、史湘云等人又是什么性格呢？

究底与寻根

贾宝玉性格乐观开朗，是典型的"e人"性格，林黛玉生性孤傲，属于"i人"性格，也正是她清高孤傲、遗世独立的性格让她具有独特的美。林黛玉的出身经历、精神气质、智慧才情具有神秘色彩和性灵之美。《红楼梦》在塑造每

林黛玉

一个人物时，都在追求人的自然情感和真实个性。林黛玉这个人物形象的性格特征表现得最为突出，多元立体的角色，更突出了人性多样性背后的本质特征——性灵。

曹雪芹把林黛玉这个人物塑造得活灵活现，林黛玉成了中国小说史上具有独特魅力的人物。她的独特在于真实自然，虽寄人篱下，但不卑躬屈膝，不虚与委蛇，她天真率直，始终保持着一颗赤子之心。

一、前世今生的神秘之美

（一）前世的魔幻美

提及林黛玉的出身，一定要说说她的前世，西方灵河岸边三生石畔，有一株绛珠仙草，在快要干涸而死的时候，赤瑕宫神瑛侍者用甘露来浇灌，使它活了下来。"后来既受天地精华，复得雨露滋养，遂得脱却草胎木质，得换人形，仅修成个女体。"神瑛侍者想去人间，绛珠仙草为报答他的灌溉之恩，也同他来人世走了一趟，用一生的热泪来报恩，这经历本身就充满了魔幻美。"绛"是深红色的意思，"绛珠"是红色的珠子，"绛珠草"是指外表像缀着红色珠子的草。红色的珠子，象征血泪，预示着哭泣将伴她一生，也预示着她悲剧的命运。三生石，代表三生，即前生、今生和来生。这也暗示宝黛缘分是跨越三世，是缘定三生的，前生有恩，今生还泪，来生回归。

（二）出身的梦幻美

正是这段缘分，贾宝玉和林黛玉初次见面的时候都有一种似曾相识的感觉。林黛玉初进贾府见到贾宝玉时，大吃一惊，心想：

> 好生奇怪，倒像在那里见过一般，何等眼熟到如此！

而贾宝玉换了身衣服回来一见到林黛玉就笑着说：

> 这个妹妹我曾见过的。

贾母笑道：

> 可又是胡说，你又何曾见过他？

宝玉笑道：

> 虽然未曾见过他，然我看着面善，心里就算是旧相识，今日只作远别重逢，亦未为不可。

宝玉张嘴就说的"曾见过"与黛玉心里想的"眼熟"相呼应，这种心有灵犀与"木石前盟"的前世相识正好是一种暗合。当然，宝玉张口"胡说"接着又用"算是旧相识"来化解，能看出宝玉的开朗率真以及他在贾府的地位，而黛玉的暗自吃惊也能读出她寄人篱下的小心谨慎，两者形成鲜明的对比。

你有表姐或表妹吗？绛珠仙草投胎为荣国府贾母的外孙女，成了贾宝玉的姑表妹，这就是林黛玉。她是扬州巡盐御史林如海与贾敏的独生女。母亲贾敏是贾代善和贾母的小女儿。父亲林如海，名海，表字如海，是前科的探花，担任兰台寺大夫。他原籍姑苏，被钦点出为巡盐御史。巡盐御史是天下十三道御史之一，负责巡查盐课事宜。林如海不仅是个学霸，更重要的是他出身书香之族。

> 曾袭过列侯，今到如海，业经五世。起初时，只封袭三世，因当今隆恩盛德，远迈前代，额外加恩，至如海之父，又袭了一代；至如海，便从科第出身。虽系钟鼎之家，却亦是书香之族。

黛玉五岁跟贾雨村读书，"这女学生年又小，身体又极怯弱，工课不限多寡，故十分省力。"可见，黛玉有一个幸福美满的原生家庭，父母既有优越的家世，又都是才貌双全，黛玉的童年是童话般梦幻的生活。虽然身体不好，但因为聪慧，一年的时间就读完了四书。"四书"包括《大学》《论语》《孟子》《中庸》，是儒家传道授业的基本书目，是科举考试的必读教材。林如海无子，将黛玉当作儿子培养，连闺房布置得都像读书公子的书房。她又继承了学霸父亲的优良基因，自然"一肚子文章"，气度不凡。而黛玉进贾府几年后，贾政还叮嘱宝玉的老师要先把"四书"讲透，说明宝玉还没读透"四书"，宝黛二人在学习态度和学习能力上是有差距的。

二、经历气质的性灵美

（一）容貌的朦胧美

《红楼梦》中没有具体描写过她的五官容貌，而是重在凸显她的朦胧美。

> 两弯似蹙非蹙罥烟眉，一双似喜非喜含情目。态生两靥之愁，娇袭一身之病。泪光点点，娇喘微微。闲静时如姣花照水，行动处似弱柳扶风。心较比干多一窍，病如西子胜三分。

罥烟眉、含情目、姣花照水、弱柳扶风，这些特征都不是具体描绘，需要我们展开想象，在模糊朦胧中想象她天然去雕饰，清新自然，超凡脱俗的美。不仅如此，她的姓氏"林"，双木，与"草"有关，心多一窍，颇有"林下之风"，意思是指有才干、有才华、有诗韵、有风度的奇女子。

林 lín 来纽、侵部；来纽、侵韵、力寻切。

"林"字的演变

草 cǎo 清纽、幽部；清纽、皓韵、采老切。

"草"字的演变

（二）经历的凄凉美

黛玉六岁丧母，本可以与父亲相依为命，但"外祖母致意务去"，如海也觉得"汝多病，年又极小，上无亲母教养，下无姊妹兄弟扶持，今依傍外祖母及舅氏姊妹去，正好减我顾盼之忧"，黛玉只好拜别父亲，在贾雨村的护送下投奔外祖母，"死别已吞声，生别常恻恻"，与父亲分别后就开始了处处小心的寄人篱下的生活，一直到十一岁父亲去世，成了一个无依无靠、独自漂零的孤儿。在贾府虽衣食无忧，但真心待她的人很少，婚姻等人生大事都没人做主。因此，越来越敏感，忧郁苦闷，时常眉头深锁，"似蹙非蹙"，一点小事就流泪，多病柔弱，凄凉苦楚。

（三）精神的脱俗美

林黛玉虽看起来孤傲叛逆，但待人非常真诚，是个性情中人。她蔑视权贵功名，从不劝宝玉走仕宦之路，当贾宝玉把北静王赠的一串圣上所赐的鹡（jí）鸰（líng）香念珠送给她时，她却说："什么臭男人拿过的，我不要这东西！"她和宝玉志趣相投、彼此欣赏、真心相爱，但这柏拉图式的爱情被贾母、王夫人等人扼杀了，最后黛玉泪尽而亡。

黛玉平等待人，不论什么出身，她都会以诚相待，既尊重他人，又自尊自爱。紫鹃原名叫鹦哥，本是贾母房里的二等丫头。贾母见黛玉只带来两个人，担心不能很好地照顾她，便把鹦哥给了黛玉，改名为紫鹃，她从不把紫鹃当成丫鬟看待，两人情同姐妹。紫鹃也可以说是黛玉的知己好友，不仅在生活上精心照顾她，还替她去试探宝玉的心思，黛玉临终前也是紫鹃一直守护在她身边。黛玉对香菱也非常关心体贴。香菱想要学诗，宝钗嘲笑她心思太多，没必要学作诗，但黛玉却很热心，主动帮助指导她，还让香菱拜自己为师。从中能看出黛玉对香菱的真心，并不因香菱的身份而瞧不起她，而是一字一句地指导，还把自己的诗集借给她。我们不仅能看出黛玉的善良真诚，还能看出她极高的诗学造诣。

三、文学创作的性灵美

你会为构思一篇文章绞尽脑汁吗？你会到大自然中寻找写作素材吗？像大多数传统文人一样，黛玉的诗歌灵感大多来自生活，见落花而伤怀，见流水而兴叹，见圆月而感慨聚散。她不仅感性，有时也很理性。"人有聚就有散，聚时欢喜，到散时岂不清冷？既清冷则生伤感，所以不如倒是不聚的好。"过度的敏锐感伤，早已为她的抑郁而终埋下伏笔。源于自然，又归于自然，人世间走一遭不过是历练而已。"《红楼梦》营造出浓浓的诗歌氛围，全书121首诗词，9000多字，既有人生如梦风花雪月之喜，也有百转千回命运悲惨之叹。细细分析林黛玉的诗词作品，她的诗词技巧和观念都体现出她的性灵色彩。"[1]

《葬花吟》《咏白海棠》《五美吟》《秋窗风雨夕》《题帕三绝》，还有菊花诗，皆诗意空灵，真实自然。

四、"潇湘妃子"的悲情美

"潇湘妃子"是探春为林黛玉起的一个诗号，非常契合她身上潇湘文化的气韵。黛玉前世是一株绛珠仙草，而"香草美人"的寄托由来已久，《诗经》《楚辞》中香草被赋予了许多美好的品质，"潇湘"就是湘江的别称，潇湘妃子泪洒斑竹，黛玉也是一点小事就流泪，在"洒泪"这一点上是一致的。"潇湘"还包含着寄情山水的隐士情怀，黛玉也厌恶仕途经济，不喜欢功名利禄，在这一点上也是一致的。淡泊宁静，泪尽而亡。"侬今葬花人笑痴，他年葬侬知是谁？"黛玉的短暂一生凄美而悲情。

这种悲情之美在《葬花吟》中也能读出来。《葬花吟》文字哀婉凄厉，表面上是因为黛玉的细腻敏感、伤春怜花的感伤，而实际是：黛玉前夜去宝玉那里，晴雯没开门，黛玉怀疑是宝玉不让开门，本来就很难过，正赶上"践花之期"，于是埋了飘落的花瓣，伤心哭泣，写了几句诗。

实际上，这是黛玉孤寂无依的心灵折射，是她柔弱如游丝浮萍一样飘零的生命，是她对生死爱恨的焦虑迷茫，表面上葬的是落花，实际上埋葬的是自己短暂的青春、悲凉的人生、朦胧的爱情。

> 一年三百六十日，风刀霜剑严相逼。明媚鲜妍能几时，一朝漂泊难寻觅。
> 花开易见落难寻，阶前闷杀葬花人，独倚花锄泪暗洒，洒上空枝见血痕。

自古以来人们都习惯性地把花比喻成妙龄女子，花的凋谢也暗示着这些女孩

---

[1] 许爱珠，董志玲. 谫论林黛玉的性灵之美 [J]. 南昌师范学院学报，2024，45（2）：82.

子的逝去。对于她们的消逝，又会有谁怜惜呢？"怜春忽至恼忽去，至又无言去不闻"，一首《葬花吟》里有太多的无奈、悲凉和意难平。

林黛玉是具有诗人气质的，她能感受到季节流转，捕捉到花开花落。她的居所也是充满诗意的，她住的地方叫"潇湘馆"，院子里种的是象征高洁品格的细竹，窗上糊的是银红色的软烟罗窗纱，一切都是那么浪漫诗意。

前面一带粉垣，里面数楹修舍，有千百竿翠竹遮映。

入门便是曲折游廊，阶下石子漫成甬路。上面小小三间房舍，一明两暗，里面都是合着地步打就的床几椅案。从里间房内又得一小门，出去则是后院，有大株梨花兼着芭蕉。又有两间小小退步。后院墙下忽开一隙，得泉一派，开沟仅尺许，灌入墙内，绕阶缘屋至前院，盘旋竹下而出。

黛玉不仅是一个诗人，还是一个哲学家，她的大多数诗词流露了人文精神的色彩。"人文精神"倡导以人为中心，肯定人的价值和尊严，高度关注自我，尊重个体生命。在黛玉的诗词里有很多苏格拉底式的对人终极意义的追问，"红消香断有谁怜？""桃李明年能再发，明岁闺中知有谁？""侬今葬花人笑痴，他年葬侬知是谁？"（《葬花吟》）"娇羞默默同谁诉，倦倚西风夜已昏。"（《咏白海棠》）还有"满纸自怜题素怨，片言谁解诉秋心？"（《咏菊》）"孤标傲世偕谁隐？一样花开为底迟？"（《问菊》）这里，黛玉发出了灵魂拷问，她顾影自怜、感秋而生的情怀，她孤高的精神，对知己的渴求又有几人能懂呢？

说到《红楼梦》中林黛玉这个人物形象，我们马上能想到爱哭、敏感、小心眼等关键词。我们阅读文学作品时，常常把他人的评价代入自己的阅读中，于是林黛玉在大多数的解读里就成了疑心重、很矫情的小姑娘。的确，黛玉从一进贾府开始，就步步留心、时时在意，宝玉摔个玉、贾母说句话、他人的无心之举，甚至一句玩笑，都会让她思量很久。杨绛先生认为："他们的情感平时都埋在心里，只在微琐的小事上流露，彼此只好暗暗领会，心上总觉得悬悬不定……我们只看见她心眼儿细、疑心重，好像她生性就是如此，其实委屈了黛玉，那不过是她'心病'的表现罢了。"而且黛玉的敏感不仅仅是对个人境遇的感伤，更主要体现在：对大自然美好事物消逝的惋惜，对艺术的独特体验，对人情世故的洞察，对个体命运的感知。黛玉用一颗敏感的心来体验美，她的敏感，是一种智慧。

丹麦心理治疗师伊尔斯·桑德写过一本名为《高敏感是种天赋》的书，她充分肯定了高敏感人格，认为他们更容易找到真实的自己。你身边有高敏感的人吗？你认为高敏感人格有哪些优点和不足呢？请谈谈你的想法。

第三节　艳冠群芳，无情动人——薛宝钗

名著与生活

　　"新中式"是现在特别火的一款服饰，无论是高定礼服，还是日常职场穿搭都融入了"新中式"的元素。在2024秋冬中国国际时装周，"新中式"成了最亮眼的设计，香云纱、宋锦等传统面料也成了最受"新中式"服装设计师青睐的面料。

　　你了解香云纱这种面料的历史吗？香云纱，原本叫"莨（liáng）纱"，是一种用纯植物薯莨染色的真丝面料，因为穿上它走路时会发出"沙沙"的响声，所以叫"响云纱"，后来取谐音叫"香云纱"。香云纱制造的历史有一千多年了，灵感来自珠三角地区渔民的生活实践，渔民用薯莨汁浸泡渔网，这样可以使渔网更坚固耐用，但浸泡过程中薯莨汁有时会染在衣服上，下河撒网时染了汁的衣服又会沾上河泥，结果意外发现衣服会发出亮光，而且质地优良。后来，人们对这个流程进行改进，把薯莨汁涂在桑蚕丝上，再覆盖上珠三角地区的塘泥，经过日晒，最后加工成"香云纱"。2008年，香云纱染整技艺入选第二批国家非物质文化遗产名录。

在了解了"香云纱"的制作过程后，你会喜欢上这种工艺繁复的纯手工面料吗？你穿过香云纱材质的衣服吗？《红楼梦》中也出现过很多名贵的面料，薛宝钗的"莲青斗纹锦上添花洋线番羓丝鹤氅"，这里涉及了"番羓（bā）丝"这种面料。那么，"番羓丝"指的是什么呢？从宝钗的这件"鹤氅（chǎng）"能看出她具有怎样性格和审美？

薛宝钗的这件"莲青斗纹锦上添花洋线番羓丝鹤氅"到底是一件什么样的衣服呢？

"莲青"就是青莲色，蓝紫色；"斗纹"是一种形状像斗的纹理，是交叉的图案；"锦上添花"，在图案上又重叠自然花卉；"洋线"，是进口的精纺棉线，这是曹家织机上常用的东西了。最难理解的应该是"番羓丝"。"番"，狭义上指藏地，比如"和番"本就是与外族友好相处的一种方式，广义上指古代中国以西诸国。"羓"，是干肉的意思。"番羓

薛宝钗

丝"应该指的是形状像干肉条一样的花线缀饰，是藏地很多女子身上的配饰。也有人将"羓"解释为古代传说的羊，那么"番羓"就成了域外传入我国的优质羊种，如果这样理解，"番羓丝"就是如丝一般顺滑，并由羊的毳（cuì）毛制成的装饰物。

在"搓棉扯絮"一般的大雪中，"只见众姊妹都在那边，都是一色大红猩猩毡与羽毛缎斗篷，独李纨穿一件青哆罗呢对襟褂子，薛宝钗穿一件莲青斗纹锦上添花洋线番羓丝的鹤氅"。大家踏雪寻梅，除李纨青春丧偶，穿得比较素雅外，只有宝钗没有穿大红色斗篷，从中不难看出她对服饰穿搭的审美追求，这与她的出身、经历和性格有关。

一、薛宝钗出身的缺憾美

宝钗出身于皇商之家，皇商是干什么的呢？皇商专门为宫廷采办各种用品。门子在介绍薛蟠时一并讲了薛家的情况：

> 那买了英莲打死冯渊的薛公子，亦系金陵人氏，本是书香继世之家。只是如今这薛公子幼年丧父，寡母又怜他是个独根孤种，未免溺爱纵容，遂至老大无成；且家中有百万之富，现领着内帑（tǎng）钱粮，采办杂料。

可以看出，薛家虽是紫薇舍人薛公之后，但紫薇舍人是个官职，不能荫封给后世子孙。薛家后代皆是商人，士农工商，"商"是末流，跟林黛玉那样侯门贵女比，宝钗也只是商人之女，即便达到了"珍珠如土金如铁"的富裕奢华，但并没有显贵的地位，又家道中落，后继无人。"今告打死人之薛，就系'丰年大雪'之'雪'。也不单靠这三家，他的世交亲友在都在外者，本亦不少。"即使提到了薛家还有许多世交亲友，但到宝钗这一代，薛家一脉里，并没有什么显贵之人了。

> 还有一女，比薛蟠小两岁，乳名宝钗，生得肌骨莹润，举止娴雅。
> 近因今上崇诗尚礼，征采才能，降不世出之隆恩，除聘选妃嫔外，凡仕宦名家之女，皆亲送名达部，以备选为公主郡主入学陪侍，充为才人赞善之职。

从这段话可以了解到，宝钗的哥哥薛蟠是送妹妹进京待选的，但这只是借口，他傲慢奢侈，游山玩水，不学无术，是个典型的世家纨绔子弟。进京一是想避祸，二是想出来鬼混。可见，这个哥哥对妹妹非但没有帮助，有时还是个拖累。宝钗和母亲、哥哥一起进京后就住进贾家，母亲虽与王夫人是亲姐妹，但这样的生活也算得上是另一种形式的寄人篱下了。宝钗不论是出身还是家庭现状都不尽如人意，这也算是一种缺憾美吧。

二、随分从时的睿智美

宝钗从小读书识字，接受的是封建正统的淑女教育，但她对文学、艺术、历史、医学以及诸子百家典籍等都广泛涉猎，积累了渊博的知识。曹雪芹本人的很多精辟见解，几乎都是借由她的口来表达的。在贾府的众多姊妹中，宝钗的才华是数一数二的，她还在诗社中屡屡夺魁，可以与黛玉相比肩。

不仅有才华，宝钗情商也很高，生长在商人世家，商人的为人处世，精明机巧，左右逢源，她从小就耳濡目染。再加上父亲早逝，哥哥不成器，因而从小就特别懂事，一心为母亲分忧，甚至要为家族争光。

住到梨香院后，挨着王夫人的正房，每天茶余饭后，薛姨妈都会去贾母处问候、闲谈，有时候又去王夫人那聊天。宝钗与黛玉、迎春等姊妹，看看书，下下棋，做点针线活。她努力要融入这个环境，不断弱化自我，寻找群体认同，慢慢地受到了贾府很多人的喜爱，大得人心。当然，也有人认为她城府很深，她的豁达都是为了笼络人心。但我们不能否认的是，在贾府这样的大家族里，她能协调如此复杂的人际关系，大度地对待他人，一般人是很难做到的。

其一，宝钗具有洞察人心的大智慧。在自己的生日宴上专点贾母爱听的戏《鲁智深醉闹五台山》，宝玉认为这出戏过于热闹，是在讨好贾母。宝玉应该不会理解宝钗一家寄居贾家，无所依靠的尴尬处境。宝钗点这一出戏，既投贾母所好，又暗示了自己一家人借住这里并没什么企图，最终还是要走的。

其二，宝钗具有统管全局的大才能。大观园改革时，她与探春推行承包责任制，她任人唯才，当平儿推荐宝钗的丫鬟莺儿的娘来管理蘅芜苑的香草时，她直接拒绝了。但宝钗举荐了茗烟的母亲老叶妈，老叶妈与莺儿的娘关系好，如请她帮忙管理，那是她们的私情，就与宝钗无关了。可见，宝钗这样做，既能避嫌，不被大观园里的婆子们瞧不起，又让茗烟母亲感激，实现了双赢。

宝钗推行的责任制，公平公正，利益均沾，调动了大观园婆子们的积极性，让她们感恩戴德，避免了她们心生不满，维护住了贾府的体面。

> 如今这园里几十个老妈妈们，若只给了这个，那剩的也必抱怨不公。我才说的，他们只供给这个几样，也未免太宽裕了。一年竟除这个之外，他每人不论有余无余，只叫他拿出若干贯钱来，大家凑齐，单散与园中这些妈妈们。他们虽不料理这些，却日夜也是在园中照看当差之人，关门闭户，起早睡晚，大雨大雪，姑娘们出入，抬轿子，撑船，拉冰床，一应粗糙活计，都是他们的差使。一年在园里辛苦到头，这园内既有出息，也是分内该沾带些的。

这样细致公道，大家喜欢她也就不足为奇了。

其三，宝钗具有舍我其谁的大奉献。她时刻以自己的家族利益为重，不论是过早地撑起薛家，还是待选，抑或嫁给宝玉。明知自己的婚姻充满欺骗，自己只是冲喜，未来可能不会幸福，她却只是默默忍受，独自垂泪，全凭母亲安排。一个活生生的青春生命，却活成了顺从型人格。这种自我奉献牺牲，有时是一种自我感动，是为了成全忠孝的美名。这样的奉献，的确具有随分从时的睿智美，但这美是带着悲剧色彩的。

三、外冷内热的矛盾美

薛宝钗一直在吃一种药，叫"冷香丸"。宝钗和周瑞家的第一次提起自己的病：

> 还亏了一个秃头和尚，说专治无名之症，因请他看了。他说我这是从胎里带来的一股热毒，幸而先天壮，还不相干；若吃寻常药，是不中用的。他就说了一个海上方，又给了一包药末子作引子，异香异气的，不知是那里弄了来的。他说发了时吃一丸就好。倒也奇怪，吃他的药倒效验些。

宝钗热衷于仕途经济，苦劝宝玉去做官，被宝玉背地里批评为"混账话"。成婚前还让他在正经书上下功夫。婚后更是直接说：

> 古圣贤原以忠孝为赤子之心，并不是遁世离群无关无系为赤子之心。

这样执着甚至有点执迷地积极入世，无止境地追求功名利禄，"欲望聚合必然导致热毒，但薛宝钗偏偏有两味解药。我们往往只看到和尚给的'冷香丸'，其实她还有一味'先天壮'。'先天壮'有仙之本，有出世的超脱淡然之气，能自觉抵抗尘世热毒的全面侵蚀。"[1]只有"冷"的制约才能中和"热"的症状，而青春少年的热症哪有那么好治？药非常难凑齐，白牡丹花蕊要在春天采摘，白荷花蕊要在夏天收集，白芙蓉花蕊要于秋天收藏，白梅花蕊来自冬天。这还不够，这

---

① 郝竹梅.关于薛宝钗之"热毒"浅析[J].山西广播电视大学学报，2023（4）：85.

四样花蕊，要在次年春分这日晒干。历经四季来采摘花蕊，多像走过四季的人生。制作一丸"冷香丸"的过程，不正是对生命的历练，对人生的顿悟吗？

一、行动派的高士情怀

第五回《终身误》的曲词这样评价钗黛二人：

> 都道是金玉良姻，俺只念木石前盟。空对着，山中高士晶莹雪；终不忘，世外仙姝寂寞林。叹人间，美中不足今方信。纵然是举案齐眉，到底意难平。

曹雪芹称薛宝钗为"山中高士"，但他并没有将"高士"这个美誉送给他欣赏的宝玉和黛玉二人，这是什么原因呢？甚至也有人质疑：宝钗一个弱女子，怎能担得起"高士"之称？我们仔细分析，"高士"其实是在精神层面上的评价，"不以物喜，不以己悲"，淡然超脱、豁达大度的处世态度，这是中国古代文人追求的理想人格。"高士"需要对"时"有清醒的判断和深刻的洞察，从第五十六回"时宝钗小惠全大体"中可以发现，宝钗的性格特点是"时"，是"合时宜、待时机"的意思。"合时宜"，是会趋利避害，有明确的目标，她处事成熟，保证了大观园改革的平稳推进，稳定了大观园的人心。"待时机"，她"懂得什么时候聪明，什么时候糊涂"[①]，平时少言寡语，却灵活机变，静待时机，在大观园改革中处事老练，平和乐观，进退有度，赢得了人心。

二、是大度还是机心？

《红楼梦》有许多人批注和解读，有些情节解说者各执己见，但大多都能自圆其说。这需要我们用自己的思维、智慧去判断。

在第三十七回"秋爽斋偶结海棠社，蘅芜苑夜拟菊花题"中史湘云想加入海

---

① 王颖. 我在落花梦里 [M]. 武汉：长江文艺出版社，2007：153.

棠社，本就手头拮据，还要做东邀社，开社"要瞻前顾后，又要自己便宜，又要不得罪了人，然后方大家有趣。你家里你又作不得主，一个月通共几串钱，你还不够盘缠呢。"宝钗明白湘云的处境，便主动拿出家里的螃蟹资助史湘云，让她以螃蟹宴的名义邀社，晚上两人还商议诗题，她们共拟出十二个菊花题。宝钗是圆滑世故，还是待人真诚呢？我们也需要用自己的智慧去判断。

第八回宝玉来到梨香院，宝钗主动问："成日家说你的这玉，究竟未曾细细的赏鉴，我今儿倒要瞧瞧。"玉的正面是"莫失莫忘，仙寿恒昌"，反面是"一除邪祟，二疗冤疾，三知祸福"。而宝钗的金项圈上两面共刻了八个字——"不离不弃，芳龄永继"。连宝玉自己都觉得这几个字合起来是一对。金锁真如莺儿所说也是癞头和尚送的吗，还是精心设计的圈套？对此历来说法不一。

通灵宝玉

像这样的争论还有很多，宝钗扑蝶，是宝钗的自然天性，还是扑蝶不成，被人发现在滴翠亭偷听，趁机嫁祸黛玉呢？《红楼梦》塑造的人物本就是圆形立体的，按照生活的本来面目去刻画人物形象，才能更真实、更深刻地揭示人性的复杂，这样的作品才更有生命力。

迁移与小试

王昆仑先生在评价《红楼梦》中的人物时说："宝钗在做人，黛玉在作诗。"《红楼梦》大旨谈情，不论做人还是作诗，背后都有丰富复杂的情感，有个人不同的经历、性格，"做人""作诗"也是不同的生存方式和处世原则。你如何看待这个评价？请说出你的看法，并结合原著的具体情节加以印证。在你的生活中，你是选择理性"做人"，还是感性"作诗"呢？与志同道合的好朋友一同聊一聊吧！

第四节　英豪阔大，霁月光风——史湘云

　　现实生活中，你一定遇到过性格各异的女生，有的人含蓄内敛，有的人从容淡定，有的人大方活泼，你欣赏哪种性格的女生呢？

　　大多数人与那些乐观开朗、真实纯粹的人相处，可能会更轻松一些吧！不刻意伪装，不矫揉造作，敢于表达自己的喜怒哀乐和真实想法，这些性格特质本身就很难能可贵。具有这些性格特点的女孩，特别符合网络流行词"三不女"，这个概念一经提出，迅速引起很多女性的共鸣，认为自己就是"传说中的三不女"。事实上，这个概念之前也被提起过，只不过当时很少有人把它标签化，或与自己对号入座。不扭捏作态、不拜金、不伪装的独立自主的生活态度，简单直接的生活方式恰好与当下很多女孩的价值追求相暗合。也有人说，"三不女"是指不逛街、不盲从、不攀比，自信且智慧的女性。不论哪种解读，"三不女"都是能独立思考，不随波逐流的人间清醒者。

　　《红楼梦》中有这样性格的女孩吗？心直口快、豪爽乐天、平等待人，有英雄气概，霁月光风。虽与正统思想要求的淑女形象不一致，但如水晶般清澈剔透，她成了规矩繁复、寂静无声的大观园里的一抹亮色……

究底与寻根

一、身世扑朔迷离之美

这个女孩，我们很容易想到史湘云，她就是这样的性格，她是贾母的侄孙女，是史家的大小姐。她的身世扑朔迷离，在《红楼梦》中没有具体的章回详细介绍史湘云的父母，只知道史湘云的父亲是史家第三代保龄侯，"阿房宫，三百里，住不下金陵一个史"的史家属于功勋贵胄之家。贾母是保龄侯尚书令史公的嫡女，她嫁的是荣国公嫡长子贾代善，承袭了荣国公诰命夫人的封号。按照规矩，史公去世后长子袭爵，也就是贾母的哥哥，接下来袭爵的是贾母的长侄，也就是史湘云的父亲。可惜湘云出生后不久，尚在襁褓之中，她的父母竟意外双亡。保龄侯的爵位就由她的二叔史鼐继承，她也理应由叔叔婶婶抚养，但婶婶对她并不好。史鼐外放为官，贾母不舍，将湘云抱来教养。

史湘云

虽然史湘云的二叔史鼐承袭了保龄侯，但史家第一个出场的人物是忠靖侯史鼎一家。在第十三回秦可卿死后史家来吊唁的是史鼎的夫人，"接着，便又听喝道之声，原来是忠靖侯史鼎的夫人来了。"脂砚斋评说史鼎夫人出场是为了引出史湘云的出场。第二十五回贾宝玉被五鬼魇了，小史侯家来看望他，这个小史侯是史鼐。在《红楼梦》中，史家人出现的次数不多，提到史家人的也很少。

至次日午间，王夫人、薛宝钗、林黛玉众姐妹正在贾母房内坐着，就有人回："史大姑娘来了。"一时果见史湘云带领众多丫鬟媳妇走进院来。宝钗黛玉等忙迎至阶下相见。青年姐妹间经月不见，一旦相逢，其亲密自不必细说。一时进入房中，请安问好，都见过了。贾母因说："天热，把外头的衣服脱脱罢。"史湘云忙起身宽衣。王夫人因笑道："也没见穿上这些作什么？"史湘云笑道："都是二婶婶叫穿的，谁愿意穿这些。"

这个场景是对史湘云比较具体的描写，其中也提到了二婶婶，这个二婶婶就是史鼐的夫人，但只是一笔带过。明明大热的天，为什么还让湘云穿这么多呢？细细想来，无非是为二婶婶"自己的体面"，至于湘云热不热，二婶婶是不会管的，这可能就是婶婶和亲生母亲的区别了吧。从另一个角度去想，湘云穿什么样的衣服自己都做不了主，她在史家的境遇就可想而知了。不直接介绍她的身世，这为史湘云这个人物形象蒙上了一层神秘的色彩，为我们留下了许多想象的空间，她的出身有一种如梦似幻、扑朔迷离的美。

二、霁月光风的豪放美

襁褓中，父母叹双亡。纵居那绮罗丛，谁知娇养？幸生来，英豪阔大宽宏量，从未将儿女私情略萦心上。好一似，霁月光风耀玉堂。厮配得才貌仙郎，博得个地久天长，准折得幼年时坎坷形状。终久是云散高唐，水涸湘江。这是尘寰中消长数应当，何必枉悲伤！

《乐中悲》这首曲子乐中含悲，写出了史湘云虽出身官宦之家，但寄养在叔父家，无父母护佑，并没有娇生惯养的残酷现实，这也养成了她心性豪爽、胸怀开阔、独立洒脱、光明磊落的性格。本以为嫁给如意郎君，可以弥补艰难坎坷生活的不足，结果婚后不久丈夫就去世了，她依然是孤独一人。也许只有天性豁达的湘云，才会更有勇气反抗命运的不公，"也宜墙角也宜盆"，不枉自悲伤吧！

《红楼梦》中史湘云第一次出场，我们可以看出她是宝玉自幼的玩伴。当时她是一个心思单纯、活泼可爱的小姑娘，她热情地叫"'爱'哥哥，林姐姐"，黛玉笑她"咬舌子爱说话"，她也没有生气，而是与她们一起打闹。第二天，在宝玉的央求下，还帮宝玉梳了头。她劝宝玉走仕途经济，宝玉生气地斥责她是在说混账话，但她也没放在心上，足见其坦荡大气。湘云虽然不是女主角，但作为大观园里姐妹们如戏人生的参与者，她的每一次出场都在推动情节的发展，并为后面的情节发展埋下伏笔。

史湘云与宝玉、平儿、黛玉、探春、李纨等人在芦雪庵围着火炉烧鹿肉，大块吃肉，大口喝酒。她坚持认为只有吃了酒才会有诗。当黛玉笑说这是芦雪庵遭劫时，她却说："你知道什么！'是真名士自风流'，你们都是假清高，最可厌的。我们这会子腥膻大吃大嚼，回来却是锦心绣口。"这"真名士自风流"的见解已经超越了很多人。

史湘云心直口快。她发现唱戏的小旦长得像黛玉，并没有多想就脱口而出，不怕得罪黛玉和宝玉。不仅如此，湘云还很有才情，参加海棠社，一口气和了两首诗，成为那次海棠诗社的压卷之作，最终被大家推举为榜首。作了海棠诗后，直接说"我如今要作个菊花诗如何"，即使手头拮据，也慷慨大方地要求做东。

史湘云的笑也与众姐妹不同。古代女子笑不露齿，但当刘姥姥在宴会上为逗贾母开心故意说笑时，她先是把一口饭喷了出来，接着扶在椅子背儿上一下没扶稳，连人带椅摔倒了。王徽之雪夜拜访隐士戴安道，想去就去，想回就回。史湘云想笑就笑，想说就说，想做就做，如魏晋名士一样随性自由，这松弛感是多少人梦寐以求的。

趁着贾母、王夫人不在家，大家开心吃酒，湘云喝醉酒后想凉快凉快，竟在山后头的青板石凳上睡着了，"湘云卧于山石僻处一个石凳子上，业经香梦沉酣，四面芍药花飞了一身，满头脸衣襟上皆是红香散乱，手中的扇子在地下，也半被落花埋了，一群蜂蝶闹穰穰的围着他，又用鲛帕包了一包芍药花瓣枕着。""醉卧芍药裀"将湘云不拘细节、憨态可掬的性情展现得淋漓尽致，众人搀扶她时，她口里还说着酒令，颇有魏晋名士刘伶的洒脱。

一个娇憨率真、心性豪爽的少女，一个随性真实的自己，如魏晋名士般的个性才情，显示出了赤子的本真和霁月光风的豪放之美。

三、光明磊落的人格美

魏晋是一个重视个人才华、张扬个性的时代。从史湘云的一言一行中可以找到很多表现她光明磊落、清澈纯净的名士之风的例子。她有时只爱打扮成男孩子的样子，不仅爱穿男装，穿上还特别好看，"蜂腰猿背，鹤势螂形"，这是说她宽肩细腰、挺拔修长的身材，婀娜轻盈的体态，绰约潇洒的风姿，再加上时常大说大笑，不拘小节，这完全具有魏晋名士的气度风骨。

史湘云两次为邢岫烟打抱不平，第一次是因为岫烟春寒料峭的时节竟然穿得特别单薄，原来岫烟本就没什么钱，还要给婆子们买酒，只好把棉衣当了，于是湘云要找欺负她的丫头、婆子算账，虽然被宝钗劝住，但仗义的行为颇具侠女风范。第二次是贾宝玉过生日，宝琴也是同日。这两个人的礼物，园中姐妹们和贾府中管事都准备好了，但邢岫烟也是同一天生日，却无人知晓。湘云这一次替岫烟出头，让贾府中所有人都牢牢记住了岫烟的生日，这些体现了她光明磊落、乐于助人的品格。

史湘云待人以诚，潜意识里流露出的是人格平等的观念。香菱向她请教作诗的经验，她就没日没夜地跟她高谈阔论，大谈杜工部、韦苏州、温八叉、李义山。

史湘云本身就是一个清谈高手，谈诗当然很容易，但当翠缕阴阳难辨，向她发问时，这个讨论已经上升到哲学层面。翠缕正想不明白的时候，忽然看到湘云宫绦上系的金麒麟，以此为例，湘云一边解释，一边走路，二人竟然在蔷薇架下又拾到一个金麒麟。这个金麒麟，比湘云的大而且文采辉煌。两个一比，阴阳已分，拾到的大个的金麒麟为阳，湘云的金麒麟小一些为阴。由物推及人，拾到的金麒麟的主人是阳，而湘云是阴。天地间均依托阴阳二气所生，而且会相互转化。主仆二人的这场对话，透着哲理思辨，很像魏晋时代主客问答的谈玄方式。

金麒麟

湘云拿丢印打趣，宝玉却说丢印平常，若丢了这个他就该死。包含了湘云和其丫鬟翠缕大"阴阳""雌雄"的讨论，这部分内容即该回回目中所云"因麒麟伏白首双星"。虽然翠缕喋喋不休，但湘云始终耐心地解答。不论是对香菱，还是对翠缕，并没有因为主仆身份的差别而对她们的问题置之不理。才思敏捷、特立独行、快人快语，还爱打抱不平，处处展示出魏晋时代磊落光明的人格美。

拓展与延伸

《红楼梦》第三十一回借他人之口一方面侧面描写湘云的开朗活泼，另一方面交代她的婚姻状况。宝钗问湘云的奶妈湘云还淘不淘气，迎春马上接话：

"淘气也罢了，我就嫌他爱说话。也没见睡在那里还是咭咭呱呱，笑一阵，说一阵，也不知那里来的那些话。"

姐妹们相见，气氛融洽，这时王夫人突然提醒道：

"只怕如今好了。前日有人家来相看，眼见有婆婆家了，还是那么着。"

聪明的贾母马上发问：

"今儿还是住着，还是家去呢？"

周奶娘笑着回答：

"老太太没有看见衣服都带了来，可不住两天？"

本是一个亲人相见的欢快场面，但经王夫人一提醒，贾母马上意识到史湘云是一个快有婆家的姑娘了，无论怎么喜爱她，也不适合挽留。在以男性为主导的"家国同构"的社会秩序里，对女孩子的关心疼爱很容易被礼法规矩淡化，这里繁文缛节与亲情人情的矛盾再一次凸显出来。

"憨湘云"哪怕经历再多人情冷暖，甚至寄人篱下，她也总有勇气去挑战命运。虽然她表面上过着大家族小姐的生活，但姐妹们都知道她在史家做不了主，婶婶对她很不好，她经常要做女红，甚至为了维护婶婶的面子，大热天还穿那么多衣裳。但她没有整日抱怨，她总是自己主动想办法打破人生的僵局。她知道贾府是她温暖的栖所，当史家要来接她时她穿得整整齐齐，如此正式的穿戴是穿给婶婶看的，她要给足婶婶面子。

> 那史湘云只是眼泪汪汪的，见有他家人在眼前，又不敢十分委曲。少时薛宝钗赶来，愈觉缱绻难舍。还是宝钗心内明白，他家人若回去告诉了他婶娘，待他家去又恐受气，因此倒催他走了。

家人来接，湘云不能不走，但向往贾家温暖的她，临走担心老太太想不起她，嘱咐宝玉一定要经常提醒……史湘云就是这样一个积极想办法解决问题的人，虽然也写出过"寒塘渡鹤影"这样无奈悲凉的诗句，但最终还是选择了用洒脱达观的方式宣泄苦闷，抗拒命运的不公。

史湘云这个人物形象很耐人寻味，她并不是大观园众姐妹中最靓丽、最有诗情的，但她就像一个旁观者一样冷静清醒。据红学家周汝昌先生考证，《红楼梦》中之史湘云，即苏州织造李煦之孙女、李鼎之侄女。[①] 他认为"脂砚即枕霞公"，这是他平生治红"最得意、最精彩"而且是"最重要"的考证结论。对于这个考证虽然也有反对意见，但随着《脂砚斋重评石头记》校笺本的整理，这个结论的可信性越来越高。"一芹一脂"依"造化主"而同时出现，雪芹与脂砚一作"经"，一作"传"，天作之合也，故有"是书何幸"之感慨。[②]

史湘云这个人物形象与传统闺阁中的女子形象完全不同，她不是那些养在深闺、不苟言笑的大家闺秀。她喜爱穿男装，有时会把宝玉的衣服拿过来试穿，穿起来也是英姿飒爽的。她不拘小节，敢于吐露真心。尽管父母双亡，婶婶又不断苛责，她却自食其力、坚强独立，从不自怨自艾，很多人都说她的性格非常符合当下很多女孩的价值追求。对于现代青年来说，史湘云作为一个乐观励志的积极

① 周汝昌.谁知脂砚是湘云 [M].南京：江苏人民出版社，2009：7.

② 乔福锦.脂砚的确是湘云 [J].河南教育学院学报（哲学社会科学版），2023，42（1）：1.

的形象，带给我们的主要是一种精神力量，她激励我们努力实现自我价值，敢于追求真我，有勇气面对人生的风雨。

在学习生活中，你读过哪些名人传记？遇到过哪些精神丰盈的人？他们对你产生了怎样的影响？请说出来和大家分享，让我们一起共筑美好的精神家园！

《红楼梦》里的矛盾世界

在《红楼梦》中，曹雪芹以他那细腻而又深邃的笔触，勾勒出了一个既真实又虚幻、既炽热又冰冷、既宏大又微小、既高雅又世俗、既美丽又丑陋、既狡黠又豪侠、既奸诈又贤良、既超脱又入世的矛盾世界。这是一部关于人性、社会和宇宙秩序的史诗，每一章回都仿佛打开了一扇窗，让读者窥见了那个时代最真实也最复杂的面貌。

在曹雪芹的笔下，大观园内外、荣宁二府之间，一幕幕生动的故事背后，是那个时代最真实、最细腻的情感与社会结构的碰撞。让我们一同踏入这复杂矛盾的世界，感受这穿越时空的思辨。

一切矛盾都从贾宝玉、林黛玉与薛宝钗三人之间的情感纠葛开始。林黛玉与薛宝钗，这对如同双峰对峙、双水分流的人物，各自承载着截然不同的情感与命运。但《红楼梦》的矛盾远不止于此。它展现的是一个封建社会末期的全景图。贾府的荣华富贵，掩盖不住家族内部的钩心斗角与权力争夺。贾政与贾宝玉父子之间的冲突，是权威与自由的对抗；王熙凤与贾琏夫妻之间的矛盾，是权力与利益的较量；而贾府与外界的互动，则是封建体制与社会变革的碰撞。

第一节 真与假

名著与生活

　　你在现实生活中能辨别真与假吗？《红楼梦》通过真与假的交织构建了一个复杂而深刻的艺术世界。作品中，真与假并非简单的对立，而是相互渗透，共同构成了小说的深层意蕴，展现了人性的复杂性和社会的多维面貌。

　　《红楼梦》作品开篇便以"真事隐去，假语村言"为引，构思巧妙。一方面，"真事隐去"意味着作者将亲身经历的真实事件进行了艺术加工；另一方面，"假语村言"则意味着故事是虚构的，两者结合，产生了《红楼梦》独特的艺术效果。脂砚斋的批语"世上原宜假不宜真也"，揭示了作品中真假并存的特色。在《红楼梦》的世界里，"假"往往比"真"更具吸引力，更能触动人心。

　　真假的源头，可追溯至补天石与神瑛侍者。补天石与神瑛侍者在故事中的关系经历了从独立到融合的过程，这一过程象征着真与假的相互转化。

石头的"造劫历世"和神瑛侍者的"儿女真情"最终在贾宝玉和林黛玉身上找到了交汇点，以儿女真情为媒介，完成了真与假的融合。贾宝玉作为"假"的化身，实际上承载着顽石的"真"，而林黛玉则代表了人间最纯粹的情感。

在《红楼梦》的叙述里，真与假并不是独立存在的。比如，元妃省亲时，欢声笑语背后是亲情的疏离和内心的哀痛，这种表面的"假"与内在的"真"形成了鲜明对比。宝玉与黛玉的爱情，表面上的争执与疏远，实则是对彼此情感的试探与确认，展现了真挚情感在表面冲突中的升华，反映了真与假在人物性格塑造上的复杂关系。

《红楼梦》还通过对历史的综合分析和对现实的批判展示了真假之间的转换。宝玉对女儿规劝的反感，实际上是对传统道德观念的质疑，体现了他对真实人性的追求。宝玉与袭人关于生死观的对话，则进一步深化了作品对真与假的思考，提出了超越个人生死、关注社会道义的观点，展现了作者对真假世界深层次的理解。

 思考与联想

《红楼梦》中，真与假的关系体现得尤为复杂和深刻，曹雪芹有意无意地表达这样一种观念：假象往往包裹着真理，而真实又常常隐藏于虚假之下。通过《红楼梦》中"真""假"两个概念，可以引发我们的思考：为什么《红楼梦》中的"假世"反而映射出更多的"真谛"？贾雨村的故事就是一个例子。在"假世"中，护官符比大道理更能奏效，门子虽立下汗马功劳却被贾雨村一脚踢开，这揭示了"假世"中的普遍真实——在权力和利益面前，真实的情感和忠诚往往被牺牲。这不禁引人思考：在现实生活中，是否也有类似的现象，即在某种意义上，所谓的"假"有时更能反映"真"的一面？

在《红楼梦》中，甄士隐被解读为"真事隐"，而石头被幻化为宝玉则是"世上原宜假不宜真"。这暗示着小说中既有基于真实历史和生活的素材，也有大

量的虚构和艺术加工。这引发了思考：在现实世界中，我们的认知和经验是否也受到类似的影响，即有些我们认为的"真"可能源于虚构，而有些我们认为的"假"却包含着真理？

 究底与寻根

《红楼梦》中的真与假是错综复杂的关系。大观园与荣国府，表面看大观园是真，实则是假中之真，而荣国府虽被称假，却在封建社会背景中假得逼真，展现出一种"假作真时真亦假"的奇妙景象。作者巧妙运用"真事隐去"与"假语村言"，将亲历亲闻融入虚构，形成独特的艺术风格。真假问题贯穿全书，既是创作手法，也反映社会真实，想要理解《红楼梦》，需细细品味其中真假相生的奥秘。这种真假交融的处理方式如同一面镜子，既映照出封建社会的虚伪，又折射出人性的光辉与暗淡，使《红楼梦》成为一部深邃而迷人的文学巨著。

一、顽石与神瑛侍者

《红楼梦》中的真假两个源头，可追溯至女娲补天遗弃的顽石与赤瑕宫的神瑛侍者，二者构成了小说的根基。顽石，位于青埂峰下，因无材补天而被弃，后被一僧一道带入尘世，经历人间的离合悲欢，最终在贾家降生，化身为宝玉。赤瑕宫的神瑛侍者用甘露灌溉绛珠仙草，从而写下一段故事。这两个源头虽初看似分离，但随着情节的展开，它们逐渐交织在一起，形成《红楼梦》的核心主题。

在不同版本中，顽石与神瑛侍者的关系是不同的。早期的甲戌本、庚辰本、列藏本等脂批本中，二者被视为独立存在，神瑛侍者的来历并未与青埂峰的顽石关联。然而，在程高本中，二者合而为一，神瑛侍者即由那块未被女娲使用的顽石所化。这种变化反映了《红楼梦》在流传过程中，对于真假源头的不同理解和诠释。

顽石与神瑛侍者，虽起点不同，但入世后其命运逐渐交汇。石头的"造劫历世"，即由一僧一道将其幻化为美玉，使它得以在贾府降生，成为贾宝玉。这一转变，寓意着石头虽然是真的，却需假扮宝玉。宝玉的出现，是顽石真性与假世

的碰撞，他的"混世魔王"形象，象征着对封建礼法的反抗，以及对无拘无束的向往。

神瑛侍者与绛珠仙草的"木石前盟"，是《红楼梦》中的儿女真情。绛珠仙草以一生的眼泪偿还神瑛侍者的甘露之恩，这便是林黛玉与贾宝玉间的情缘。他们的关系超越了世俗的束缚，以"儿女真情"为基础，展现了人间最纯净的感情。

在《红楼梦》中，真假的源头并不仅仅局限于顽石与神瑛侍者。它们更像一种象征，代表着真与假的对立与融合。顽石的真性与宝玉的假象，神瑛侍者的情真与绛珠仙草的泪还，这些元素共同构建了《红楼梦》中真假交织的世界。宝玉与黛玉的爱情是对"假世"中"真世"的追求，是对封建礼教束缚的反抗，也是对纯真人性的渴望。在这个意义上，顽石与神瑛侍者的故事成了《红楼梦》中"梦"与"真"的完美诠释，它们共同见证了人性的光辉与社会的复杂。

二、"真事隐"与"真世隐"

"真事隐"与"真世隐"涉及作品中真假交织的叙事技巧，以及曹雪芹对于现实与虚构之间界限的精妙把握。"真事隐"最初由脂砚斋在《红楼梦》的第一回中提出，他通过甄士隐这一角色，暗示了书中隐含的真实事件与人物原型。然而，脂批中对"真事隐"的理解并不是简单地指向特定的历史事件或人物，而是指向了一种更深层次的"真世"概念。

"真世隐"指的是《红楼梦》中隐藏的、超越具体事件与人物的、关于真实人性与社会真相的描绘。它包含了作者对于现实社会的批判，对于理想世界的憧憬，以及对于超越封建时代束缚的未来文化的展望。"真世"的内涵远远超越了"真事"，它不再局限于个人或家族的兴衰史，而是触及了更广泛的社会历史进程与人类精神追求。

在《红楼梦》中，"真事隐"与"真世隐"并非割裂地存在，而是相互渗透、相互映照的。比如，门子为贾雨村提供的护官符，看似官场腐败的缩影，实际上却揭示了封建社会中权力运作的深层逻辑，体现了"真世"中普遍存在的现象。而"真世"中的"假世"，则更多地体现在对封建礼教、伦理道德的反思，以及对男女平等、自由爱情的渴望上。这些思考与追求虽在当时的社会环境下显得遥不可及，却预示了未来文化的发展方向。

索隐派试图从字里行间寻找作者的真实意图与历史背景，但有时却陷入过度解读，忽略了作品的艺术性与虚构性。考证派注重对作者身世、家族历史的探究，这有助于理解作品的创作背景，但同样面临将文学作品简化为历史资料的风险。而"真世隐"的提出，则强调了《红楼梦》超越具体事件的深远意义，引导读者关注作品中蕴含的普遍人性与社会真理。

通过"真事隐"与"真世隐"的巧妙结合，真与假、虚与实交织在一起，不仅展示了个人命运与家族兴衰，更深入探讨了社会变迁与人性觉醒的宏大主题。

三、真真假假的两个世界

《红楼梦》中真真假假的两个世界，是指存在于小说中的虚构与真实交织的两个层面。这两个世界并非简单的内外之分，而是真假之辨，其中真假互相渗透，难以截然分开。

在《红楼梦》中，真与假的概念复杂多变，既涉及文本的真实性和虚构性，也牵涉人物性格的真挚与伪饰。真事被隐藏，假语被采用，但即便是假语中也蕴含着作者的真实经历和观察。真与假在小说的结构中被精心设计，不仅体现为艺术创作的技巧，更是作者对于生活本质的深刻洞察。

补天石和神瑛侍者虽被视为独立的存在，但它们在进入人间后逐渐融合，分别代表了贾宝玉的物质形态和精神实质，体现了真假的辩证统一。贾宝玉作为"假"的化身，实则映射了顽石的真性，而顽石则象征着宝玉不为世俗所拘的自由精神。这种真假并存的关系构成了小说的基石，反映了"梦"的主题。

真假世界的区别还体现在对自然与人工的评价上。宝玉崇尚"天然"之美，在大观园的构建中，作者强调了顺应自然、追求真性情的重要性，反对刻意雕琢和做作。

真假的冲突在元妃省亲的情节中尤为明显。表面的繁荣与背后的空虚形成对比，反映出假象掩盖下的真实情感。元妃与家人团聚，虽表面欢快，实则充满悲凉，展现了真情感与假礼仪之间的矛盾。这种真假相生的创作手法增强了作品的艺术感染力。

真假两个世界的界限在大观园和贾府的对比中得以体现。大观园是远离功利的女儿乐园，象征着理想中的真情天地；而贾府则象征着世俗的虚伪与纷扰。尽管大观园被理想化，但它仍处于人间，受到世俗影响，无法完全摆脱现实的束缚。大观园中的女儿们虽然拥有纯洁的情感，但她们的幸福同样受外部环境的限制。

真假两个世界在历史发展的视角下呈现出不同的命运。假世的衰败象征着封建制度的崩溃，而真世则代表着儿女真情和未来文化的希望。尽管真世在当时环境下难以实现，但它预示着一种超越时代的精神追求，展现了《红楼梦》对美好未来的憧憬。

脂砚斋是《红楼梦》的最早评论者之一，真实姓名有很多说法。他为我们留下了无数珍贵的批注。他与曹雪芹之间的关系扑朔迷离，有人猜测他是作者的堂兄弟，有人说是表兄，但无论身份如何，脂砚斋无疑是曹雪芹最亲密的读者和评论者。

脂砚斋曾先后数次阅评《红楼梦》，他的评点打开了研究《红楼梦》的秘密之门。他不仅确认了曹雪芹的作者身份，还揭示了小说创作的许多细节。例如，脂砚斋提到贾宝玉这个角色融合了作者与他自己的一部分，让人物更加立体和真实。他还分享了一些小说中的场景，比如"凤姐点戏"和"金魁星之事"，这些细节让读者感受到《红楼梦》的创作深受作者个人经历的影响。

脂砚斋的评点透露了小说的修改历程，还提供了关于小说结局的线索，尽管八十回后的内容遗失，但根据脂砚斋的批注，可以推测出贾府最终的衰败、宝玉的出家，以及一系列人物的悲惨命运。

在思想层面，脂砚斋的评点展示了他对小说的深刻理解。他批判了封建社会的黑暗面，如君主专制的罪恶、腐败的官僚体系，以及儒、佛、道思想的局限性。通过这些评点，我们能够更加全面地理解作品的创作背景和作者的写作初衷。

从美学角度看，脂砚斋的评点强调小说中人物性格的复杂性和多样性，反对传统小说中非黑即白的角色设定。他赞扬《红楼梦》中的人物如宝玉、湘云和香菱，这些角色拥有独特而真实的个性，打破了"恶则无往不恶，美则无一不美"的模式。同时，脂砚斋也肯定了曹雪芹在艺术与生活关系上的把握，认为小说创作应基于作家的亲身经历，这是中国古代小说批评的重要突破。

总的来说，脂砚斋的评点点明了《红楼梦》的深刻内涵。他不仅是小说的评论者，更是曹雪芹思想的共鸣者，通过他的批注，我们得以窥见这部伟大作品背后的故事，以及作者对社会、人性和艺术的独到见解。

 迁移与小试

《钦差大臣》是一部极具讽刺意味的喜剧，作者是果戈理。这部作品通过一系列夸张的情节和鲜明的人物形象，展现了19世纪俄国官僚体制的腐败与荒谬。故事从一个误会开始，赫列斯塔科夫被地方官员误认为是钦差大臣，由此引发了一系列引人深思的故事。

赫列斯塔科夫这个角色本身就极具讽刺意味，他实际上只是一个出身小贵族的小官僚，但由于误会被当地官员奉若神明。赫列斯塔科夫利用这种误会，不仅解决了自己的经济困境，还享受到了从未有过的尊重与特权。这种反差本身就构成了强烈的讽刺效果，一个无能之辈竟然可以凭借身份的错认轻易地操纵整个城市的官僚体系。

地方官员们的反应也充满了讽刺意味。市长德穆哈诺夫斯基以及其他的官员们在得知假的"钦差大臣"到来的消息后，惊慌失措，他们急于掩盖自己的种种不法行为，甚至不惜一切代价来讨好这位假的"钦差大臣"。这种行为揭示了官僚阶层的贪婪与虚伪。当他面对"钦差大臣"的时候，更是表现出了极度的谄媚与卑躬屈膝，这种前后不一的态度充分展示了官僚阶层的丑恶嘴脸。

极具讽刺色彩的还有作品的语言。市长和赫列斯塔科夫的语言都具有两重性，他们根据对话的对象不同而改变自己的语气和措辞。市长一面巴结奉承上级，一面粗暴对待自己的下属。赫列斯塔科夫则通过模仿京城上层社会的言谈举止来掩饰自己的真实身份，这种语言上的变化既是一种生存策略，也是一种讽刺

手法，它揭示了社会地位和个人形象之间的虚假联系。

《钦差大臣》中的结局同样充满了讽刺。当真正的钦差大臣到来时，所有官员都陷入了恐慌之中，而假的"钦差大臣"赫列斯塔科夫早已带着他们的钱财逍遥法外。这种结局打破了传统的惩恶扬善模式，让观众在笑声中思考官僚体制的问题所在。果戈理通过这种方式提醒人们，真正的变革不会仅仅依靠个人的觉醒，而是需要整个社会的共同努力。

《钦差大臣》通过赫列斯塔科夫这个角色及其带来的连锁反应，成功地讽刺了俄国封建社会中的官僚主义。请你阅读《钦差大臣》，谈谈果戈理是如何运用幽默与讽刺的笔触，让读者在笑声中反思社会现实，达到以笑当哭的艺术效果的。

第二节　冷与热

　　你去过北京的大观园吗？走进蘅芜苑你有怎样的感受？有冷寂之感吗？在《红楼梦》中，曹雪芹"冷"与"热"的对比描写尤为精妙。

　　首先，让我们走进"冷"的世界。薛宝钗，这位被誉为"山中高士晶莹雪"的女子，其居所蘅芜苑的环境描写，便是冷环境的典型代表。迎面而来的玲珑山石，奇草异卉在寒风中越发苍翠，室内则是一片雪洞般的素净，没有一丝多余的装饰，唯有一瓶菊花与两部书籍相伴。这种"冷"，不仅体现在环境的物理温度上，更渗透到了宝钗的性格之中，她外香内冷，处事冷静理智，即使面对金钏儿的悲剧，也能保持镇定，甚至献出新衣作为装殓之用，展现了她深谙人情世故的一面，同时也透露出她内心的冰冷。

　　接下来，步入"热"的场景，晴雯的形象立刻跃然纸上。晴雯为宝玉换衣，结果一不小心折断了扇骨，面对宝玉的责怪，她不仅没有畏缩，反而反唇相讥，言语间夹杂着讽刺与挖苦，将宝玉乃至袭人一并挖苦了一番，其性格尖刻泼辣，如同爆炭，一旦点燃便熊熊燃烧。晴雯的"热"不仅体现在她对不公的反抗上，更在于她对宝玉的深情。在抄检大观园时，晴雯毫不畏惧，挺身而出，将个人物品翻得底朝天，以示清白，其疾恶如仇、坦诚率直的个性令人钦佩。

　　然而，《红楼梦》的魅力不仅仅在于单一的"冷"与"热"，更在于二者之间的对比与交融。在黛玉葬花的情景中，贾府姐妹们正忙于庆祝芒种节，大观园内一片欢声笑语，而黛玉却独自一人来到僻静之处，肩荷花锄，手提扫帚，低吟着"花落人亡两不知"的诗句。这一刻的"冷"与周遭的"热"形成了鲜明对比，凸显了黛玉敏感自卑、孤高多才的性格，以及她寄人篱下的孤独与无奈。

　　同样地，黛玉焚稿这一场景"冷"与"热"的对比更加突出。一面是宝玉的婚礼上红烛高照、宾客满堂，另一面则是黛玉临终前的凄凉与绝望，她焚烧诗稿，口中喃喃自语"宝玉，宝玉，你好……"，直至生命最后一刻。这种强烈的冷热对比，不仅加深了故事的悲剧色彩，也深化了读者对人物情感的理解。

　　此外，"冷"与"热"的交融还体现在一些人物性格的复杂性上。例如，妙玉外表冷若冰霜，所住栊翠庵四季如冬，但她却对宝玉怀有微妙的情感，这份情感在她特地为宝玉斟茶、赠送生日祝福中得以体现，表明她内心深处亦有火热的激情。而贾珍在父亲贾敬去世时的悲痛欲绝，与他之后对姨娘们的轻浮态度形成鲜明对比，揭示了他道德上的双重标准和家族内部的混乱。

　　通过"冷"与"热"的对比，曹雪芹不仅塑造了一系列个性鲜明的人物，更展示了人性的多元与复杂。《红楼梦》中的"冷"与"热"不仅仅是环境的温度，更是人物心灵状态的直观反映，它们交织在一起，共同构成了这部伟大作品的深厚底蕴。

阅读《红楼梦》时，你是否注意到有一些具体的环境描写（例如季节、天气、景物等）能够反映人物的情感变化？回想一下书中的某个场景，例如宝玉和黛玉在花园中的对话，或者宝钗在寒冬里独自赏梅。试着分析其中的环境描述，说说它们是如何影响你对人物的理解的。

在曹雪芹的笔下，"冷"与"热"不仅仅是温度的简单对比，更是两种截然不同的情感基调与生存状态的深度对话，它们在字里行间碰撞、融合，激发出震撼人心的共鸣。

一、贾府荣华背后的冷与热

《红楼梦》中的贾府，如同一座巍峨的宫殿，曾是荣耀与繁华的象征，却在时光的流转中逐渐显露出了衰败的迹象。曹雪芹笔下的"冷""热"叙事，就如同一曲悲欢交织的交响乐，揭示了这个大家族从辉煌到没落的全过程。

故事之初，贾府"热"得如同夏日骄阳，炫目而热烈。秦可卿的丧礼，原本应是一场庄严肃穆的告别，却因贾府的炫耀心理，变成了奢华铺张的展示。这场本应是哀悼的仪式，却被演绎成了一场热闹的盛会，如同一场喧嚣的庙会，让人不禁感叹：贾府的"热"，是否已经失去了温度？

然而，就在这样一片热闹中，一股"冷"流悄然涌动。元春省亲，贾府上下为之欢腾，大观园的兴建、张灯结彩的盛况……一切似乎都在昭示着贾府的鼎盛。但就在这一片喜气洋洋之中，却夹杂着几抹不易察觉的"冷"。贾母、王夫人的泪水，以及贾政与元春的隔帘相泣，预示着繁华背后的脆弱。元春，贾府的保护伞，她的命运如同贾府的晴雨表，一旦风雨来袭，大厦即刻倾覆。

上元佳节，贾府的"热"再次达到顶点，老少三代围炉赏灯、猜谜游戏，一片欢声笑语。然而，六个寓意深远的灯谜，却如同冬日的寒风，吹散了表面的热闹，预示着家族的离散与衰败。贾母的"荔枝"谜底，谐音是"离枝"，恰似贾府衰败的前兆；元春的"爆竹"，则预示着短暂的辉煌后必将迎来毁灭性的打击。

清虚观打醮（jiào）看戏，本是道家的清净之地，却被贾府的"热"侵扰，变成了一场喧闹的狂欢。《南柯梦》的上演，如同一道闪电，照亮了贾府未来的命运——这一切的繁华，不过是南柯一梦。

贾敬的丧事，本应是家族哀悼的时刻，却成了贾珍等人荒淫无度的舞台，孝棚之内，淫乱与赌博的"热"与丧事的"冷"形成鲜明对比，揭露了贾府子孙道德的沦丧。

这一系列的"冷""热"对比，不仅是叙事手法的巧妙运用，更是对贾府命运的深刻寓言。贾府的兴衰，如同四季的更迭，春夏的繁花似锦，终将让位于秋冬的凋零萧瑟。

曹雪芹通过"冷""热"对比，不仅展现了一个家族的兴衰历程，更是在警示世人：再辉煌的荣光，也终将如梦幻泡影，化为乌有。贾府的故事，如同一首悲壮的挽歌，唱响了封建贵族无可挽回的衰败，留给后人无尽的反思与感慨。

二、宝黛钗情感的冷与热

在《红楼梦》这部巨著中，宝黛钗三人的情感纠葛，如同一场冷热交替的戏剧，时而温暖人心，时而刺骨寒凉。曹雪芹巧妙地运用"冷""热"叙事对比，将这段情感历程编织成了一幅细腻复杂的画卷，让读者在品味中感受到情感的深度与人性的复杂。

宝玉与黛玉的爱情，是"热"的化身，如同夏日炽烈的阳光，照亮了彼此的世界。他们的心中，燃烧着对彼此深深的依恋与渴望。宝玉那句轻描淡写却又重如泰山的承诺："你死了，我做和尚去。"虽然看似不经意，却蕴含着对黛玉无尽的爱与不舍，预示了两人最终难以逃脱的悲剧宿命。而黛玉，尽管性格使然，言语间总是带着几分冷淡，但在她的眼眸深处，却藏匿着对宝玉炽热的爱恋与依赖。她对宝玉的冷言，其实是一种掩饰，是内心情感过于汹涌而不得不采取的自我保护。

然而，这份炽热的爱情，却在冷酷的现实面前显得如此脆弱。在第三十二回中，宝玉向黛玉捧出自己火热的真心，却遭黛玉的冷语冷言，这看似冷漠的回应，其实是黛玉内心矛盾与挣扎的体现。她爱宝玉，却也深知这份爱的不可得，只能用冷言来掩饰内心的狂热与痛苦。这种冷热之间的拉扯，恰恰映射出两人情感的至真至深，以及他们面对封建礼教束缚时的无力与无奈。

薛宝钗的出现，则像是冬日里的暖阳，给人以温暖与安慰，却也带来了情感上的"冷"。宝玉挨打之后，宝钗与黛玉的反应不同，对比鲜明。宝钗的话语中，充满了对宝玉的关切与心疼，看似温情脉脉，实则透露出她对宝玉过往行为的冷静责备。而黛玉，仅仅一句"你从此可都改了罢！"虽然简短，却包含了她对宝玉深厚的感情与担忧。这种冷热对比，不仅凸显了宝钗与黛玉性格的差异，更深层次地反映了她们对宝玉爱的方式与态度的不同。

随着故事的发展，宝黛爱情的"热"逐渐被宝钗婚姻的"冷"取代。一边是潇湘馆内凄冷的场景，黛玉的生命之火渐渐熄灭，带着对宝玉的痴情与不舍，走向生命的尽头。另一边是宝玉与宝钗盛大婚礼的热闹场面，却全然不知新娘的真实身份。这种冷热极端的对比，不仅预示了宝钗与宝玉婚姻的悲剧，更深刻揭示了封建礼教对个体情感的无情摧残。

宝黛钗三人的情感纠葛，是《红楼梦》中最悲凉的、最震撼人心的篇章。曹雪芹通过对"冷""热"叙事的运用，不仅展现了人物之间复杂的情感关系，更直指封建社会的残酷与不公。冷热交替之间，尽显人生无常与命运的捉弄，留给读者无尽的唏嘘与感慨。

三、宝黛钗人物形象的冷与热

在《红楼梦》的宏大叙事中，曹雪芹巧妙运用"冷""热"叙事手法，如同一位高超的画家，以细腻的笔触勾勒出各色人物的鲜明性格与命运轨迹。

贾宝玉，这位"情种"在冷热对比中，展现出了"爱博而心劳"的特质。在太虚幻境的梦境中，宝玉从热闹的宴会逃离，进入了一个充满预示与悲情的世界。这里的"热"是外界的繁华与喧嚣，而"冷"则是宝玉内心的孤独与忧虑。宝玉的内心，承载着对大观园女儿们无尽的关爱与保护欲，但同时，他也深感自己无力改变她们注定的悲剧命运。例如，宝玉在热闹的元妃省亲之际，独自一人去陪伴墙上的美女图，以减轻她的孤独，体现了他对美的敏感与对弱者的同情。而在金钏的忌辰，宝玉选择在一片欢腾中悄悄前往水仙庵祭拜，这份冷暖对比，更显宝玉内心的深情与善良。

林黛玉，拥有一个冷傲孤高的灵魂。黛玉的"冷"源自她对世俗的不屑与对真情的执着追求。她葬花时的哀歌，是对美好逝去的悼念，也是对自我命运的预感。当姐妹们在饯花日欢聚一堂，黛玉却感受到了落花的悲凉，这份冷热对比，凸显了黛玉与众不同的精神世界。而凹晶馆的深夜联诗，更是将这份冷艳推向了极致。中秋夜的月光下，黛玉与史湘云的诗魂交流，冷清的环境与热烈的情感交织，营造出一种超越生死的凄美氛围。黛玉的琴弦断裂，不仅是对个人命运的象征，也预示着整个贾府即将面临的崩溃。

薛宝钗，这位"冷美人"，在"冷""热"叙事中，展现了她表面的热情与内心的冷静。宝钗的"热"体现在她对外界的和善与包容，她总能在复杂的人际关系中游刃有余。然而，她内心深处的"冷"，却在不经意间显露。宝钗吃冷香丸的情节，既是对她身体状况的描写，也是对她性格的隐喻。宝钗在听到小红与坠儿私语时，迅速做出的反应，展示了她冷静的头脑与机敏的策略，但也暴露出她内心深处的自私与算计。宝钗的"热"与"冷"并存，寓冷于热，让她成了一个圆形立体的女性形象，她遵循着儒家的伦理规范，试图在纷乱的世事中找到自己的立足之地。

拓展与延伸

在《红楼梦》的繁复画卷中，曹雪芹巧妙地运用"寓冷于热"的艺术手法，编织出一幕幕看似繁华却暗藏凄凉的场景，以此强化作品的深层意蕴，让人物的命运与家族的兴衰跃然纸上。其中，尤以薛宝钗第二次生日的盛宴与贾珍开夜宴的章回最为人称道，它们将"热"的表象与"冷"的本质完美融合，营造出强烈的审美反差，让读者在情感上经历一场跌宕起伏的旅程。

宝钗的生日宴会上，宾客盈门，笑声盈耳，一切看起来都是那么的热闹非凡，仿佛整个荣国府都被欢乐的气息包围。然而，就在众人举杯共祝宝钗福寿绵长之际，一种难以名状的寂寥悄然蔓延。这份寂寥并非来自外界，而是源于宝钗内心的冷静与自持。她虽置身于人群之中，却仿佛独立于世外，那份超然物外的淡泊，与周遭的欢腾形成鲜明对比。正如一池静水被风吹皱，宝钗的内心波澜不惊，却在不经意间透露出一丝不易察觉的寒意。这份"寓冷于热"的手法，使得宝钗的形象更加丰满，也预示着贾府未来的风雨飘摇。

另一处"寓冷于热"的典范，则是在贾珍开的夜宴上。当贾珍带领妻妾们在汇芳园丛绿堂中纵情声色、猜枚行令、歌舞升平之时，夜色中却隐藏着不祥的预兆。正当众人沉浸于灯红酒绿的狂欢，一阵莫名的长叹声突然划破寂静，令人心头一凛。这声音似乎穿越了时空，带着祖辈的遗恨与哀怨，穿透了热闹的表象，直击每个人的心灵深处。紧接着，祠堂内传出的门扉轻响，与风声相伴，让原本欢快的气氛瞬间凝固，空气中弥漫着一股前所未有的凄冷。贾珍，这位宁国府的花花公子，在家族衰败的背景下，仍旧沉醉于纸醉金迷的生活。这份荒诞与悲哀，被作者以"寓冷于热"的方式淋漓尽致地展现出来。

而第七十六回中，贾母与家人赏月的场景，同样是一次"寓冷于热"的精彩演绎。月光如水，桂花飘香，贾母兴致勃勃地邀请众人围坐，享受着十番女子吹奏的悠扬笛声。然而，就在大家沉浸在欢愉之中时，一阵阵悲凉的笛音从桂花树下传来，如同秋风中的落叶，让人顿感寒意。这笛声，不仅仅是音乐的旋律，更像是家族命运的挽歌，预示着贾府的衰败已不可逆转。这场看似欢乐的聚会，实则成了贾府最后的回光返照，预示着树倒猢狲散的悲凉结局。

通过这些"寓冷于热"的场景描写，曹雪芹不仅展现了高超的文学技巧，更深刻揭示了人性的复杂与社会的变迁。在看似热闹的外表下，隐藏着家族衰败的冷酷现实，以及人物内心深处的孤独与无奈。

《红楼梦》，在东亚世界享有深远的影响，其传播历程见证了东亚文化圈的共鸣。早在1793年，即清朝乾隆年间，随着"南京船"将程高本《红楼梦》从乍

浦港带至日本长崎，这部小说便开始了其海外之旅。在日本，它不仅作为文学作品受到追捧，还被用于教学，成为学习北京官话的教材，彰显了其语言与文化的双重价值。

英国传教士马礼逊在 19 世纪初编译的汉语教材中，亦选用了《红楼梦》中的片段，进一步证明了该书跨越文化界限的吸引力。而在朝鲜半岛，对《红楼梦》的热爱同样炽烈。不仅出现了中朝语对照本，便于宫廷女子阅读，而且朝鲜文（韩文）的全译本数量居全球之首，多达七种。其中，既有基于程高本的翻译，也有近现代依据庚辰本的新译，体现了对原著不同版本的深入研究与尊重。

在日本，森槐南被誉为"红迷"，他对《红楼梦》的推崇开启了日本翻译的先河。你还知道哪些《红楼梦》作为文化交流媒介的例子呢？说出来，与大家一起分享吧！

第三节　小与大

名著与生活

你了解"以小见大"的手法吗？在《红楼梦》中，为我们描绘了一幅宇宙万物相互依存、相辅相成的哲学画卷，通过贾府的兴衰史，展现了"小"与"大"之间的微妙平衡与转化。

在《红楼梦》中，"小"不仅仅是微不足道的细节，它往往承载着深邃的寓意。比如，那枚小小的通灵宝玉，既是宝玉身份的象征，又预示着家族的荣辱与共，乃至整个社会的命运。这枚宝玉，看似微小，却能牵动整个故事的脉络，正如一滴水可以折射太阳的光辉，细微之处见真章，小事物往往蕴含着大智慧。

而"大"，则涵盖了宏大的叙事背景、广阔的家族图景以及深远的历史视野。贾府的辉煌与衰落，是中国封建社会的一个缩影，其中蕴含的"大道理"超越了个体命运的悲欢离合，触及社会变迁与人性探讨的深层议题。

《红楼梦》通过对贾府盛衰的描绘，展现了"大"背后的复杂性与多元性，提醒我们看待问题时不能仅停留在表面，而要洞察其内在的联系与变化。

"小"与"大"之间是辩证统一的关系。作者曹雪芹巧妙地将两者交织在一起，让读者在欣赏细腻情感的同时，也能感受到宏大历史的沉重。比如，宝黛的爱情悲剧，虽是个体情感的"小"，但背后映射的是封建礼教的"大"，是整个社会环境对个人命运的束缚。再如，刘姥姥进大观园的故事，表面上是小人物的幽默经历，实则是对贾府繁华背后的空虚与危机的深刻揭示。

更进一步，小说中的"小"与"大"并非孤立存在，它们在互动中转化，在对比中彰显。贾宝玉的叛逆，看似是对传统礼教的"小"反抗，实则是对封建社会体制的"大"挑战；林黛玉的《葬花吟》，虽然是个人情感的抒发，却也反映了对生命无常与世态炎凉的普遍感慨。这种从小处着眼、从大处着手的写作手法，使得《红楼梦》不仅仅是一部家族史诗，更是一部蕴含着丰富哲理与人生智慧的经典之作。

思考与联想

想象一下，如果你能穿越回《红楼梦》的时代，你会选择成为贾宝玉手中的那块"通灵宝玉"吗？你思考过这块"通灵宝玉"在《红楼梦》中代表了什么吗？它不仅代表了宝玉的身份和命运，还象征着整个贾家乃至整个封建社会的兴衰。从一个"小"物件的角度出发，你能看到哪些关于"大"历史、家族命运和个体成长的线索？这个"小"物件是如何反映"大"主题的？

究底与寻根

在《红楼梦》中，曹雪芹通过描绘小人物、小事件来逐渐展开宏大的故事背景和深层的主题。这一手法不仅展现了曹雪芹对细节的关注，也体现了他构建复杂故事架构的能力。

一、由小至大

在《红楼梦》中，曹雪芹巧妙运用了"由小至大"的叙事手法，即从细微处入手，逐步扩展至宏大的故事框架。这种手法避免了拖沓冗长的叙述，让情节跌宕起伏，充满张力。

开篇，曹雪芹并未直接描绘贾府的辉煌，而是选择了甄士隐一家，这个远离京城繁华的平凡家庭，作为故事的起点。甄士隐与一僧一道的偶遇，引出了一块神秘的"玉"，这块"玉"与贾宝玉的身世紧密相关，却在甄士隐手中被僧人夺走，留下悬念。这一段落，虽看似微小，却如同一枚石子投入湖面，激起层层涟漪，预示着后续故事的波澜壮阔。

随后，冷子兴的口中透露出贾府的概貌，提及贾宝玉出生时口含异玉，再次将读者的目光引向那块神秘的"玉"。然而，关于"玉"的细节依旧模糊，直至林黛玉进贾府，宝玉的"玉"才得以详尽展示。这一过程，犹如一幅画卷缓缓展开，每一处细节都精心安排，环环相扣，最终汇聚成一幅完整的图景。

"由小至大"的叙事手法，不仅体现在"玉"的来历上，更是贯穿于整个《红楼梦》的叙事之中。林黛玉和薛宝钗，作为故事的核心人物，最初并未出现在京城，而是随着她们各自的原因来到荣国府，才使得宝黛钗三人的感情纠葛得以展开，构建起整个《红楼梦》的情感骨架。香菱，作为外围人物，却在推动主要人物出场方面扮演了关键角色，她的命运变化串联起了诸多重要情节，增强了叙事的连贯性和吸引力。

此外，贾雨村的故事线同样体现了"由小至大"的叙事策略。贾雨村在甄士隐的帮助下得以进京赶考，在"葫芦僧乱判葫芦案"中与四大家族有了关联。这些事件都与贾府的兴衰密切相关，进一步丰富了故事的层次和深度。

脂砚斋在评点《红楼梦》时，特别强调了这种叙事手法的重要性，认为它有助于塑造文本的整体结构，通过冷热对比、首尾呼应，使得全书结构更严谨，叙事脉络更清晰。比如，甄士隐一家的"小荣枯"与贾府的"大荣枯"形成鲜明对比，冯渊与英莲的"小悲欢"又为宝黛的"大悲欢"铺垫。这种叙事布局，使得《红楼梦》不仅是一部家族兴衰史，更是一幅展现人性、情感和社会变迁的宏大画卷。

这种由小揭示大的叙事手法，通过细腻的笔触，展现了广阔的社会图景和深刻的人生哲理，让读者在品味一个个小故事的同时，领略到整部作品的博大精深。这种叙事策略，为后世的文学创作提供了很好的示范。

二、以大观小

《红楼梦》还开创性地运用了"以大观小"的创作手法，编织出一个包罗万象、情感与美学交织的宏大世界。这一手法的核心在于：通过宏观视角审视微观现象，揭示深层次的社会文化内涵和人性的复杂层面。

在《红楼梦》的浩瀚篇章中，儒、释、道三教思想的交融与碰撞，构成了一个深邃的"思想空间"。曹雪芹借助贾宝玉这一核心人物，展现了儒家道德规范与个人自由追求的冲突，道家的超脱与佛家的觉悟相互映照，形成了一幅生动的哲学对话图卷。宝钗的温婉持重、黛玉的敏感多情、凤姐的果敢决断，各自代表了儒家、庄禅、法家的不同面向，而贾芸、小红等小人物，则是社会底层生命力的象征，他们以实际行动挑战传统，预示着社会变革的可能。

"情感空间"的铺展，是《红楼梦》的一大特色。贾宝玉的情感世界，如同一个情感的宇宙，既包含了礼制框架下的亲情、友情，又有超越规范的深情厚谊。他对黛玉的痴恋，对晴雯等侍女的关怀，甚至对萍水相逢之人的一丝温情，无不展现了泛爱主义的广阔情怀。这种情感的自由流动，是对"忠义孝悌"传统道德框架的温柔挑战，亦是对人性温暖与复杂的深刻洞察。

"审美空间"的深化与拓展，则是对我们传统美学观念的一次颠覆。《红楼梦》中的美，不仅仅是宝钗式的"含蓄浑厚"，更有黛玉的"风流别致"、湘云的"洒脱飘逸"。林黛玉的尖刻、晴雯的直率、妙玉的洁癖，这些看似"无德"的个性，因真实而动人，与宝钗的"厚德"形成了鲜明对比，挑战了"德"与"真"之间的界限，促使读者重新思考美的本质与价值。

此外，《红楼梦》还创造了一个开放的"想象空间"，文本内外的对话，让读者在现实与虚构、历史与未来之间游走。史湘云的突然登场，仿佛是旧友重逢，引发无限遐想；晴雯逝后化为花神的美丽传说，以及尤三姐赴太虚幻境的神秘之旅，皆为读者留下无尽的想象余地。这些开放式的叙述，如同未完的乐章，邀请读者共同参与创作，完成心中的《红楼梦》。

拓展与延伸

在《红楼梦》中，曹雪芹展现了一个彻头彻尾的"大悲剧"。而高鹗的续书，尽管试图为这个故事画上一个看似圆满的句号，却无意中将其转变成了一场"小骗局"，与曹雪芹的原意背道而驰，失去了原作的厚重与深刻。

曹雪芹以其敏锐的洞察力和非凡的想象力，将贾府从辉煌到衰败的过程，以及其中人物的命运起伏，刻画得淋漓尽致。在他的笔下，贾宝玉、林黛玉、薛宝钗等人物的喜怒哀乐，不仅是个人情感的抒发，也是对那个时代社会矛盾和个人命运无奈的深刻反映。贾府的覆灭，并非单纯的"坐吃山空"，而是内外因素交织的结果。曹雪芹通过对贾府内部腐败、财务危机以及外部政治环境的微妙变化的描写，揭示了一个庞大贵族家族如何在社会变革的大潮中逐渐瓦解。他将贾府的衰落比作"一片白茫茫大地真干净"，寓意着一切繁华最终归于尘土，所有荣华富贵不过是过眼云烟，这与他本人晚年贫困潦倒的生活境遇形成了强烈的对比和呼应，使得整个故事充满了浓厚的悲剧色彩。

在曹雪芹的构思中，贾宝玉的命运尤为引人注目。他从一个富家公子沦落到"贫穷难耐凄凉"的境地，最终在无可奈何中选择出家，象征着对封建礼教的彻底背叛和对现实世界的绝望。宝玉的悲剧，不仅是个人的悲剧，也是整个封建社会的悲剧。它反映了曹雪芹对人生无常、社会残酷的深切感慨，以及对理想与现实巨大落差的无奈。

然而，高鹗的续书却试图扭转这个"大悲剧"的走向，将《红楼梦》的结局塑造成一个相对乐观的"小骗局"。在高鹗笔下，贾府虽一度陷入困境，但最终却能承蒙皇恩，"兰桂齐芳"。这样的结局，尽管在表面上看起来是一种对美好生活的向往，但实际上却扭曲了曹雪芹的初衷，将一个深刻的社会悲剧简化为一个充满童话色彩的故事，失去了原作的深度和力度。

更为关键的是，高鹗续书中的这种"小团圆"处理，与曹雪芹在《红楼梦》中一贯秉持的"如实描写，并无讳饰"的创作原则相悖。曹雪芹通过贾府的衰落，表达了对封建社会的批判和对人性的深刻洞察，而高鹗的续书则试图为故事添上一层温情脉脉的面纱，这似乎有些违背曹雪芹的创作初衷。

因此，当我们重新审视《红楼梦》时，应该认识到，它是一部彻头彻尾的"大悲剧"，而不是高鹗续书中的"小骗局"。曹雪芹的《红楼梦》以它独特的艺术构思和超前的深邃思想，超越了时代的局限，成了永恒的经典；而高鹗的续书，则像是对这份经典的一次不经意的误读，虽然在一定程度上满足了人们对美好结局的渴望，却无法替代曹雪芹原作中那份震撼人心的力量。

 迁移与小试

庄子在《逍遥游》中描绘了一幅宏大的画面，其中，大鹏展翅高飞，直冲九万里高空。而相比之下，蜩（tiáo）、学鸠和斥鷃（yàn）这些小虫却只能在树梢和蓬蒿间翩翩起舞。庄子通过这个对比，提出了"小大之辩"的哲学思考，这一议题在后世引发了广泛的讨论和不同的解读。

首先，郭象——一位著名的注释家，提出了一个看似合乎庄子"齐物论"精神的观点。他认为，无论是大鹏还是小虫，只要它们能够按照自己的本性生活，就是逍遥自在的。在他看来，小虫和大鹏在逍遥的层面上是平等的，没有谁比谁更高尚或更低劣。这种观点强调了个体的自足性和逍遥的普遍性，认为每个生命体都能在自己的世界里找到满足和快乐，无须羡慕他人。

然而，庄子在文中明显带着嘲讽的态度，对这些小虫进行了批评。他通过

"小知不及大知"的比喻，暗示小虫们因为视野的狭隘和知识的局限，无法理解大鹏的选择。这里，庄子似乎是在批评小虫们的浅薄和自满，他们过于自信地认为自己的生活方式就是世界的全部，没有意识到宇宙的浩瀚和生命的多样性。

但庄子的批判并非针对小虫们的生活方式或知识量的大小，而是针对它们的认知态度和思维模式。庄子认为，所有的生命都在一定的局限中生存，包括大鹏，它需要更广阔的天空和更深厚的风才能飞翔，这同样是一种依赖。因此，大鹏与小虫在"有待"这一点上并无本质区别。庄子真正想表达的是：无论是小虫还是大鹏，如果将自己有限的经验和认知视为绝对，就会陷入一种自大的误区，从而限制了对世界的理解和对自我的超越。

庄子的"小大之辩"实质上是对"齐物论"的深化。它告诉我们，万物虽有大小之别，但在逍遥的境界中，这种差别被消解了。小虫与大鹏一样，都能在各自的天地中找到属于自己的逍遥。但同时，庄子也提醒我们，不要让自己的认知和经验成为枷锁，要保持开放的心态，认识到自己的局限，这样才能接近真正的逍遥和自由。

庄子的智慧在于：他让我们看到，逍遥不是逃避现实，而是面对现实，接受自己的局限，并在其中寻找乐趣。正如他笔下的斥鷃，虽然只在蓬蒿间飞翔，但如果它能意识到自己的局限，而不是自以为是地认为这就是飞翔的极致，那么它也能体验到一种真实的逍遥。庄子的"小大之辩"，最终指向的是一种超越物质大小的精神自由，一种洞察生命本质的深刻智慧。

对于"小"与"大"的关系，你是怎么看的呢？请结合一部你熟悉的文学作品进行分析。

第四节　雅与俗

在现实生活中，你是喜欢阅读高雅的作品，还是喜欢接地气的质朴

之作呢？在《红楼梦》中，曹雪芹以其独步古今的笔力，将世俗的琐碎与高尚的诗情熔于一炉，创造出了一种前所未有的美学体验。他如同一位高超的厨师，在平凡的食材中加入精致的调味，使得每一口都回味无穷；他又似一位卓越的画家，在寻常的画布上挥洒出斑斓的色彩，每一笔都饱含深意。

曹雪芹生活的年代，正值封建社会的末路，他目睹了社会的动荡与人性的挣扎，却并未被黑暗吞噬，反而在绝望中寻找到了创作的灵感。他笔下的"狂傲美"，是对封建束缚的反抗，是对个性解放的呼唤。这种狂傲之美不是大家眼中的叛逆，而是艺术化的加工，体现了作者思想的先进性。《红楼梦》中的每一个"狂人"，都是曹雪芹内心深处对自由与真实的渴望，是他在混沌中寻找光明的象征。

在《红楼梦》中，雅与俗共生，是深层次的交融。曹雪芹没有局限于单一的美学追求，而是将"仙姝"之雅与"村姥"之俗融为一体，让它们在艺术的炉火中不断碰撞、升华。他以敏锐的观察力捕捉到了世俗生活的每一面，不论是贾府的荣华富贵，还是刘姥姥的粗犷朴实，都在他的笔下栩栩如生，各具特色。曹雪芹的艺术造诣在于：他不仅能够描绘出生活的多样面貌，更能挖掘出其中的哲理，让读者在欣赏的同时，也能思考人生的意义。

《红楼梦》中的诗词歌赋，是人物性格的丰富和延伸。林黛玉的《葬花吟》、贾宝玉的《芙蓉女儿诔》，彰显的是作者深邃的思想和斐然的文采。这些诗词，既是角色内心世界的写照，也是曹雪芹个人情怀的抒发。他巧妙地借人物之口，传达自己对生命、爱情、命运的感悟，让《红楼梦》成了诗与小说的完美结合。

曹雪芹借鉴了《金瓶梅》的世俗视角，但又超越了其粗俗的局限，将其提升到了一个更高的美学层次。不同于"才子佳人"小说的空洞套路，《红楼梦》中的爱情故事充满了真实与深度，让人物的命运与情感纠葛跃然纸上。曹雪芹以他独有的艺术眼光，将雅俗的界限模糊，让高雅与通俗在《红楼梦》的世界里和谐共存。

思考与联想

在《红楼梦》中，诗词歌赋不仅是文学装饰，也是人物性格的延伸，反映了角色的内心世界。选取一两首诗词，比如林黛玉的《葬花吟》或贾宝玉的《芙蓉女儿诔》等，试着分析这些作品是如何结合高雅的文学形式与世俗情感的。思考一下，这些诗词是如何展现曹雪芹诗融雅俗的美学主张的？

究底与寻根

在《红楼梦》中，作者曹雪芹运用了叙事语言、情节设计和人物塑造来实现雅与俗相融。一方面，书中不乏高雅的诗词、对联和书画描写，这些元素展示了贵族阶层的文化修养和艺术品位。例如，宝黛之间的诗词唱和、惜春的花鸟画、妙玉的茶道品评，都是雅文化的体现。另一方面，小说也充满了日常生活中的俗趣和市井气息。书中的人物对话生动活泼，充满了俏皮话和俗语，贾府中的仆人们的言行举止更是让人忍俊不禁。这种雅俗兼具的描写，使得小说既有文化厚重感，又接地气，吸引了不同层次的读者。

一、生活场景中的雅俗对比

《红楼梦》中的主要人物大多出身贵族世家，是学识、有才情的才子佳人。黛玉葬花、宝钗戏蝶、香菱学诗，这些情景都充满了雅趣和诗意，展现了文人雅士向往的人生图景。生活在大观园中的女子们，都是充满诗情画意的人，林黛玉创作的诗词作品数量多、形式丰富多样，不论是格律诗，还是歌行体，她都能轻松驾驭。林黛玉的《葬花吟》更是经典之作，充满了对生命无常的哀叹和对美好事物的留恋。

在这种诗意氛围中，贾府中的才子佳人们时常组织诗社，凹晶馆联诗，怡红院群芳开夜宴，生活充满了高雅的文化活动。这种雅生活不仅表现了他们的文化修养和艺术品位，也体现了他们对生活的热爱和追求。

然而，《红楼梦》并未止步于展示上层社会的风雅。曹雪芹通过对俗生活的描写，揭示了贾府内部乃至整个封建社会的腐败和丑陋。焦大骂街、薛蟠强占民女等情节都充满了世俗气息，反映了当时真实的社会生活。

"焦大骂街"一段尤为生动，作为贾府的老仆人，焦大对贾府内部的丑闻了如指掌。他在醉酒后大骂贾府的混乱不堪，揭露了贾府内道德沦丧的真相。这一情节不仅增加了小说的戏剧性和趣味性，也让读者看到了贾府表面风光背后的肮脏和腐朽。

雅与俗的对比：一方面，雅生活中的诗意和高雅文化让人陶醉，展现了人们对美好生活的向往；另一方面，俗生活中的丑陋让人不忍直视，揭示了封建社会的本质。

这种雅与俗的对比，不仅让《红楼梦》的情节更加丰富和生动，也增强了小说的真实感和深度。通过描绘贾府中雅与俗两种生活的对立与融合，曹雪芹不仅展示了封建社会的多面性，也揭示了其内部的矛盾和危机。

《红楼梦》中的雅生活虽然充满了诗意和高雅，但实际上只存在于封建贵族内部，尤其是大观园中的青年男女身上。

《红楼梦》通过对雅与俗生活的生动描绘，深刻地揭示了封建社会的矛盾和危机，为后世提供了宝贵的历史和文化借鉴。

🐉 二、传神的雅俗语言使用

《红楼梦》雅俗并存的语言风格独具匠心。曹雪芹在这部巨著中不仅描绘了上层社会的优雅生活，也巧妙地融入了大量的俗语俚语，使得作品更加生动传神。

在《红楼梦》中，雅言主要体现在文学创作中。例如，林黛玉、薛宝钗等人作为大家闺秀，她们的语言优雅细腻，充满了诗意和文采。林黛玉的《葬花吟》、薛宝钗的《咏白海棠》等，这些诗词不仅表现了人物的高雅情操，也反映了她们内心的复杂情感和思想深度。

曹雪芹还在书中大量使用了粗俗俚语，以贴近社会底层的生活状态。例如，书中的仆人和底层人物常常使用生动的歇后语和俏皮话，这些语言形式不仅贴近生活，还富有哲理和讽刺意味。例如，仆人兴儿对贾府主子的评价则通过俏皮话表现了他的真实感受，例如"是生怕这气大了，吹倒了姓林的；气暖了，吹化了姓薛的"。"气大了，吹倒了姓林的"，是说黛玉体态纤细，弱不禁风。"气暖了，吹化了姓薛的"，是说宝钗畏热喜冷。别看外表温润，内心深处是冷冰冰的。这些语言不仅使作品充满生活气息，还揭示了社会荒谬和虚伪的本质，也为读者展现了一个多层次、多角度的社会图景。

此外，书中人物的语言也常常带有地方特色和个人色彩。例如，刘姥姥进大观园时的言辞幽默风趣、真实生动，充满了乡土生活气息，给作品增添了不少趣味。刘姥姥在贾府中的经历不仅是小人物的悲喜剧，也是对封建社会的一种讽刺和批判。

🐉 三、主题思想的雅俗相济

《红楼梦》通过雅俗相济的手法，展现了人性的复杂和多面性。曹雪芹巧妙地在俗世框架中注入了高雅的内涵，使这部作品既有通俗易懂的故事情节，又蕴含了深刻的思想主题。

深入细读《红楼梦》，我们可以发现其深刻的雅主题。首先，小说突破了男尊女卑的观念，赞美了拥有真性情的女子。林黛玉、薛宝钗等女性形象，不仅具有美丽的外貌和高雅的才情,更重要的是她们有独立的思想和坚强的性格。小说通过她们的命运,讴歌了女性的价值和尊严,批判了封建社会对女性的压迫和束缚。

其次,小说揭示了深刻的人生悲剧和社会悲剧。宝黛钗三人的悲剧,不仅是个体生命的不幸,更是根深蒂固的家庭观念作用的必然结果。宝玉、黛玉和宝钗的命运,是大家长仔细权衡利弊的决定。但这一悲剧的根源并不仅仅是某个家长的选择,宝玉身上寄托着整个家族的厚望,贾母、王夫人等人的选择,是为了维护封建家族的必然选择。

我们可以假想一下,如果宝黛结合了,又会是怎样的结局呢?宝黛所反抗的封建社会,恰恰为他们优渥的生活提供了物质基础。他们的最终失败,揭示的是封建制度的根深蒂固和变革的艰难。从这一层面看,《红楼梦》不仅是一部有关人情的小说,更是一部充满反思和批判的作品。

 拓展与延伸

诗词是雅的,但是也有俗的,比如唐朝开始的打油诗、敦煌出土的诗僧寒山的作品就是以俗见长。《红楼梦》中的诗词雅俗相融,表现出了深厚的艺术价值和文化内涵。曹雪芹通过巧妙的诗词创作,使作品在描绘人物性格、表达情感和揭示主题方面达到了水乳交融的艺术效果。

香菱学诗就是一个典型的例子。曹雪芹通过香菱学诗的过程,展示了诗词创作的高雅情趣和审美追求。香菱在梦中偶得的诗句:

> 精华欲掩料应难,影自娟娟魄自寒。
>
> 一片砧敲千里白,半轮鸡唱五更残。
>
> 绿蓑江上秋闻笛,红袖楼头夜倚栏。
>
> 博得嫦娥应借问,缘何不使永团圆!

此诗之雅在于化诗入诗,用词含蓄典雅,立意别致新奇,借月怀人,情感真挚。

此诗之俗如首联,诗词初学者能懂是咏月之作。但是这里面却涵盖了香菱对

自己凄凉身世的慨叹，当她后来被无情的命运枷锁束缚时，留给我们更多的是无奈和同情。

《红楼梦》的诗词风格在雅俗之间找到了巧妙的平衡，既有文人雅士的高雅趣味，又有底层生活的真实再现。这种雅俗融合的诗词风格，不仅增强了作品的艺术感染力，也使人物形象更加立体、生动。

 迁移与小试

《儒林外史》是一部描绘清朝士林百态的讽刺小说，作者吴敬梓以其独特的笔触展现了雅人与俗人的鲜明对比，揭示了当时社会的种种矛盾和荒谬。雅与俗的划分，不仅是文化层次的差异，更是精神境界的高下之别。

在《儒林外史》的世界里，那些追求高雅情趣、坚守道德准则的读书人无疑是雅的代表。他们或才华横溢，或品德高尚，往往在精神层面超越了物质的束缚，展现出一种超然脱俗的风采。比如杜少卿，他的形象体现了吴敬梓对理想人格的向往。他辞官不做，带着金杯携夫人游清凉山，这份洒脱与不羁，正是雅人精神的体现。而庄征君夫妇、虞博士夫妇的生活，也充满了和谐与高雅，他们共享知识的乐趣，彼此尊重，展现出了一种理想的婚姻状态。

俗人则是那些沉迷于功名富贵、缺乏精神追求的众生。他们或追逐名利，或附庸风雅，表面上看似风光无限，实则内心空虚，丧失了真正的文化内涵。小说中，盐商富而奢华，却要附庸风雅，他们虽有财富，却不懂得如何真正欣赏和创造美，只能通过外在的装饰来掩盖内心的空虚。而那些热衷于科举考试、渴望通过仕途改变命运的士子，如马二先生、辛东之、金寓刘等，他们往往为了功名而失去了自我，甚至沦落到被俗人嘲笑的地步。

雅与俗的反差，不仅仅体现在人的行为举止上，更在于他们对待生活的态度和价值观的不同。雅人追求的是精神上的满足和内心的宁静，他们能够在平凡中发现美好，在逆境中保持乐观。俗人则往往被物质驱动，容易迷失在功名利禄的追逐中，忽视了生命中更为重要的东西。《儒林外史》通过对这两种人的对比描写，表达了作者对于理想社会和理想人格的向往，同时也警示世人，真正的雅人应当是精神上的贵族，而非仅仅停留在表面的华丽。

在阅读《儒林外史》后，在了解吴敬梓通过雅与俗的反差揭示人性本质的基础上，请你谈一谈什么是真正的雅。你会追求什么样的生活方式呢？

第五节 美与丑

在现实生活中，你是用什么标准来评判美与丑的呢？在《红楼梦》中，凸显了美与丑的辩证关系。

曹雪芹的"美丑观"深受中国古代美学思想的影响。老子在《道德经》中指出："天下皆知美之为美，斯恶已；皆知善之为善，斯不善已。"可见，美与丑、善与恶是相互依存的。这种朴素的辩证法无疑对曹雪芹产生了深远的影响。

在曹雪芹的笔下，美中带有丑，丑中亦包含美，这是人物形象真实生动的关键。例如，在《红楼梦》中，史湘云是一个非常美丽的人物，但她有一个突出的缺点——咬舌。正是这个缺点，使得她的形象更加真实可信。

《红楼梦》中，美人有"一陋处"，这不仅不会破坏美，反而能强化美的存在。如果丑的部分占据主导地位，那么整个形象就会变丑。因此，美与丑必须在一定的比例和对比中存在，这样才能达到审美上的和谐。

此外，书中美与丑的对比使得小说更具现实感和批判性。比如，马道婆这一人物，她的丑恶行径不仅揭示了社会的黑暗面，也反衬了贾母等人的善良和无知。这种对比使得小说更具现实感和批判性。例如，《红楼梦》中贾雨村的话："天地生人，除大仁大恶两种。……置之于万万人中，其聪俊灵秀之气，则在万万人之上；其乖僻邪谬不近人情之态，又在万万人之下。"这说明，人物的美学特征是亦美亦丑的，而不是绝对的美或丑。

 思考与联想

在《红楼梦》中，贾宝玉为何会说女儿们在未出嫁之前是无价的宝珠，一旦出嫁之后就会变成鱼眼睛了？这背后反映了什么样的社会现实？你认为是什么原因导致了"宝珠"变成了"鱼眼睛"？如果让你设计一个故事结局，你会怎样帮助这些"宝珠"保持光彩，避免变成"鱼眼睛"？

 究底与寻根

在《红楼梦》中，曹雪芹运用了美丑既对立又统一的美学原则，塑造了丰富立体的人物形象。美与丑在对比中显现，在特定条件下甚至可以相互转化，彼此依存、对照和衬托。通过这种艺术手法，《红楼梦》不仅展现了人物性格的多样性，还创造了独特的艺术魅力和美感效应。

一、以丑衬美

以丑衬美，这一美学原则在《红楼梦》中被运用得淋漓尽致，如同精心布置的园林，丑陋之处反而凸显了周围美景的绝妙。书中人物，无论主仆，都巧妙地镶嵌在这张美丑交错的织锦之中，彼此映衬，相得益彰。

尤氏姐妹的故事，便是以丑衬美的绝佳例证。尤二姐，身处封建大家族的边缘，忍受着无尽的屈辱与压迫，最终走向悲剧的结局，她的懦弱与无奈，与妹妹尤三姐形成了鲜明的对比。尤三姐，一个敢于反抗命运，拥有强烈自尊心与自由精神的女性，她的刚烈与勇敢，在姐姐的衬托下显得更加耀眼夺目。正如黑夜中的明星，越是黑暗，光芒越是璀璨。

再看贾宝玉与贾环这对亲兄弟，一个如诗如画，一个猥琐不堪，两人的形象形成鲜明的对照。贾环的狭隘与阴暗不仅没有遮蔽宝玉的光芒，反而让宝玉更加耀眼。在第二十八回的饮酒赋诗场景中，贾宝玉的才情与薛蟠的粗鄙形成鲜明对比，宝玉的酒令温柔缠绵，充满了对林黛玉的深情厚谊，而薛蟠的酒令则是语言粗俗、技巧拙劣。这种对比，让宝玉的"诚"与"美"更加凸显，美质越发纯净。

连下人也不例外，袭人与晴雯，一个是温婉顺从的典范，另一个则是直率叛逆的化身。袭人在遭受宝玉无端踢了一脚后，仍能忍辱负重，继续劝导宝玉遵循认定的正统思想，她的奴性和冷漠，与晴雯的抗争精神形成鲜明对比。晴雯在被宝玉责骂后，非但没有屈服，反而反唇相讥，甚至上演了"撕扇子作千金一笑"的戏码，这份敢爱敢恨的个性，与袭人的委曲求全相比显得更加光彩照人。

这些以丑衬美的手法，不仅仅是简单的对比，它们赋予了《红楼梦》中的人物更加鲜活的生命力。丑的存在，使得美好更加真实可感，也更加珍贵。它教会我们，真正的美往往不是孤立存在的，而是与周围的环境相互作用、相互成就的结果。在《红楼梦》的浩瀚世界里，美与丑的对比，如同日月星辰，共同照亮了人性的天空，让我们看到了复杂而真实的人性光辉。

二、以"陋"衬美

曹雪芹描写人物并不会一味追求外表的完美无瑕，而是匠心独具地在每个角色身上嵌入了一两处"陋处"，这些看似瑕疵的部分，恰恰成了人物性格中最独特、最吸引人的闪光点。林黛玉，这位"弱美人"，总是有"两靥之愁，一身之病"，她的病态美，如同雨后的花朵，更添了几分楚楚可怜的韵味。贾宝玉，这位"神采飘逸，秀色夺人"的美男子，却也有着"行为偏僻性乖张"的特质，他的"情痴"和偶尔的疯疯傻傻，让这位翩翩公子多了一份人间烟火的气息。

而"金陵十二钗"之一的史湘云，虽容貌俏丽，却有着"咬舌"的陋处，"爱""厄"的音发不清，这不仅没有影响她的风采，反而让她显得更加俏皮可爱，多了一份率真与自然。香菱的"呆"，鸳鸯脸上的雀斑，这些看似不完美的特征，如同大自然中不经意间的瑕疵，却恰恰是构成她们独特魅力的重要元素。

脂砚斋曾精辟地指出："可笑近之野史中，满纸羞花闭月，莺啼燕语，殊不知真正

美人方有一陋处。"这句话道出了美与丑之间二元互补的辩证关系，揭示了美丑对照的独特的审美规律。真正的美，并非绝对的无瑕，而是能在缺陷中寻找到与众不同的个性和生命的力量。这些"陋处"，让《红楼梦》中的人物不再仅仅是平面的画像，而是拥有了自己的呼吸、心跳和灵魂，变得更加鲜活、动人。

正如世间万物，没有绝对的完美，真正的美丽往往蕴含在那些不完美之中。《红楼梦》中的人物，正因为有了这些"陋处"，才使得他们更贴近生活的真实，更富有个性的质感。这些看似微不足道的"陋处"，实则是曹雪芹赋予人物的独特印记，是他们个性的彰显，也是他们生命力的象征。在《红楼梦》的宏大叙事中，这些"陋处"如同点睛之笔，让每一位角色都散发出属于自己的光芒，共同绘就了一幅幅丰富多彩、感人至深的人性画卷。

三、丑中见美

《红楼梦》中，美与丑的辩证关系不仅仅体现在静态的对比之中，更是动态地交织在人物性格的形成与发展过程中。曹雪芹巧妙地运用"丑中见美"的艺术手法，让读者在看似丑陋的外表或行为之下，发现人物内心深处的美德与光辉，这种手法既丰富了人物形象，也深化了作品的主题，展现了一种超越表面的深刻美。

刘姥姥——这位从乡村走进繁华荣国府的老妪，初次登场时便以一副装疯卖傻的模样逗乐众人，她的"愚"与"傻"看似滑稽可笑，实则隐藏着智慧与善良。在贾府逐渐没落之际，她不仅接受了凤姐的托付，照顾巧姐儿，还在危难时刻挺身而出，帮助巧姐儿和平儿躲避灾祸，甚至促成巧姐儿的美好姻缘。刘姥姥的这份坚韧与善心，在她外表的"丑"中绽放出耀眼的光芒，展现了人性中最为宝贵的一面。

史湘云——这位性格豪爽、不拘小节的女子，她的"醉态"在《红楼梦》中被描绘得淋漓尽致。在第六十二回中，湘云醉卧芍药裀，满头满衣襟的花瓣，这般放纵散漫的醉态，乍一看或许有些不雅，但在这种"丑"态中，却能感受到湘云那份天真烂漫、豪爽乐观的性格美。她的醉态，如同夏日里一场突如其来的暴雨，虽短暂却充满生机，展现出湘云不畏世俗束缚、保持真我的可贵品质。

尤三姐——这位生活在社会底层的女子，她的醉态则充满了悲愤与无奈。在第六十五回中，尤三姐面对生活的压迫和不公，选择以醉酒的方式表达内心的痛苦和反抗。她那放浪不羁的醉态，虽然在外表上显得丑陋不堪，却揭示了她内心深处的苦闷和不甘沉沦的自尊。尤三姐的醉态，是对那些玩弄女性情感的公子哥儿的无声抗议，是她内心深处"出淤泥而不染"的内在美的体现。

在《红楼梦》中，即使是那些被视为"完美"的人物，在特定情境下，也会显露出外表上的"丑"。例如，林黛玉得知宝玉将娶宝钗的消息时，她的疯态傻相，虽然在外表上显得凄惨丑陋，但这恰恰映射出她对爱情和自由的执着追求，以及对命运的无奈挣扎。同样，晴雯在被冤枉驱逐出大观园后，病弱至极，瘦如枯柴，这种外表的"丑"，却反衬出她身份卑微却心比天高的傲气，以及面对不公时的铮铮傲骨。

通过"丑中见美"的艺术手法，《红楼梦》不仅展现了人物性格的复杂性和多元性，也传达了作者对于人性深层次的探索与思考。在现实世界中，美与丑并非绝对的对立，它们常常交织在一起，共同构成了个体的真实面貌。《红楼梦》中这些"丑"态下的"美"，就如同夜空中最亮的星，指引着人们去发现人性中最温暖、最真实的光辉。在"丑"的外壳下，每个人都有可能藏着一颗美丽的心灵。

🐉 四、美中寓丑

《红楼梦》中，美与丑的辩证关系并非仅限于外表的直观对比，而是深入人物性格的深层构造，展现出一种"美中寓丑"的艺术魅力。这种手法巧妙地揭示了人物内心世界的复杂多面以及人性的阴暗角落，即便是那些外表光鲜、看似完美的人物，其内心也往往隐藏着不可告人的秘密或阴暗面。通过对这些人物"美中寓丑"的刻画，曹雪芹不仅丰富了小说的人物形象，更深化了作品的内涵，展现了人性的多维性和深度。

王熙凤——这位荣府中的"凤辣子"，在林黛玉初入府邸时便以其独特的风采吸引了众人的目光。一双丹凤三角眼、两弯柳叶吊梢眉，苗条的身材，仿佛是画中走出的佳人，美艳不可方物。然而，这绝世的美貌下却掩藏着一颗"嘴甜心苦，两面三刀"的心。王熙凤的心机深沉、手腕狠辣、利欲熏心，她表面上笑容可掬，实则在背后布下重重陷阱，让那些轻信她的人落入圈套。她的"美"与"丑"形成鲜明对比，最终也因为机关算尽而落得个众叛亲离、凄凉收场的命运。王熙凤的形象，是"美中寓丑"的典型代表，展现了人性中的贪婪与虚伪。

薛宝钗——作为《红楼梦》中的另一重要女性角色，她不仅拥有美的青春和外貌，更有端庄自重、安分随时的品性，被誉为"冷美人"。然而，这份"冷"并非仅仅是性格上的冷静，有时甚至达到了冷漠无情的地步。宝钗对待金钏投井、尤三姐自杀、柳湘莲出家等一系列人间悲剧的态度，显示出她内心深处的冷漠与疏离。尤其当宝玉挨打卧床时，她送去的不是温情的安慰，而是一颗冷冰冰的"冷香丸"，并以此规劝宝玉。这种看似温和实则冷漠的态度，让人不禁感到寒心。宝钗的"美中寓丑"，在于她那颗隐藏在温婉外表下的冷漠之心，反映出人性中的复杂性和矛盾性。

"美中寓丑"的艺术手法不仅局限于反面人物，它同样适用于那些"圆形人物"的塑造。通过这种手法，曹雪芹揭示了人性的多面性，让读者看到，即便是在那些看似完美无瑕的外表下，也可能隐藏着阴暗与丑陋。这种对比，不仅增加了人物的立体感，也让作品更加贴近真实的人生，反映了人性的多样性和复杂性。

在《红楼梦》这部文学巨著中，曹雪芹以其敏锐的洞察力和深邃的思想，创造性地提出了"女清男浊"的独特审美观，将女性塑造成纯洁的美的象征，而男性则往往被描绘成污浊、庸俗的丑的存在。这种观念不仅植根于作者个人的情感体验，也深深植根于明清社会文化土壤之中，是对当时社会现实的一种深刻反思与批判。

曹雪芹借由小说中的人物贾宝玉之口，表达了他对女性美的理想化追求。在宝玉眼中，女性是水做的骨肉，清澈透明，承载着天地间的灵秀与精华，是自然界的美好与纯净的化身。相反，男性则被贬为泥做的骨肉，沾染了世俗的尘埃与腐败，象征着社会的阴暗与道德的堕落。这种强烈的对比，不仅仅停留在性别层面，更深层次地触及了对人性本质的探讨。

"女清男浊"的观念，体现了曹雪芹对于理想社会与个人品德的向往。在他看来，女性之所以能够保持心灵的纯净与人格的高洁，是因为她们远离了官场的尔虞我诈和世俗的功利熏心，避免了封建社会体制下男性所遭受的道德与思想污染。因此，女性成了男性文人理想的寄托，是他们精神世界中的一片净土。

在《红楼梦》中，这种观念得到了充分的体现。小说中的女性角色，无论是林黛玉的敏感脆弱、薛宝钗的端庄贤淑，还是晴雯的刚烈忠诚，都被赋予了丰富的个性和深刻的情感，她们在故事中展现出来的智慧、才华和美德，远远超过了男性角色。而男性，诸如贾赦、贾珍、贾琏、贾蓉等人，多被描绘为"皮肤滥淫"的蠢物，他们或是沉迷于权势与欲望，或是被金钱与地位奴役，丧失了人性中最宝贵的纯净与良知。

曹雪芹通过"女清男浊"的视角，不仅批评了封建社会的腐朽与不公，也传达了对人性纯洁与高尚的向往。他将"洁"作为评价女性的重要标准，认为女性的美丽不仅仅是外貌上的，更重要的是心灵上的纯净无瑕。这种"纯净论"超越了传统的美德观念，赋予了女性更高的审美价值与文化地位，使她们在小说中不仅具有了生命的质感，更拥有了精神的光芒。

然而，《红楼梦》中的"女清男浊"并不是简单的性别对立，而是对社会现实的一种深刻揭示。一旦女性嫁为人妻，融入男性主导的世界，她们的"清洁"就可能受到侵蚀。正如宝玉所感叹的那样，女性的纯净与美好在婚姻和社会的重压下逐渐消逝，如同珍珠失去了光泽，最终变成鱼眼般黯淡无光。

在曹雪芹笔下，这种性别差异的描绘，既是对封建社会男女不平等的控诉，也是对人性复杂性的深刻洞见。他通过宝玉的眼睛，让我们看到了一个充满矛盾与冲突的世界，一个在"美"与"丑"之间挣扎的社会。《红楼梦》因此不仅仅是一部爱情悲剧，更是一部关于人性、道德与社会的深刻剖析。它以细腻的笔触勾勒出了一个时代的灵魂，成为后世研究中国古典文学不可或缺的经典之作。

在雨果的巨著《巴黎圣母院》中，美丑对照原则被淋漓尽致地展现出来。这

一原则不仅仅是表面的视觉冲击，更是深层次的人性探索。

雨果在《〈克伦威尔〉序言》中首次提出美丑对照原则，他认为美与丑、崇高与滑稽、优美与丑怪之间并非水火不容，而是相辅相成，彼此映照。这一美学理念在《巴黎圣母院》中得到了生动的实践，小说中的角色仿佛是这一原则的活生生注脚。

首先，人物自身的对比构成了小说的骨架。爱斯梅拉达，这个吉卜赛舞女，拥有着令人倾倒的美貌和纯洁善良的心灵，她如同春天绽放的花朵，不仅吸引着每一个路过的目光，更以她的仁慈与勇敢触动了无数人的心弦。与之形成鲜明对比的是卡西莫多，外表丑陋至极，被世人嫌弃，却怀揣着一颗金子般的心。他的忠诚与牺牲，尤其是在爱斯梅拉达最需要帮助时伸出援手，让读者看到了超越外表的内在美，证明了真正的美来自灵魂深处。

然而，美丑的对照并非只存在于外表与内心的反差，更体现在人物与人物之间的互动中。爱斯梅拉达与卡西莫多的关系，是美与丑的极致碰撞。卡西莫多的丑陋在爱斯梅拉达的美丽面前似乎更加显著，但这恰恰衬托出了他内心世界的光辉。爱斯梅拉达的善良激发了卡西莫多内心深处的温柔，两者的相遇仿佛是黑暗中的一束光，照亮了彼此的生命。

与此同时，爱斯梅拉达与克洛德的对比，则揭示了善与恶的较量。克洛德，这位外表庄严的副主教，内心却充斥着扭曲的欲望，他对爱斯梅拉达的追求最终演变成了致命的痴迷。他的所作所为，不仅毁灭了爱斯梅拉达，也彻底暴露了人性中最阴暗的一面。

弗比斯与爱斯梅拉达的故事则是一场关于爱情的讽刺剧。弗比斯的英俊外表下藏着一颗轻浮、自私的心，他对待爱斯梅拉达的态度就像是对待一件玩物，毫无责任感可言。与爱斯梅拉达的忠贞不渝形成鲜明对比，弗比斯的背叛和无情揭示了人性中的虚假与伪善。

此外，爱斯梅拉达与甘果瓦、克洛德与卡西莫多以及克洛德与弗比斯之间的对比，同样展现了人性的复杂与多面性。甘果瓦的忘恩负义、克洛德的堕落以及弗比斯的肤浅，都在与爱斯梅拉达和卡西莫多的高尚情操对比之下，显得尤为刺眼。

《巴黎圣母院》中的美丑对照原则，不仅是对人物外在形态与内在品质的深刻剖析，更是对人性善恶、真假、美丑的全面探讨。雨果巧妙地运用这一原则，将极美与极丑、极善与极恶紧密交织，构建了一个错综复杂、情感丰富的人物群像，引领读者在善与恶、真与假、美与丑的交织中，领略人性的光辉与阴影，体验一场心灵的洗礼。

你阅读的其他文学作品，有运用"美丑对照原则"的吗？请具体分析一下其是如何运用的。

第六节　侠与黠

你平时喜欢读武侠小说吗？能说出哪些侠士的名字？在《红楼梦》中就有很多具有侠义精神的人。在曹雪芹的笔下，侠义与狡黠不再是江湖上的恩仇诡计，而是渗透进日常生活的细微之处，成为人性光辉的体现，展现了不同于传统武侠叙事的全新风貌。

《红楼梦》中的侠义人物，如"醉金刚"倪二、"冷二郎"柳湘莲和"黑炭头"包勇，还有村妇刘姥姥，他们的形象与作为，虽不脱传统侠义文学的影子，却也展现出了一种更为贴近现实、更为复杂的人性。倪二虽是个泼皮，却能轻财尚义，他的侠义之举在于关键时刻伸出援手，帮助陷入困境的贾芸；柳湘莲，这位出身世家的美少年，不仅外貌出众，更有古侠士之风，他的一把鸳鸯剑，既是防身之物，也是爱情与理想的象征，最终因情伤而遁入空门；包勇，这位甄家的仆人，忠心耿耿，在贾府风雨飘摇之际挺身而出，以一己之力捍卫家园，虽未获主子的嘉奖，其忠义之心却令人动容。而刘姥姥则在危难之际挺身而出，解救巧姐。这些侠义人物，不同于传统文学中那些以行侠仗义为毕生追求的英雄，他们更多的是生活中的普通人，有着自己的生活轨迹和世俗牵绊。他们的侠义行为，往往是在特定情境下的自然流露，而非刻意为之。倪二的放债吃利、柳湘莲的豪门串戏、包勇的奴性思想，这些世俗生活的痕迹，使得他们的侠义更加真实可信，也更加贴近普通人的生活体验。

刘姥姥救巧姐

除了这些路见不平、拔刀相助的侠义人物，在贾府这个庞大而复杂的家族中还有狡诈多计的赵姨娘，还有众多处于权力边缘，却善于利用各种手段谋取私利的仆人和妾室。这些奸黠小人的形象，不仅增加了故事的戏剧性，也让读者得以窥见封建社会下层人物的生存状态和心理活动。王熙凤无疑是《红楼梦》中最具代表性的奸黠女性。她聪明伶俐、手腕高明，凭借自己的智慧和手腕，在贾府中掌握着大权。王熙凤擅长利用自己的权力，对下人严苛，对上层则巧言令色，她的每一次算计都显得那么精准而毒辣，让人不得不佩服她的手腕。然而，她的聪明却也让她陷入了孤独和恐惧，最终因过度劳累和心机过重而病逝，留给读者深刻的反思。而赵姨娘是另一个典型的奸黠形象。她是贾政的妾室，地位低下，却野心勃勃。赵姨娘总是试图通过各种手段提高自己和儿子的地位，她嫉妒王夫人和宝玉，暗中与王熙凤争斗，甚至不惜伤害无辜。她的奸黠不仅体现在对权力的渴望，更在于她对人性弱点的利用，她的存在揭示了底层人物在封建家族体系中的挣扎和无奈。

此外，还有众多仆人，如周瑞家的、王善保家的等，他们虽然地位低微，却懂得如何在复杂的家族关系中生存。他们常常利用主人之间的矛盾，或是挑拨是非，或是从中渔利，展现出了小人物的生存智慧。这些仆人地位虽不如王熙凤那样显赫，但他们的心机和手腕同样不可小觑，他们对贾府的内部运作产生了不小的影响。

值得注意的是，《红楼梦》并没有简单地将这些人物刻画成绝对的恶人，而是通过细腻的心理描写，展现了他们背后的无奈和悲哀。王熙凤的精明背后是孤独和不安，赵姨娘的嫉妒背后是对地位提升的渴望，仆人们的狡黠背后是生存的压力。这种多层次的刻画，让读者能够理解这些人物行为的动机，同时也感受到作者对于人性复杂性的深刻洞察。

在《红楼梦》中，从高贵的公子小姐到卑微的仆人，每个人都有自己的故事。在贾府这个大家族里，有这样一类人，他们或许不是武功盖世的大侠，却能在关键时刻挺身而出，展示出一种超乎寻常的勇气和正义感。然而，在贾府的另一端，还有一类人物，他们同样需要勇气，但这种勇气不是用来对抗外敌，而是用来应对内心的恐惧和外界的压迫的。你认为，在现实生活中，面对困境时，哪种勇气更为重要？

《红楼梦》的瑰丽世界里，侠与黠如同两条交织的丝线，织就了一幅幅令人回味无穷的人性画卷。侠，代表着那些在繁华背后，以一腔热血和铮铮铁骨，守护着道义与真情的英雄；黠，则是善于利用各种手段谋取私利，在复杂的人际网中游刃有余的小人。它们相互辉映，共同构建了一个立体丰满的人物群像。

一、柳湘莲的侠肝义胆

柳湘莲的出身，便注定了他与常人不同的命运。他是一位世家子弟，原本应该遵循着士族的轨迹，步入仕途或沉醉于诗词歌赋之中。然而，他却选择了与常人迥异的道路，他平时喜欢耍枪舞剑、吃酒赌博、吹笛弹筝。这些看似不务正业的行为，实则是他性格中自由不羁的体现，正如古人云："游侠儿，多豪情。"他的生活方式，虽与传统儒家理想格格不入，却恰恰彰显了他那不拘一格、洒脱自在的侠者风范。

柳湘莲的侠义，并非仅仅停留在表面上的行侠仗义，而是深深植根于他的人格之中。他对待友情的忠信、对待感情的执着以及对待不公的反抗，无不体现出他那颗赤诚之心。他为秦钟修缮坟墓，准备寒食节的祭品，这份对逝去朋友的深情厚意，让人感叹于他那超越物质、珍视情义的侠者情怀。而他对薛蟠的教训，更是直接展现了他疾恶如仇的一面。面对薛蟠的挑逗侮辱，柳湘莲毫不留情，不仅让他吃了苦头，还救他于危难之中，这份既惩罚恶行又不失宽容的举动，完美诠释了侠义的真谛——惩恶扬善，不计前嫌。

然而，柳湘莲的侠义之旅并非一帆风顺，他的情感世界充满了曲折与痛苦。尤三姐的悲剧，成了他生命中难以抹去的伤痕。尤三姐因他悔婚而自杀，柳湘莲因此看破红尘，遁入空门。这份情感的纠葛，让他从一位热血侠士，转变成了一位悲情的遁世者。他的选择，虽让人惋惜，却也让人深思——侠义之路，不仅仅是刀光剑影与豪情壮志，它同样承载着人性的脆弱与情感的重量。

柳湘莲的佩剑，更是他侠义形象中不可或缺的一部分。鸳鸯剑，一对镌刻着"鸳""鸯"二字的宝剑，不仅是他防身的利器，更象征着他与尤三姐之间未了的情缘。这对剑，见证了他们之间纯洁而短暂的爱情，也映射出柳湘莲内心深处的柔情与哀伤。尤三姐用雌剑自尽，柳湘莲则携雄剑遁世，这两把合体又分离的剑，恰如他们无法圆满的爱情，让人唏嘘不已。

柳湘莲的侠义形象，不仅包含了传统侠客的勇武与正义，更融合了对友情的珍视、对爱情的执着以及对命运的抗争。他的一生，是侠义与情感交织的传奇，让人在赞叹之余，也感慨于人生的无常与复杂。

🐉 二、狡黠的赵姨娘

在《红楼梦》中，赵姨娘是一个不容忽视的角色，她的形象不似黛玉的清高、宝钗的温婉或是凤姐的泼辣，而是以一种狡黠的特质在贾府的风云变幻中占据了一席之地。赵姨娘，贾政的小妾、探春和贾环的母亲，她的一生仿佛是一场精心布局的棋局，每一步都充满了算计与心机。

赵姨娘的狡黠，首先体现在她对身份地位的不甘与追求上。作为小妾，她身处封建社会的夹缝之中，既非主子的高贵，也非奴仆的低贱，这种尴尬的地位激发了她的野心。她懂得利用自己的几分姿色，加之些许聪明，成功吸引了贾政的注意，从而稳固了自己的地位。她与贾政的每一次接触，都像是在执行一项精密的计划，每一个微笑、每一句言辞，都在精心计算，以求最大化地巩固自己的地位，保障自己和孩子的未来。

其次，赵姨娘的狡黠表现在她处理人际关系的手段上。她知道如何在复杂的贾府中游刃有余，利用各种矛盾为己所用。例如，在第二十五回中，赵姨娘勾结马道婆，企图通过魇魔法害宝玉和王熙凤，这一举动既是对权力的觊觎，也是对敌人的报复。她深谙人心，利用马道婆贪婪的弱点，达成自己的目的，即便最终阴谋败露，她也已展示了自己深藏不露的手段。

再如，在第五十五回中，赵姨娘在探春代理家务期间，企图借弟弟赵国基去世的机会，谋求更多的利益。她让探春帮忙增加丧葬费用，但遭到拒绝，于是恼羞成怒，公然挑战探春的权威。这种行为看似鲁莽，实则背后隐藏着赵姨娘对探春能力的低估和对自身利益的过分追求，她希望通过闹事来迫使探春妥协，从而显示自己的力量，但这反而暴露了她的短视和愚蠢。

此外，赵姨娘的狡黠还体现在她对子女的偏袒与溺爱上，尤其是在对待贾环时。她不惜一切代价维护贾环，哪怕牺牲他人利益。第三十三回中，贾环诬告宝玉，引发宝玉挨打的事件，背后就有赵姨娘的推波助澜。她利用贾环的无知和嫉妒，引导他做出伤害宝玉的事情，以此削弱宝玉在贾府的地位，为贾环争取更多的关注和资源。这种母爱，已经扭曲成了对权力的渴望和对利益的盲目追求。

然而，赵姨娘的狡黠终究是有限的，她缺乏长远的眼光和深沉的智慧。她的每一次算计，虽能在短期内取得一定的成效，但最终都因缺乏道德底线和人情味而败露，导致自己在贾府日益被孤立。她的狡黠，如同一把"双刃剑"，既帮她获得了短暂的利益，也让她在贾府的权力斗争中逐渐失去人心，最终成为孤家寡人。

《姽（guǐ）婳（huà）词》组诗刻画了林四娘这位奇女子。她的故事以一种

迥异于大观园女儿们温婉柔情的独特英姿，震撼着每一位读者的心灵。不同于王熙凤的刚毅果决，亦非黛玉的弱柳扶风，林四娘的美是豪迈的，是战场上的飒爽英姿，是剑光闪烁下的巾帼不让须眉：

"号令秦姬驱赵女，艳李秾桃临战场。"这一句描绘了林四娘指挥若定的场面，她不仅是一位出色的军事领袖，更是一个能够激发士兵斗志的女英雄。她的存在，如同战场上的明灯，照亮了前行的道路，也点燃了士卒心中的勇气与热血。

林四娘"不系明珠系宝刀"，这不仅是对传统女性角色的颠覆，更是对侠义精神的诠释。在那个时代，女性往往被视为柔弱的代名词，而林四娘则以实际行动证明，女性同样可以拥有坚忍不拔的意志和舍生忘死的勇气。她的形象，如同古代传说中的樊梨花，集美貌与武艺于一身，成了一个令人向往的侠女典范。

林四娘的勇敢，不仅仅体现在战场之上，更在于她对知己的忠诚与坚持。当恒王遇难，众臣欲弃城投降之时，她选择了挺身而出，誓死捍卫那份珍贵的情谊。这种忠于知己的精神，超越了狭隘的君臣之义，彰显了一种更为纯粹的人际关系——"真"。在林四娘的世界里，没有世俗的束缚，只有侠者内心的自由与坦荡。

《姽婳词》中的林四娘与《红楼梦》中其他女性角色形成了鲜明对比，她展现出女性力量的另一面。她的形象，是对古代侠义小说中侠者精神的传承与发扬，既有展昭般的英勇无畏，也有黄天霸的豪情万丈。但更重要的是，她身上所散发出的那种对"真"的追求，对友情与忠诚的坚守，使她成了一个跨越时空、触动人心的传奇人物。

 迁移与小试

聂隐娘是唐代裴铏所著《传奇》中的人物，她是一位武艺高强、性格独立的女侠，她的出现打破了传统女性的柔弱形象，展现了一种超越性别限制的力量与智慧。她不仅能够剪纸成驴，施展道术，更能在刀光剑影中穿梭自如，宛如幽灵般不可捉摸。聂隐娘的故事，不仅仅是关于武功的传奇，更是关于个人意志与命运抗争的史诗。她选择自己的人生路径，无论是自主择夫，还是在关键时刻做出的生死抉择，都彰显了她作为"侠"的独立精神和正义感。

然而，电影《刺客聂隐娘》中的聂隐娘，形象则更加立体和复杂。她不再仅仅是凌空飞行的超凡存在，而是脚踏实地、骑驴行走的日常人。她的形象更加贴近观众的想象，仿佛是从历史的画卷中走出，带着几分人间烟火的气息。电影中，聂隐娘被赋予了政治性的使命，成了一名真正的"刺客"，她的任务是刺杀意图反抗朝廷的节度使田季安，以维护中央集权。但这并非简单的黑白分明的对抗，聂隐娘的内心充满了矛盾与挣扎，她对师父的政治逻辑抱有怀疑，对人伦之情怀有悲悯。她的刺杀行动，最终超越了政治逻辑，展现了一位"刺客"内心的侠义与人性。

聂隐娘的形象转变，不仅仅是从"侠"到"刺客"的跨越，更是从古代传奇到现代叙事的转换。她不再是单一的英雄符号，而是一个承载着丰富文化内涵和复杂情感的角色。电影通过对聂隐娘形象的重塑，探讨了政治、人性与道德之间的微妙关系，展现了在权力斗争中个人的抉择与牺牲。聂隐娘的每一次犹豫、每一次迟疑，都揭示了她内心的挣扎，也反映了创作者对于传统与现代、政治与人性的深刻思考。

在电影的视觉呈现上，聂隐娘的形象与唐朝的壮丽景象相得益彰，如诗如画的场景，大气磅礴而不失细腻，仿佛让人置身于那个古老而又神秘的时代。她的每一次行动，都伴随着历史的回响；每一次剑舞，都蕴含着文化的深意。聂隐娘的形象，成了连接过去与现在、现实与想象的桥梁。她不仅仅是一位女侠，更是历史的见证者，文化的传承者。

你对"侠"有怎样的认识。请结合你阅读过的文学作品谈谈你的感受。

第七节 奸与贤

法国社会心理学家古斯塔夫·勒庞的《乌合之众》一书中有这样一段

话："有时看起来不真实的东西比真实的东西更为真实。"① 人工智能时代，数据、算法不断渗透到我们的生活，那么，面对各种媒体扑面而来的信息，面对诸多表象，面对人性的复杂与多面，我们该怎么判断真与假，又如何辨别奸与贤呢？

阅读《红楼梦》可以给我们判别这些问题提供一个突破口，曹雪芹用细腻的笔调将人性的多面性淋漓尽致地展现于我们面前，但《红楼梦》中是没有绝对的"奸"与"贤"的，他塑造的每个角色都不扁平化，每个角色都像现实生活中的我们一样，拥有着光明与阴影，美好与瑕疵。他们中既有贤良之辈，亦有奸佞之人。这样的复杂的原型人物，让《红楼梦》的世界充满了真实感，使我们从这些时刻能牵动人心的人物身上，联想到自己以及当下的生活情境，让我们可以冷静、客观、公允地思考生活中遇到的问题，融入丰富多元的生活。

 思考与联想

袭人的忠诚与细心赢得了宝玉的深深信赖，但当友情与爱情之间出现冲突，袭人又该如何选择呢？在现实生活中，我们时常会遇到类似的情况，比如朋友间的利益冲突，或是感情中不得不做出的选择。袭人的人物设定促使我们思考：在面对友情与爱情的考验时，我们是坚守内心的善良与正义，还是会被一时的利益或情绪左右？这个问题鼓励我们反思在人际关系中，如何在复杂的人性和情感中找到自己的立场，保持清醒与善良。

 究底与寻根

当我们沉浸在《红楼梦》中时，我们不仅被其华美的辞藻吸引，更被那些鲜

---

① 勒庞.乌合之众[M].杨程程，译.南京：江苏凤凰出版社，2019：10.

活人物的复杂性格打动。作者曹雪芹巧妙地将奸邪贤德等品质并存于一个人物身上，揭示了人性的多面性和深度。这种圆形人物的塑造，让我们在欣赏故事的同时，也能反观自我，思考生活中的诸多现象。

一、王熙凤

王熙凤，作为《红楼梦》中一个复杂而引人入胜的角色，她集贤与奸于一体，其形象的塑造充分展现了作者曹雪芹深厚的笔力。在《红楼梦》的广阔舞台上，王熙凤虽非传统意义上的主角，却凭借其独特魅力和重要地位，成了贯穿全书的关键人物。她不仅是故事发展的推动力，也是悲剧结局的催化剂，她体现了司马光在《资治通鉴》中所说的"才胜德谓之小人"的警示。

王熙凤的"贤"首先体现在她的管理才能和机敏口才上。她是荣国府的实际掌管者，以其过人的智慧和手腕，维系着家族庞大的日常运作。在贾府的复杂人际关系网中，她能够巧妙地周旋，利用言语的魅力赢得不同人的欢心和敬畏。无论是面对贾母的慈祥，还是下人的畏惧，王熙凤总能找到恰当的方式表达，她的言辞既能逗乐长辈也能震慑下属，展现了一种独特的社交智慧。

然而，王熙凤的"奸"则源自她对权力的滥用和个人私欲的膨胀。她不仅在贾府内部实施高压统治，还利用手中的权力谋取私利，甚至不惜牺牲他人的幸福和生命。她贪财敛财，弄权铁槛寺，草菅人命，通过各种手段为自己积累财富，甚至对亲人也不放过，显示出她道德底线的缺失。

王熙凤的悲剧在于，她的聪明才智最终变成了她的枷锁。她虽然精于算计，却未能预见自己的命运。在贾府败落之际，她所有的努力和聪明才智都变得毫无意义，最终她也难逃悲剧的宿命。

王熙凤的故事，是《红楼梦》中关于人性复杂性的深刻探讨。她并非纯粹的恶人，而是具有丰富层次的人物，既有令人钦佩的才华，也有令人痛斥的恶行。王熙凤的形象，提醒着读者，过分的聪明和权力欲望可能会导致自我毁灭，同时也反映了封建社会下女性的无奈与挣扎。

在《红楼梦》中，王熙凤如同一颗璀璨而危险的流星，照亮了故事的天空，同时也留下了深刻的教训。她的存在，使《红楼梦》不仅仅是一部爱情悲剧，更是一部关于人性、权力与道德的深刻反思。通过王熙凤这一角色，曹雪芹向世人展示了才华与品德之间的微妙平衡，以及失去这种平衡可能带来的灾难性后果。王熙凤的故事，是《红楼梦》中不可或缺的一环，也是对中国古典文学中人物塑造艺术的卓越贡献。

二、花袭人

袭人在《红楼梦》中是一个复杂而多面的人物，她的性格特质融合了"奸"与"贤"的双重面向，这种矛盾性使得她在众多丫鬟中独树一帜，成了一个引人深思的角色。在曹雪芹笔下，袭人并非单一的善恶二元对立，而是拥有着丰富的情感和复杂的动机。

花袭人

袭人的"贤"，首先体现在她对宝玉无微不至的照顾上。她几乎承担了所有的生活琐事，从穿衣梳洗到饮食起居，无不体现出她的细心与周到。她对宝玉的关怀，超越了职责的范畴，更像是母性的体现，这使得宝玉对她有着难以割舍的依赖。袭人不仅在物质生活上照顾宝玉，在精神上也给予他极大的安慰，她懂得如何抚慰宝玉的情绪，用温柔的话语化解他的烦恼，这种贤惠与慈爱，让袭人在宝玉心中占据了一个无可替代的位置。

然而，袭人的"贤"并不意味着她没有自己的私心和算计。在某些情境下，袭人展现出了"奸"的一面。例如，她与王夫人之间的关系，就显得颇为微妙。袭人深谙宫廷内院的规则，懂得如何在复杂的权力关系中保全自己，甚至提升自己的地位。她通过巧妙地向王夫人透露宝玉的一些"不宜"之事，赢得了王夫人的信任，进而巩固了自己在贾府中的地位。这种行为虽然可以理解为生存智慧，但也暴露了袭人内心深处的精明与世故，甚至是某种程度上的功利主义。

袭人对晴雯的态度，也是其"奸"与"贤"交织性格的一个体现。一方面，袭人对晴雯的才华和美貌表现出嫉妒，有时甚至会暗中使绊子；另一方面，当晴雯病重时，袭人又展现出人性中善良的一面，对晴雯表示出同情和关心。这种矛盾的行为，让人看到袭人内心的挣扎，她既有竞争者的嫉妒心理，也有女性之间天然的怜悯之情。

袭人的性格之所以如此立体，是因为她所处的环境——大观园，本身就是一个充满矛盾与冲突的小社会。在这个小世界里，每个人都在努力适应、生存，甚至试图改变自己的命运。袭人也不例外，她的"贤"与"奸"，既是对个人情感的真实流露，也是对社会现实的无奈妥协。她的一言一行，既是出于对宝玉真挚的情感，也是为了在复杂的环境中寻找自己的立足之地。

袭人的性格是《红楼梦》中诸多人物性格复杂性的一个缩影。她既是宝玉身边最贴心的侍女，也是在权力斗争中不失机智的女子。袭人的故事告诉我们，人性的多面性并不可怕，真正重要的是如何在复杂的社会关系中保持自我，同时不失善良与真诚。在袭人的身上，我们看到了一个鲜活、立体的人物形象，她的"奸"与"贤"并存，构成了《红楼梦》这部伟大作品中不可或缺的一部分。

贾雨村，这位《红楼梦》中备受争议的人物，他的故事是一段由正直到堕落的曲折旅程。

贾雨村最初是一位怀抱理想的读书人，他渴望通过科举考试改变命运，实现自己的政治理想。在困顿的日子里，他遇到了甄士隐，一位富有且淡泊名利的隐士，甄士隐不仅赏识贾雨村的才华，还慷慨资助他进京赶考。这段经历体现了贾雨村重情重义的一面，他不仅对甄士隐感激不尽，还对娇杏，一位在困境中给予他温情的女子，表现出深深的眷恋，最终迎娶她为妻，展现了他对美好情感的珍视。

然而，当贾雨村步入仕途，官场的黑暗与现实的残酷开始侵蚀他的心灵。他试图坚守清廉公正，但很快发现，在一个真假难辨的社会里，这样的理想主义者注定难以立足。他遭遇了挫折，被革职查办，这一打击让他深刻意识到，若想在官场生存，必须学会妥协。

于是，贾雨村的思想发生了质变，他放弃了儒家传统的"清正""民本"理念，转而信奉"成则王侯败则贼"的实用主义哲学。他开始变得贪婪，利用职权谋取私利，甚至不惜牺牲无辜，如在处理葫芦案时，他原本打算公正断案，但面对权势的压力，最终选择了妥协，枉法裁判。更甚者，为了讨好权贵，他设计抢夺石呆子的古扇，连贾琏和平儿都为之震惊，痛斥其为"没天理"的"野杂种"。

贾雨村的蜕变，是个人道德底线的丧失，也是封建官僚体系扭曲人性的体现。他的一生，是封建社会末世官场生态的缩影，是个人理想与现实环境激烈碰撞的结果。贾雨村的故事，不仅是个人的悲剧，更是社会制度下无数类似人物命运的写照，警示后人：即使在逆境中，也不应放弃心中的正义与良知。

贾雨村从一个满怀理想的读书人，到最终成为灵魂丑恶的官僚，其转变过程是封建社会末世官场文化与个人道德沦丧的双重作用下，人性复杂多变的真实反映。他的故事，是对那个时代社会环境和个人选择的深刻剖析，也是对后人关于权力、道德与人性思考的永恒启示。

 迁移与小试

《骆驼祥子》是老舍先生笔下的一部具有悲剧色彩的小说，讲述了一个年轻、淳朴的人力车夫——祥子，如何在旧中国社会的重重压迫下，从一个充满希望的追梦者，一步步走向堕落与绝望的悲惨命运。这部作品不仅揭露了旧社会的黑暗与不公，更深刻地探讨了个人奋斗与社会环境之间的复杂关系。

祥子的故事始于他对未来的无限憧憬。作为一个从农村来到城市的年轻人，祥子梦想通过诚实劳动，拥有一辆人力车，能够自食其力。他勤劳、坚韧，像一

头不知疲倦的骆驼，用汗水和力气编织着自己的美好生活。然而，社会的冷酷无情，却一次又一次地将他打倒在地。

第一次买车的梦想破灭于军阀混战，祥子辛辛苦苦攒下的钱和车瞬间化为乌有；第二次，钱被孙侦探诈骗，没买成车子；第三次，好不容易再次攒钱买下的车，却因为妻子虎妞的去世，被迫卖掉以支付丧葬费用。每一次打击，都像是命运对他的无情嘲笑，让他的梦想变得更加遥不可及。

虎妞，车厂老板的女儿，强势而主动，她对祥子的追求打破了祥子原本的生活轨迹。

小福子给了祥子一丝安慰，但她的家庭负担和最终的悲剧命运，让祥子从无望中走向绝望。祥子开始堕落，他失去了生活的方向，不再关心自己的尊严，成为社会的边缘人。

祥子的悲剧不仅仅是个人的悲剧，更是社会悲剧的缩影。你还能举出一部你读过的文学经典吗？谈一谈它是如何揭示人性深处的无助与挣扎的，它又带给你怎样的震撼与思考呢？

第八节　入世与出世

名著与生活

　　你去过九寨沟和都江堰旅行吗？看过纤尘不染的九寨沟的水吗？感受过湍急咆哮的岷江水流过都江堰之后竟归于澄澈宁静了吗？中国的山水，自古便是文人墨客的情感寄托，有人从中看到奔腾不息，是"入世"的象征；有人却寻得内心深处的宁静，是"出世"的意象。将目光投向《红楼梦》，不禁让人思索：这些如梦似幻的山水，又映射了小说中人物怎样的出世、入世的人生抉择？

 思考与联想

不仅是自然山水，在《红楼梦》中，贾府的种种衰败迹象也象征着"末世"的来临，预示着很多人物的"出世"选择，这与礼坏乐崩的春秋时代惊人地相似。在书中，贾宝玉"击木铎"以"振文运"的行为，被解读为"出世而入世"的象征。有学者认为贾宝玉的"击木铎"行为，与孔子著《春秋》以垂法万世有着相似之处①。你认同这一说法吗？你又是如何理解《红楼梦》中很多人物的"出世"和"入世"的行为的呢？请谈谈你的想法。

究底与寻根

漓江的渔舟唱晚，总让人想起贾府中的欢声笑语。那江面上来回穿梭的小舟，装载的不只是渔民的生计，还有他们从日复一日的忙碌中燃起的希望。就像杭州的西湖，当游人踏上断桥，荷花摇曳于风中，远处塔影如画，近处舟船荡漾，这样的山水，总让人忘却现实的纷扰。

大观园初建成时，贾宝玉带着满腔的欣喜徜徉其中。他与林黛玉、薛宝钗、探春等一众姐妹吟诗作对，日子过得怡然自得。大观园是繁华的人间天堂，犹如漓江上的炊烟和西湖上的游人。这样的山水充满温情，承载着人类的欢聚与希望。然而，大观园的美好并非脱离现实的虚幻仙境，而是深深扎根于贾府的兴盛与权势。正如那些"入世"的山水，繁华中也潜藏着现实的负担与矛盾。贾府日益衰败的命运犹如秋天的湖面，表面平静如画，深处却已涌动暗流。

与之相对的，是珠穆朗玛峰的高耸入云、梅里雪山的神秘莫测。这些无人打扰的幽静之地，仿佛为心灵开辟了一片净土。人们在此地可以忘却人世纷扰，感受自然纯粹的气息。贾宝玉的性格，天生向往这样的"出世"之境。他对仕途功名嗤之以鼻，甚至对贾府的荣辱也漠然处之。他渴望的，不是如漓江般繁忙的现实世界。然而，即便是"出世"的青城山，依然存在着偶尔飘过的云烟、流淌的小溪，这些都是自然中无法隔绝的世俗气息。贾宝玉想要彻底逃离现实，却始终

---

① 乔福锦. 入世与出世：《红楼梦》历史文化精神简论之一 [J]. 红楼梦学刊，2004（3）：20-32.

无法摆脱人际关系的牵绊。林黛玉的泪与笑，薛宝钗的深情与忍让，这一切让他无法完全放下"入世"的羁绊。

大观园也是如此。它既是"入世"的象征，有诗社、宴会、姐妹的欢聚，又像一座"出世"的桃花源，隔绝了外界的喧嚣。然而，园内的宁静无法永恒。家族兴衰的现实如秋风扫落叶，终究会被卷入世俗的洪流。贾宝玉一边流连于大观园的美好，一边又渴望摆脱其中的束缚。他的心，就如那夹在山谷之间的溪流，一半奔向喧闹的江河，一半渴望消失在山间的云雾里。

贾宝玉的人生，经历了从繁华到衰亡的转变，他的心灵轨迹，也从入世转向了出世，再从出世回到了入世。他的出世，并非对红尘的彻底放弃，而是在现实理想破灭后的无奈选择。在经历了"两次出家"后，宝玉以"出世"之身完成了"入世"之业，通过记录兴亡，试图以文字的力量唤醒人心。

宝玉出家

《红楼梦》，这部诞生于清朝"乾隆盛世"，既是"家传"，又是"国史"，它不仅是中国古代小说的巅峰之作，更是中华文化精神的深刻体现，讲述了一段关于入世与出世的哲学探索。

在《红楼梦》中，"一僧一道"作为贯穿全书的神秘角色，不仅增添了小说的奇幻色彩，更深刻反映了佛道两家思想的融合与互补。他们的形象变化多端，

时而仙风道骨，时而邋遢疯癫，这种美丑变幻正体现了佛家对尘世执着的批判，告诫世人破除对表面现象的固执，领悟生命的本质。

佛道二教虽源出异途，但在《红楼梦》中却展现出一种奇妙的和谐共生。佛教讲究戒、定、慧，强调内心的清净与觉悟，而道家倡导清心寡欲，二者在抑制欲望、追求超然物外的境界上不谋而合。《红楼梦》中，"一僧一道"共同现身，有时僧人地位略高，体现了清代佛教与道教融合互补的总体趋势，同时佛教地位略胜一筹的社会现实。这种现象背后，是佛道二教在漫长历史中互相借鉴、彼此渗透的结果。佛教传入中国初期，为适应本土文化，曾借道家思想宣传自身教义；而道教也吸收了佛教的某些理念，如南朝道士陶弘景自认佛门弟子，表明了宗教间的交融。

"一僧一道"的使命在于度化引导，他们携玉入世，见证贾宝玉等人经历红尘离合，最终携玉返归，象征着人生的觉悟之旅。甄士隐、贾宝玉等人物的命运转折，都与"一僧一道"的点化有关。甄士隐在遭遇家庭变故后，随道人飘然而去，贾宝玉则在僧人的引导下悟透红尘，决定抛却世俗，回归自性。这种救度的思想，体现了宗教对于灵魂解脱的追求，以及对生命意义的深沉思考。

尤其值得一提的是，贾宝玉与和尚关于"玉"的对话，充满了禅宗的智慧。宝玉意识到玉并非自性，执着于玉即执着于外物，而真正的解脱在于破除执着，领悟万物皆空的真理。这不仅是宝玉个人的觉醒，也象征着《红楼梦》全书对世间繁华的超越，对生命本质的洞察。

 迁移与小试

在《红楼梦》中，曹雪芹以贾宝玉的视角，展现了封建社会的末路，以及人性的光辉与阴暗。《红楼梦》不仅是一部家族兴衰史，更是一部人性的百科全书，它揭示了世态炎凉，人情冷暖，以及个体在大时代背景下的渺小与无奈。贾宝玉的出家，不仅是对红尘繁华的放弃，更是对现实世界的彻底失望，是对理想与现实之间鸿沟的深刻领悟。

《桃花扇》也是"借离合之情，写兴亡之感"，引领我们深入探索人性的

幽微与社会的复杂。故事背景设定在明朝末年，一个动荡不安的年代，外族入侵，江山易主，无数士人面对国家的覆亡，内心充满了无法言喻的苦楚与挣扎。孔尚任以历史为舞台、以文学为笔墨，描绘了一幅幅悲壮的画面。他并非单纯地记录历史，而是借由历史的框架，表达了对士人阶层人格的深刻反思。在这个过程中，主人公侯方域与李香君的爱情故事，成了承载时代悲剧的载体。他们的悲欢离合，恰似那沾染了血色的桃花扇，美丽而凄凉，映射出时代的沧桑。

《桃花扇》中的"入道"与《红楼梦》里的"出家"，表面上看似是对世俗的逃避，实则是对理想破灭后的无奈选择，是心灵深处对国仇家恨的一种超脱。孔尚任笔下的"入道"，并非皈依宗教，而是选择了隐居，如同遁入了一个精神的桃花源，远离尘嚣，静观世事。这种"入道"，是对现实无力改变后的自我救赎，是一种精神上的觉醒，也是对传统文化中士人理想与现实冲突的回应。

在入世和出世间，我们在努力寻找一种平衡，与自己、与世界达成和解，获得救赎，你能从阅读过的文学作品里找到这样的例子吗？

第五章
《红楼梦》里的象征和寄托

想象一下，当你踏入大观园，眼前便展开了一幅幅精致而又寓意深远的画面。园中的景致不仅是自然之美，更是一处处精心布置的象征符号。

当一起随主人公徜徉在这座充满诗意的花园时，你是否会注意到那凋零的花瓣，它们随风飘落，似乎在暗示着什么？或许你会联想到那位多愁善感的女子，在花落人亡的哀怨中，她以一种独特的方式告别了青春与梦想。她的每一次葬花，都是对美好逝去的一种悼念，也是对生命脆弱无常的一次深刻反思。

再往前走，你会听到一阵阵哭声与怒吼，那是园中某处发生了一场争执。这场冲突不仅是两个角色之间的矛盾激化，更是一种深层次的象征。它揭示了人性中的矛盾和挣扎。这一幕就像一面镜子，映照出整个社会的缩影，让人不得不思考其中的深层含义。

继续探索下去，你会发现，整部《红楼梦》就像一个巨大的迷宫，每一个角落都隐藏着秘密。其中的每一个场景、每一个细节背后，都蕴含着丰富的意义，是对现实世界的反映，也是对理想境界的追求。这些看似平凡的事物实则是作者寄托自己美学理想的载体。

第一节 《红楼梦》中有哪些象征之物？

名著与生活

你一定去过北京的银杏大道，也一定有过拍照打卡的经历吧。深秋的北京，银杏树叶映衬着大观园西门的红灯笼，一片绚烂中有几分寂静。这景象既展现了生命的辉煌，也隐喻着繁华过后的归于平淡。

在《红楼梦》中，大观园最初是春日盛开的锦绣，后来却渐渐落入秋风萧瑟的悲凉。北京深秋的景象，如大观园的缩影：银杏象征着繁华，而满地的落叶，辉煌一季，归于尘土，是一场无声的剧终。

当我们站在北京大观园西门，看叶片飒飒飘落，满眼金黄映着斑驳的红墙，或许会联想到《红楼梦》中那些藏在繁华与静谧之间的深刻寓意。银杏的辉煌与凋零，与小说中的象征之物如出一辙，它们以短暂的绚烂提醒我们珍惜当下。

思考与联想

《红楼梦》中的象征手法贯穿全书。曹雪芹通过物品、诗词和情节，巧妙地将人物性格、命运与小说主题融为一体。这些象征既丰富了小说的艺术内涵，也引导读者深入思考人生的无常与命运的多舛。

"通灵宝玉"是《红楼梦》象征物之一，假如它穿越时空来到我们这个时代，它会变成什么呢？或许就如手机一样伴随我们左右，与我们个人的身份和社会角色相关联，同时也是我们情感和经历的见证者。这样的物品是否也能象征着现代人在数字时代的身份认同和个人价值观呢？

尽管"象征"这个词源自西方，但曹雪芹却能以独特的方式，利用具体的物件来暗示抽象的概念或情感。这一点与西方文学中的象征手法不谋而合。

一、石头

在《红楼梦》中，石头不仅是故事的开端，更是贯穿全书的一个重要象征符号。石头是人的本原状态的一种象征，代表着原始的、未经雕琢的状态。在《红楼梦》中，那块被女娲遗弃在大荒山的顽石渴望体验人间的荣华富贵，因此被幻化为玉。这一过程象征着人从原始状态被引入社会的过程，即人的"玉化"。

石头被"玉化"的过程，实际上是人性被异化的象征。贾宝玉衔玉而生，这块玉代表着他与生俱来的特殊性，也象征着他对世俗价值观的抗拒。然而，随着故事的发展，贾宝玉经历了从纯真到逐渐被社会同化的过程，这与石头从原始状态变为美玉的过程相呼应。

故事的结尾，贾宝玉遁世出家，通灵宝玉也回归为石头，这象征着从异化状态回归原始本真状态的过程。这一回归不仅是贾宝玉个人的转变，也是对人性本质的一种追求和回归。

《红楼梦》构建了一个神话世界与现实世界的复线结构。神话世界里有"女娲补天""木石前盟""太虚幻境"等情节，而现实世界里是众姐妹与贾宝玉等人的日常生活。这两者之间有着紧密的联系，神话为现实提供了原型，而现实则是神话原型的重演。在不同的版本中，石头与贾宝玉的关系有所不同。一种说法是顽石幻化成美玉，跟随神瑛侍者下凡历练，这就是贾宝玉；另一种说法是顽石第一次转变成了神瑛侍者。无论是哪种版本，石头神话与贾宝玉的人生紧密相连，石头的"玉化"和"回归"与贾宝玉的人生经历相互映照。

关于石头的传说不仅是贾宝玉人生的起点，也是整个《红楼梦》故事虚实结合的框架。它预示了贾宝玉的命运，并为小说的主题提供了深刻的基础。石头神话的象征意义在于，它既是贾宝玉现实人生的原型，也是《红楼梦》中其他人物命运的共同象征。

🐉 二、门槛

在《红楼梦》的诸多象征手法中，"门槛"的象征意义往往被忽视，但它却在小说中扮演着一个微妙而重要的角色。

门槛是老式房屋门框下方高出地面的横木，而在《红楼梦》中，门槛不仅是建筑物的基本组成部分，更具有深刻的象征意义。

《红楼梦》中的门槛常常与人物的动作相关联，比如小丫头丰儿坐在门槛上等待、凤姐和黛玉用脚蹬着门槛等。这些描写虽然简单，却能够生动地展现出人物的性格特点和情感状态。例如，小丫头丰儿坐在门槛上等待的情景，就既表现了她对即将发生的事情的好奇心，也反映出她内心的期待与不安。

门槛

作者赋予门槛特殊的象征意义，使其不仅仅是物理意义上的门里门外的界线。例如，小红在梦中被门槛绊倒，这一情节暗示了她对现实与梦想之间难以逾越的障碍的担忧。此外，"不得出门槛子"这一表述也揭示了丫鬟们渴望摆脱封闭生活、探索外界的心态。

作者将范成大的诗句"纵有千年铁门限，终须一个土馒头"转化为两个重要的地名，一个是"铁槛寺"，一个是"馒头庵"，以此象征生死之间的界限。铁槛寺是贾府的家庙，见证了秦可卿和贾敬的身后事；而馒头庵则以其馒头形似坟墓的比喻，预示着生命的终结。这些地点的选择和描写进一步加深了门槛作为生与死界限的象征意义。

在《红楼梦》中，"槛内人"与"槛外人"成了两个重要的概念。妙玉称自己为"槛外人"，宝玉却称自己为"槛内人"。这一对比不仅反映了妙玉超脱尘世的愿望，也揭示了宝玉无法摆脱世俗束缚的现实。门槛在这里成了区分超脱与世俗、理想与现实的象征。

门槛作为界线，划分了真实与虚幻、生与死、现实与理想、俗世与世外等多个层面的世界。通过门槛这一意象，作者成功地构建了一个丰富多彩的艺术世界，同时也向读者展示了人生的复杂性和多维度性。

门槛的象征意义贯穿《红楼梦》的各个章节之中，它既是对人物性格和命运的隐喻，也是对人生哲理的深刻反思。正如小说中所展现的那样，无论是在真实世界还是在虚幻梦境，无论是在生的世界还是在死的世界，门槛都在提醒我们，生命的意义在于不断地寻找和跨越界限，从而实现自我超越。

通过门槛这一简单的物品，《红楼梦》为我们展现了一个既现实又超脱的艺术世界，让读者在欣赏故事的同时，也能够思考生命的意义和价值。《红楼梦》中门槛的象征意义远远超过了其本身的物质形态，成了连接现实与理想的桥梁。门槛这个意象为我们理解《红楼梦》提供了一个全新的思考空间。

《红楼梦》中的太虚幻境是一个充满神秘色彩的地方，它既是宝玉的一场梦境，也是一个超脱现实的理想之地。通过这场梦，曹雪芹巧妙地构建了一个富有象征意义的空间，为整部小说奠定了基调，并预示了主要人物的命运走向。

太虚幻境首先是宝玉的一个梦境，这个梦境将读者引入了一个与现实截然不同的世界。在这个梦中，宝玉遇见了警幻仙姑，她住在离恨天上、灌愁海中。这里既是梦中人情感的起源，最终也是她们情感的归宿。警幻仙姑的形象融合了中国古代文学中众多女神的特质，比如女娲、西王母等，体现了作者对女性美的理想化追求。

太虚幻境的象征意义也体现在"梦"与"真"的对立统一上。"假作真时真亦假，无为有处有还无。"大观园是太虚幻境在现实世界的真实呈现，而太虚幻境则是大观园在梦中世界的幻影。这种梦与真实世界的交织，反映了中国古典文化中的阴阳哲学，即事物之间存在着互补与对立的关系。

太虚幻境还是一个女性的世界，它代表着作者心目中女性的美好与悲剧。在这里，警幻仙姑不仅是情爱之神，她教导宝玉理解男女之情，同时也预示了大观园中女性的不幸命运。太虚幻境中的"薄命司"等设置，象征着大观园中女性无法逃脱的悲剧结局。警幻仙姑不仅美丽，而且充满了智慧和仁慈，她是宝玉的精神领袖，也是众多女性形象的缩影。

太虚幻境的入口处对联"假作真时真亦假，无为有处有还无"以及"朝啼司""夜怨司"等描述，预示了故事中不可避免的悲剧色彩。这些词语不仅是对太虚幻境的形容，也是对大观园中人物命运的暗示。警幻仙姑的出现和教导为宝玉揭示了一个关于情感和人性的真实世界，尽管宝玉未能完全领悟，但已经为后续的故事发展埋下了伏笔。

 迁移与小试

《野草》是鲁迅先生创作的一部散文诗集，它以独特的象征手法和深刻的生命哲理成了中国现代文学宝库中一颗璀璨的明珠。

《野草》中的象征手法是极其丰富的，它超越了传统寓言的范畴，展现了一种更为复杂和深邃的艺术表达。1919年，鲁迅发表的《火的冰》等作品，就尝试运用了象征主义的手法。这些作品中所蕴含的象征意象，例如"火的冰"，并非简单的比喻，而是一种更加抽象和富有哲理意味的象征。

《野草》中的象征主要有：通过自然景物和氛围构建象征世界，通过虚构与现实交织的故事传达思想，以及通过完全非现实的荒诞情节暗示作者的旨意。

在《野草》中，象征手法不仅体现在具体的篇章结构中，还渗透到了作品的每一个细节里。例如，在《墓碣文》中，鲁迅巧妙地使用了墓碑上的断断续续的文字来传达一种对于生命的反思和对于死亡的态度。这些文字既晦涩又富有深意，反映了作者对于生命意义的深刻探索。

《野草》中的象征手法增强了作品的艺术感染力，也让读者在阅读过程中获得了更多的思考空间。正如鲁迅研究专家孙玉石先生所说，《野草》给读者提供

了一个广阔的想象空间，它提醒读者不要仅停留在文字表面，而是要深入挖掘文字中蕴含的哲理和情感。这种阅读体验是对读者理解力和想象力的一种挑战，同时也是一种享受。

鲁迅通过对象征手法的创造性运用，为我们打开了一个充满哲理和想象的世界。在阅读《野草》的过程中，你是否仿佛置身于一个充满谜团和寓意的森林之中，每一步探索都能发现新的意义呢？这种独特的阅读体验，是否让你开始思考生命、人性和社会？请谈一谈你的想法。

第二节 你怎么理解"黛玉葬花"和 "宝玉挨打"的象征意义？

在美好宜人的时节，你是否和同伴踏上了一场意义非凡的研学之旅？是否和同伴参观了"红楼梦·戏剧幻城"，欣赏了《红楼梦》中的许多经典场景，仿佛穿越时空，化身为书中的角色，与那些熟悉的人物一同经历着欢笑和泪水？你是否还对"黛玉葬花"和"宝玉挨打"这两个情节记忆犹新？

思考与联想

林黛玉看到满地落花，心中涌起了无尽的哀愁，她决定把这些凋零的花朵一一捡起，为它们举行一场庄重的葬礼。如果此刻你与林黛玉生活一天，面对如此凄美的画面，你会有何感想？你觉得黛玉为什么会葬花？这一行为背后又蕴含着怎样的情感与人生观？

宝玉因为种种原因受到了父亲严厉的惩罚，这一幕惊心动魄。假设你是贾宝玉，面对如此严厉的责罚，你会有什么样的反应？你会如何理解父亲的用心？这一事件对你今后的人生会产生怎样的影响呢？

请大家闭上眼睛，试着把自己代入这两个场景，感受一下人物的心情。

 究底与寻根

"黛玉葬花"与"宝玉挨打"这两个场景不仅丰富了故事情节，加深了人物形象的塑造，更为读者提供了多层次的解读空间。

一、黛玉葬花

《红楼梦》中，大观园是一个充满青春活力和美好梦想的地方，然而随着故事的发展，这种美好逐渐显露出衰败的迹象。林黛玉葬花的行为，正是对这种无常的直观感受和无力的抗争。

林黛玉对自然界的变化极其敏感。春天万物复苏，花朵绽放，而暮春时节，花瓣飘落，黛玉目睹此景，不由得联想到自己红颜易逝的命运。作者巧妙地将自然界的生命周期与黛玉的人生轨迹相呼应，表面上是哀悼落花，实际上是对人生易逝的感慨，更是对美好事物终将消逝的无奈与悲叹。

黛玉葬花

在葬花的过程中，林黛玉吟诵了著名的《葬花吟》，这首诗以其哀婉缠绵的语言，深刻揭示了黛玉内心深处的孤独与绝望。她将自己比作即将凋零的花朵，感叹美好时光的短暂与不可挽留。这首诗不仅是对个人命运的悲叹，也是对整个大观园众姐妹命运的预示，预示着她们最终都将面临类似的悲剧结局。

在葬花的情节中，贾宝玉与林黛玉之间的互动也颇具深意。宝玉对黛玉的葬花之举深表同情，并且在听到《葬花吟》后产生了强烈的共鸣。面对黛玉的葬花行为，宝玉不禁想到将来黛玉也会像这些花一样凋零，进而联想到其他亲人乃至自己的命运，最终陷入了深深的悲伤之中。

"黛玉葬花"这一情节采用了多种手法来增强其表现力。首先是对比手法的应用，比如将黛玉葬花的哀伤与宝钗扑蝶的欢快进行对比，突出了两者截然不同的情感状态。其次是预示与暗示，通过黛玉葬花以及她所吟唱的《葬花吟》，为后续情节的发展埋下了伏笔。此外，通过对自然景物的描写，如落花、风雨等，增强了场景的氛围，使读者能够更加深刻地体会到人物内心的感受。

葬花情节不仅在情感层面触动人心，更蕴含深刻的象征意义。首先，这一情节象征着林黛玉个人的悲剧命运，预示了她最终的悲惨结局。再者，"黛玉葬花"还象征着对封建礼教束缚的反抗和对自由精神的追求。林黛玉的性格中有着一种对封建礼教束缚的不满和对自由的渴望。在葬花的过程中，她不顾封建礼教的约束，以自己的方式表达对生命的尊重和对美好的追求。这种行为在当时的社会背景下显得尤为突出，反映了林黛玉的反叛精神。

此外，"黛玉葬花"这一情节在整部《红楼梦》中还具有多层的象征意义。它不仅是林黛玉个人命运的象征，更是整个大观园乃至整个封建社会命运的象征。随着故事的发展，大观园的繁华逐渐消逝，许多美好的人物和事物都走向了衰败和消亡，这与林黛玉葬花时的哀叹形成了呼应。"黛玉葬花"成了整个小说悲剧气氛的缩影，预示了大观园的没落和封建社会的衰败。

二、宝玉挨打

《红楼梦》中的"宝玉挨打"不仅是一个情节发展过程的高潮，更是对中国古代家庭内部权力结构和性别关系的一种深刻揭示。这一事件不仅反映了宝玉个人命运的转折，也是对当时社会文化背景的一种映射。

"宝玉挨打"的直接原因看似简单，但实际上涉及了复杂的家庭内部关系和社会伦理。首先是宝玉与丫鬟金钏的关系引发的一系列事件，其次是宝玉被误解为与忠顺王府的男宠蒋玉菡有所牵连。这两件事触怒了宝玉的父亲贾政，引发了贾政对宝玉的严厉责罚。

"宝玉挨打"最深层的原因在于贾政对家族荣誉和未来的担忧。在古代中国，家族的名声和荣耀至关重要。宝玉作为贾府的继承人之一，他的行为举止直接影响到整个家族的社会地位。贾政担心宝玉的放荡行为会损害家族名誉，甚至引来更大的政治风险。在那个时代，"团体责任"的原则意味着家族成员的行为后果将由整个家族共同承担。宝玉的行为可能招致政治对手的报复，威胁到贾府的安全与稳定。

尽管表面上看，"宝玉挨打"体现了父权制的权威，但仔细分析却发现，女性在这一事件中扮演了非常关键的角色。匆匆赶来的王夫人和贾母，拼尽全力，阻止宝玉被打。王夫人在贾政面前的言辞和行动显示出她作为母亲保护儿子的决心，同时也利用了自己在家族中的地位，尤其是通过提及贾母来影响贾政的决定。贾母的到来更是直接制止了贾政的惩罚，展现了她在贾府中的绝对权威。这表明，在某些情况下，女性可以通过智慧和影响力来实现权力的反转。

"宝玉挨打"也反映了礼教与个人情感之间的冲突。宝玉的性格自由奔放，不拘泥于传统的礼教束缚，这与他父亲所期望的继承人形象大相径庭。贾政希望通过严惩宝玉来维护家族的传统价值观和礼教秩序，但这也暴露了礼教与人性之间的紧张关系。宝玉的形象象征着对传统束缚的反抗和个人自由的追求，而贾政则代表着保守势力和礼教的维护者。

"宝玉挨打"还隐含着更深层次的政治斗争。贾府与忠顺王府之间的矛盾和对立，暗示了当时复杂的政治环境。宝玉的遭遇可能被视为不同政治势力之间角力的结果，贾府的兴衰也因此与更广泛的政治变动紧密相连。

"宝玉挨打"不仅仅是对宝玉个人行为的惩罚，它还是对当时社会背景下家庭内部权力结构、性别关系、礼教观念以及政治斗争的一种深刻反映。通过这个事件，《红楼梦》不仅讲述了一个家族的故事，更是对中国传统文化和社会变迁进行了深刻的剖析。"宝玉挨打"的情节提醒我们，即使是在看似严格的等级制度之下，个人的情感和意志依然能够产生深远的影响，甚至女性在家庭和社会中所发挥的作用可以突破传统的限制。

　　"黛玉焚稿"是《红楼梦》后四十回中一个极其感人的情节，它不仅在文学上极具艺术价值，在历史文化层面也承载着丰富的象征意义。这一幕通过黛玉亲手烧毁自己的诗稿和宝玉赠予的帕子，展现了黛玉复杂的内心世界，并映射出当时社会对女性的种种限制和压抑。

　　"黛玉焚稿"的情景描绘得极为细腻动人：她颤抖着手撕扯着绢子，却无法将其撕碎，最终只能将其投入火中。这一系列动作不仅是对个人情感的释放，更是一种对于传统束缚的反抗。黛玉所焚的不仅仅是纸上的文字，更是那些无法实现的梦想和期望。她之所以这样做，部分原因是出于对宝玉的怨恨，但更深层的原因在于她对自我价值的认知和社会规范的冲突。

　　在封建社会中，女性的言行举止受到严格的限制，特别是对于像黛玉这样出身高贵的女子而言，她们的一言一行都被赋予了特定的意义。按照当时的礼法，"女子无才便是德"，女性应当专注于家务和子女教育，而非文学创作。黛玉焚稿的行为，一方面是对这种性别规范的顺从，另一方面也是对个人才华和情感的一种保护。她不愿让自己的情感和才华成为他人议论的对象，也不愿让自己的作品成为日后可能遭受非议的证据。

　　"黛玉焚稿"的情节，实际上反映了中国古代女性面临的困境。例如，唐代的孙氏认为"才思非妇人事"，清代的刘氏则说"妇人之分，专司中馈"，这些言论都强调了女性的社会角色和责任，同时也揭示了她们内心的矛盾和挣扎。黛玉焚稿的行为，正是在这种背景下的一种无奈选择。

　　然而，"黛玉焚稿"也体现了她对纯洁情感的坚持和对美好事物的向往。她不愿意自己的爱情和才华受到玷污，因此选择以最彻底的方式保留那份纯净。这种行为不仅展现了黛玉性格中高傲的一面，也体现了她对于个人尊严的坚守。在《红楼梦》这部巨著中，黛玉的形象充满了悲剧色彩，而焚稿这一举动，则像是她在绝望中寻找最后一点光明。

　　此外，"黛玉焚稿"还寄托了作者的审美理想。黛玉的形象蕴含着作者超然脱俗、洁身自好的人格理想，她的焚稿行为与葬花的情节相互呼应，进一步强化了这种理想化的形象。黛玉的形象不仅是一个虚构的人物，更是作者心中美好品质的化身。

"黛玉焚稿"这一情节不仅是《红楼梦》中的一个经典桥段，也是对中国封建社会女性命运的一种深刻反思。它以一种悲剧的方式呈现了女性在社会压力下的无奈选择和个人情感的挣扎，同时也表达了作者对于美好情感和人格理想的追求。"黛玉焚稿"的情节以其独特的艺术魅力和深刻的文化内涵，成了中国古典文学中一道不可磨灭的风景线。

迁移与小试

《边城》是沈从文先生的一部经典之作，小说通过对湘西边陲小镇上人们生活的细腻描绘，展现了那个时代背景下的人情世故和人生哲理。其中，河水不仅是小说的背景，更是贯穿全文的重要象征，承载着丰富的内涵。

沈从文曾明确指出，他从小生活在湘西地区，河水对他有着不可磨灭的影响，甚至可以说是他创作的源泉。在《边城》中，河水被赋予对立的象征意义：破坏与死亡、调和与生命。

河水的破坏性体现在它突如其来的洪水中，这股力量无情地摧毁了人类辛勤劳作的成果。小说中描写了河水上涨时，人们不得不带着家当攀爬梯子进入城中避难的情景，这不仅是对河水破坏力的直接呈现，也是揭示人类在自然面前的脆弱性。此外，河水与几起悲剧事件紧密相关，比如翠翠的母亲是喝了冷水去世的、天保溺水而死。这些情节强化了河水作为死亡象征的形象，进一步突出了自然力量的不可抗性。

尽管河水有时显得凶猛无情，但它同时也是滋养生命的源泉。小说中对河边生活的描写充满了温馨和宁静，河水养育了两岸的居民，给予了他们生存的基础。端午节的龙舟竞赛是这一象征意义的集中体现，人们在河水中尽情嬉戏，展现了与自然和谐相处的美好图景。河水不仅提供了物质上的丰饶，更赋予了人们精神上的愉悦和生命的活力。

《边城》展现的是一种"优美、健康、自然而又不悖乎人性的人生形式"。这种人生形式在小说中通过河水的象征意义得到了体现。河水的双重象征意义反映了人生的复杂性——既有不可避免的痛苦和失去，也有充满希望和欢乐的时刻。

让我们懂得生命的有限性，进而珍惜当下，珍视生命的美好。河水还可作为调和与生命的象征。小说中描述了河边的居民如何与河水和谐共处，享受着河水带来的丰饶。河水不仅滋养了土地，也让人们的心灵得到了慰藉。端午节期间的龙舟竞赛，是人们对河水的一种庆祝，体现了人与自然的和谐统一。人们在河水中尽情地嬉戏，享受着河水带来的欢乐，这不仅象征着生命的活力，也体现了人们在自然中寻求快乐的能力。

《边城》通过河水这一核心象征，向我们展示了人生的复杂性和多样性。河水既是破坏者，也是生命的源泉，它教会了人们如何面对生活的艰难与困苦，同时也赋予了他们继续前行的勇气。在深入阅读《边城》后，你是否能够感受到沈从文先生对人性深刻的洞察，领悟到生活中的美好与希望？请写出你的想法。

第三节 《红楼梦》中的隐喻和镜像

　　同学们，在心理课上，你的心理老师提到过奥地利心理学家西格蒙德·弗洛伊德创作的《梦的解析》吧，复杂的科学理论可能让你有些困惑；在你的生物课上，你的生物老师可能讲过梦的形成与大脑神经的关系，高深的大脑运作秘密可能让你更想了解自己；在语文课上，你的语文老师也一定讲过很多与"梦"有关的古诗词吧，如李白的《梦游天姥吟留别》，大胆的夸张和酣畅淋漓的语言一定让你无比震撼吧。在《红楼梦》中，也涉及了很多有关"梦"的内容，涉及很多关于"梦"的隐喻。隐喻与镜像交织在一起，共同构建了一个充满玄妙与哲理的美学空间。

曹雪芹巧妙地运用了"梦"的隐喻叙事，构建了一条贯穿全书的叙事线索，使得这部小说充满了神秘色彩。他还通过镜像，引导我们进入了一个充满哲理思辨的世界，让我们在欣赏作品的同时，也能静下心来思考一下人生的意义与价值。

在《红楼梦》中，贾瑞因贪恋王熙凤的美色而被赠予一面名为"风月宝鉴"的镜子。这面镜子一面能看到美丽诱人的景象，另一面则显示出恐怖的画面。贾瑞沉迷于镜中的幻象，最终病入膏肓。这一情节反映了什么深层含义？你能联想到现代社会中的哪些现象与"风月宝鉴"的寓意相似？比如网络世界中的虚假信息、社交媒体上的虚荣展示等。

在《红楼梦》中，贾宝玉在梦中遇到了"甄宝玉"，二人极为相似，通过他们的交流，宝玉得以冷静地以一个旁观者的视角来省察自己，进而重新认识自我。这一情节体现了什么主题？在成长过程中，我们如何利用外界的反馈来促进自我认知和个人成长？

究底与寻根

梦，作为一种超越现实的存在，是文学创作中重要的切入点。它既是心灵深处的映射，也是现实世界的一种变形反映。在《红楼梦》中，梦不仅仅是简单的故事情节，更是作者精心设计的隐喻叙事的重要组成部分。通过对甄士隐的梦、贾宝玉的梦、秦可卿给王熙凤托梦这三个主要梦境的分析，可以了解作者是如何通过"梦"这一元素，将小说的情节、人物的命运以及主题有机组合起来的。

在中国古代文化中，镜子被视为一种具有特殊功能的物件，它可以是宝物，拥有驱邪避凶的能力；可以是时光的见证者，让人感叹岁月的流逝；还可以是自我认知的媒介，帮助人们审视真实的内心。这些含义在《红楼梦》中得到了继承与发展，镜像成了连接现实与梦境、显现与隐秘、表象与实质的桥梁。

《红楼梦》中的镜像世界有两个层面。广义的镜像是一种抽象的概念，代表了小说中相互映照、相互影响的不同世界，如贾府与外界、现实与幻境、真实与虚构等。狭义的镜像则指具体的镜子与照镜场面，它们不仅丰富了故事情节，更在人物的心理变化与性格塑造方面起到了关键作用。

大观园内的铜镜、水镜不仅映照出人物的容貌，更反射出他们内心的波澜与命运的起伏；而书中的一场场的梦则通过隐喻的方式，暗示了故事中诸多人物的悲剧结局。这些手法不仅增强了小说的艺术表现力，还赋予了文本深层次的文化内涵与思考空间，使读者得以窥见繁华背后的空幻与人生无常的道理。

 拓展与延伸

在《红楼梦》中，林黛玉的形象如同一朵在风中摇曳的娇花，美丽而又脆弱。她的一生似乎注定与疾病相伴，而这种病，正是被文学家们"浪漫化"的肺结核。曹雪芹用诗一般的语言，将林黛玉塑造成了一个才华横溢、多愁善感的诗人，她的病，也仿佛成了她美丽形象的一部分。

宝玉与黛玉初次见面时，便被其独特的气质深深吸引。她的娇弱病态，似乎成了她魅力的一部分，正如苏珊·桑塔格所言："疾病是生命的阴面，是一种更麻烦的公民身份。"然而，在曹雪芹的笔下，林黛玉的疾病却成了她高贵身份的象征，让她的病也病得比别人美丽。

林黛玉的病，不仅是她身体上的痛楚，更是她情感世界的写照。每当她与宝玉的感情出现波折，她的病情便会随之加剧。每一次哭泣，都似乎在无声地诉说着她内心的痛苦、无奈和挣扎。她的病，仿佛成了她与宝玉爱情故事的见证者。

在一次与宝玉的争吵后，黛玉"大哭大吐"，仿佛将她所有的委屈与痛苦都倾泻而出。而当她得知宝玉要与宝钗成亲时，她的反应更是剧烈，吐血晕倒，不省人事。这种生理和心理上的剧烈波动，不仅展现了她对宝玉深深的爱恋，也预示了她悲剧性的命运。

林黛玉的病，不仅是她个人命运的象征，更是整个贾府兴衰的缩影。从概念隐喻的角度看，病域映照了命运域。她的久病不愈，似乎在暗示着贾府也已病入膏肓，最终难逃衰败没落的结局。

当林黛玉最终香消玉殒，贾府也随之被抄家，一败涂地。她的死亡，不仅是她个人生命的终结，更是贾府辉煌的终结。而她的病，也成了宝玉命运的隐喻。

黛玉的离去，让宝玉失去了他最深爱的人，最终选择了出家，结束了他尘世的纷扰。

林黛玉的一生，是一首凄美的诗。她的病，是她美丽形象的一部分，也是她命运的象征。曹雪芹用他那细腻的笔触，将林黛玉塑造成了一个既美丽又悲剧的人物。她的病，不仅让她的人生充满了戏剧性，也让她的爱情故事更加动人。

 迁移与小试

《西游记》作为中国古代四大名著之一，不仅以其丰富的想象力和独特的艺术魅力闻名于世，更是蕴含了深厚的文化内涵和人生哲理。其中，"真假美猴王"这一情节堪称经典中的经典，不仅因其紧张刺激的情节吸引着无数读者，更因其背后隐藏的深意让人回味无穷。

在"真假美猴王"这一情节中，孙悟空回到花果山时意外遇到了一个与自己几乎一模一样的存在——六耳猕猴。这个角色不仅外貌与孙悟空相同，就连说话方式、行为举止乃至性格特点都惊人地相似，仿佛是孙悟空的一面镜子，映照出了另一个自己。这种"镜像"的设定不仅是文学创作上的巧思，更蕴含着深刻的哲理。

在《西游记》中，六耳猕猴被解读为孙悟空内心深处的"心魔"，即那些潜藏在心底的负面情绪和欲望。当孙悟空因争执离开唐僧返回花果山时，这种负面情绪积累到一定程度，便幻化成了六耳猕猴。可以说，六耳猕猴的存在象征着孙悟空内心的挣扎与冲突，以及他如何面对和克服这些内在的障碍。

雅克·拉康的"镜像理论"认为，个体通过与镜像中的自我形象的认同，逐步建立起自我意识，并由此进入社会生活。在《西游记》中，孙悟空与六耳猕猴的遭遇可以看作孙悟空自我认知的一个过程。

孙悟空与六耳猕猴之间的斗争，实质上是孙悟空对自己内心世界的探索与超越。当孙悟空最终在佛祖的帮助下战胜六耳猕猴时，不仅消除了外在的威胁，更重要的是他克服了内心的疑惑和动摇，重新找回了坚定的信念。这一过程揭示了一个道理：真正的成长来自内心的修炼与净化。

《西游记》之所以能够流传千古，不仅仅是因为其精彩的故事情节和鲜明的

人物形象，更因为它深刻反映了人性的本质和社会现象。这也提醒我们在现实生活中，面对诱惑和挑战时，应当保持清醒的头脑，坚定内心的信念，不断净化心灵，最终达到精神上的升华。

阅读《西游记》后，在今后的人生旅程遇到未知与挑战时，想必你也能够认清自己的内心，勇敢面对并克服心魔，走得更远！

第四节 《红楼梦》寄托了怎样的美学理想？

平时阅读文学作品或看电影，你是欣赏悲剧还是喜剧呢？在中国文学的璀璨星河中，《红楼梦》因其深刻的悲剧美学而独树一帜。《红楼梦》所展现的悲剧并非单纯的情感宣泄或生命的消逝，而是一种深层次的认知觉醒与心灵震撼。它不仅让我们沉浸在哀伤与悲痛之中，更重要的是引领我们思考生命的意义、人性的复杂以及社会的真相。

植根于中国传统文化的沃土，其悲剧特质带着中国传统的审美文化的烙印。儒家的积极入世、道家的超然物外、佛家的慈悲为怀，这些哲学思想共同塑造了中华民族独特的审美观念。在《红楼梦》中，我们能够感受到这些思想如何影响着小说中人物的命运走向和内心世界。贾宝玉身上集合儒家的执着、道家的超然，还有佛家的顿悟。多元文化的碰撞与交融，构成了《红楼梦》深厚的文化底色。

在《红楼梦》中，悲剧的根源并不在于冥冥之中的命运安排，而在于现实社会的种种束缚与矛盾。它通过对人物内心世界的深刻挖掘和社会现实的批判性反思，展现了人性的光辉与黑暗。贾宝玉与周围人的冲突，不仅仅是个人性格的差异，更是价值观和人生观的激烈碰撞。宝玉与贾政、王夫人之间的代际矛盾，宝玉与薛宝钗、袭人之间的观念分歧，以及宝黛爱情的悲剧结局，都是由于个人理想与社会现实之间的不可调和而引发的。

这些冲突背后隐藏着对现实世界的深刻质疑和对人性本质的不懈探索。

宝玉最终独自一人的远行，是他对个人理想的坚持，也是与社会现实的彻底决裂。宝玉的离家出走，并非简单的逃避现实，而是对生命价值的深刻反思和对真善美的执着追求。在这个过程中，宝玉经历了从理想到现实、从梦幻到清醒的巨大转变，最终实现了对人生的超越。

《红楼梦》以其独特的悲剧美学，不仅展现了个体命运的悲欢离合，更揭示了社会变迁与文化冲突的大背景下，人们如何面对自己的存在状态。通过宝玉的故事，我们得以窥见一个时代的风貌，感受到一种超越时空的共鸣。在《红楼梦》的世界里，悲剧并非终结，而是启程；痛苦并非终点，而是通往觉醒之路的必经之地。在这里，每一次泪水的滑落都伴随着心灵的成长，每一次心灵的触动都预示着新的开始。

思考与联想

林黛玉聪明绝顶、才华横溢，但同时也是一个敏感脆弱的人。在贾府这样一个复杂且充满权力斗争的地方，林黛玉的性格让她成了诸多不幸事件的受害者。她与贾宝玉的爱情故事更是充满了无奈与悲伤。那么，如果林黛玉生活在今天的社会里，情况又会如何呢？

贾宝玉出身贵族，却对功名利禄毫无兴趣，对封建礼教持批判态度。在小说中，宝玉与林黛玉之间的爱情故事让人感叹不已，但最终宝玉选择了出家，远离尘世。那么，如果宝玉穿越到了今天，他又会如何选择呢？

大观园、贾宝玉、"十二金钗"等这些对象都在无可奈何中毁灭了。但是，悲剧性对于理解《红楼梦》究竟有什么帮助呢？《红楼梦》的悲剧意味有什么与众不同之处？

一、悲剧命运的普遍性

在《红楼梦》中，悲剧不仅仅是贯穿始终的主题，更是人物命运的普遍归宿。从主角贾宝玉、林黛玉的爱情悲剧，到"金陵十二钗"及众多女性角色的悲惨遭遇，乃至整个贾府的兴衰历程，无不体现了一种普遍性的悲剧意味。

首先，宝黛的爱情悲剧。曹雪芹巧妙地运用这一情节，将美与毁灭并置，展现了生命中最纯洁的感情如何在现实的残酷面前化为泡影。宝黛之间的情感纠葛不仅让读者为之动容，更揭示了个体在庞大社会结构下的无奈与悲哀。

其次，《红楼梦》中所展现的悲剧并不局限于某个特定人物或事件，而是广泛存在于几乎所有主要角色的生活轨迹之中。以"金陵十二钗"为例，无论是才华横溢的薛宝钗，还是聪明伶俐的探春，甚至是那些看似生活在荣华富贵中的女性，最终都以悲剧落幕。这些人物虽各有特色，但最终都被无情的命运吞噬，体现了作者对女性命运的深切同情与关注。

特别值得一提的是，书中的一些"反面"角色，如王熙凤、贾赦、贾琏等人，他们的命运同样充满了悲剧色彩。王熙凤精明能干，却因过于贪婪和专横而走向自我毁灭的道路。她的一系列行为，尽管出于维护家族利益的目的，却最终导致了贾府的衰败。贾赦、贾琏等人则代表了那些无所事事、只知享乐的纨绔子弟形象，他们的生活缺乏目标与意义，只能在无尽的放纵中消磨时光，最终也无法逃脱悲剧的命运。

《红楼梦》中的悲剧是相互交织、相互影响、多元立体的。贾宝玉的精神追求与现实世界的格格不入，以及整个贾府从鼎盛走向衰败的过程，是这部作品不可或缺的部分。这些悲剧线索共同构成了一个错综复杂的艺术整体，让人在品味其间的悲欢离合时，不禁反思人生的意义与价值。

《红楼梦》通过人物群像的结局，展现了悲剧的普遍性。不论是主角还是配角，是正面角色还是反面角色，他们都不可避免地被卷入悲剧的旋涡之中。这种普遍性的悲剧不仅揭示了个人命运的无常，更反映了当时社会背景下的种种局限与无奈。

二、矛盾冲突的普遍性

没有冲突是构不成悲剧的，《红楼梦》也不例外。在《红楼梦》中，这些冲突主要源自家族内部，且贯穿整个故事，构成了小说丰富的情节和深刻的主题。

《红楼梦》中的冲突普遍存在于各种人际关系中，如父子、母子（女）、婆媳、夫妻、嫡庶、兄弟、妯娌以及姑嫂之间。这些矛盾不仅反映了当时社会的阶级对立，也揭示了人性的复杂与多变。

贾政与贾宝玉父子间的矛盾。贾政代表了传统的封建家长权威，他期望宝玉能成为符合传统价值观的人才，而宝玉则追求个性自由，对仕途科举不屑一顾。这种思想上的巨大差异导致了父子间的激烈冲突，甚至出现了贾政怒打宝玉的情节。

母子之间的冲突在书中也有体现。例如，贾母与贾赦的关系并不和睦，贾赦曾借故事讽刺贾母偏心，这让贾母非常不悦。此外，探春与其生母赵姨娘之间的矛盾也是一大看点，赵姨娘的自私行为加剧了母女间的隔阂。

王熙凤与邢夫人之间的关系充满了火药味。王熙凤是荣国府的实际管理者，她与婆婆邢夫人之间的利益冲突不断，双方经常明争暗斗，邢夫人也常常寻找机会打压王熙凤。

贾琏与王熙凤这对夫妻虽然名义上结为连理，但实际上却各怀鬼胎。王熙凤聪明过人，往往能够掌握主动权，而贾琏则在婚姻中显得颇为被动，在一定程度上也反映了当时女性家庭地位的微妙变化。

嫡庶之间的矛盾。王夫人与赵姨娘之间的斗争体现了正室与姜室之间的权力较量。赵姨娘为了儿子贾环的利益，不惜使用各种卑劣手段来对付贾宝玉。

兄弟间的冲突同样显著。例如，贾赦与贾政之间的疏远，以及贾环对贾宝玉的嫉妒和陷害，这些都加剧了家族内部的分裂。

妯娌间的矛盾，尤其是邢、王二位夫人之间的矛盾。王夫人利用贾母的支持和家族势力，在荣国府内实行自己的意志，而邢夫人对此极为不满，双方之间的争执不断升级。

惜春与尤氏之间的摩擦体现了姑嫂间的关系问题，尤其是在处理家族事务时的分歧和不满。

通过这些不同层面的冲突，曹雪芹展示了封建社会下复杂的人际关系和社会矛盾。《红楼梦》通过这些冲突描绘了一个庞大而复杂的家族体系，揭示了人性的光明与阴暗，以及封建社会制度下的种种弊端。曹雪芹在《红楼梦》中描绘种种冲突时，采用了一种贴近生活的叙述手法，让这些矛盾冲突既集中又不失真实感。他并未追求那种夸张的戏剧效果或是持续的高潮迭起，而是通过"字字皆血"的细腻笔触，展现了一个个鲜活的人物和他们的命运纠葛。曹雪芹就像是一个高超的生活观察家，他以一种几乎不着痕迹的手法，揭示了那些藏匿于日常生活中的暗流与矛盾。这些冲突乍一看平淡无奇，就像我们每个人都会经历的小摩擦一样，但它们却如同慢火炖煮的汤，渐渐地汇聚成一股不可抵挡的力量，最终导致了贾府这座辉煌大厦的轰然倒塌。

三、哲学性悲剧

《红楼梦》还是一部深邃的哲学著作。它探讨了人生的无常、命运的不可抗拒以及个体在宏大的历史进程中的渺小与无奈。《红楼梦》通过一系列精心构建的情节和丰富的人物群像，向读者展现了悲剧的多维度成因，既有哲学层面的思考，也有具体的历史和社会背景。

在哲学层面，《红楼梦》探讨了一个永恒的主题——命运。无论是家族的兴衰，还是个人的爱情与婚姻，都无法摆脱一种似乎冥冥之中注定的力量。曹雪芹笔下的角色，无论性格如何不同，都无法逃脱各自的命运。这种命运的不可抗拒性，反映出作者对于生命本质的体认：青春的有限性与宇宙的无限性之间存在着不可调和的矛盾，人的理想追求与现实世界的不完满性之间也存在着冲突。这些哲学性的思考让《红楼梦》超越了一般意义上的文学作品，成了一部具有深厚哲理的作品。

然而，《红楼梦》并不仅仅是抽象哲学的堆砌，它还具体地描绘了一个个鲜活的生命个体及其所处的社会环境。比如，贾宝玉与林黛玉之间的爱情，不仅仅是两个人情感的纠葛，更是自由爱情与传统礼教、个性自由与家族利益之间的激烈碰撞。这种碰撞背后，隐藏着更深层次的社会矛盾——封建制度对个人自由的束缚。

此外，贾宝玉自身也是一个极具象征意义的角色。他既身处封建贵族家庭，内心却又渴望着自由和平等，这种内心的冲突使得他成了连接两个阶级的桥梁。贾宝玉的形象反映了历史必然与现实无奈的冲突。贾宝玉的悲剧性就在于他既无法完全融入旧有的封建秩序，也无法彻底投身于新的社会变革之中。这种"站在这两者之间"的状态，不仅塑造了贾宝玉复杂的人物形象，也反映了作者对于当时社会矛盾的深刻洞察。

《红楼梦》通过对个体生命悲剧的描绘，展示了悲剧的普遍性。无论是林黛玉的凄凉病逝、晴雯的蒙冤而死，还是贾家的黯然散场，都让人感受到一种深深的无力感。但这种无力感并非绝望，而是对人生局限性的一种接受。正如红学家吕启祥老师所说，《红楼梦》中的许多感慨，不仅针对小说中的故事，也是对人生局限性和人性局限性的反思。

通过对命运、自由、爱情等主题的探讨，揭示了人生的悲剧性，并引发了人们对于人生意义的深层次思考。《红楼梦》的魅力在于，它能够跨越时间和空间的限制，让今天的读者依然能够从中找到共鸣，体会到那种永恒的哲学之美。

 拓展与延伸

王国维在其《〈红楼梦〉评论》中，以独到的见解和深刻的分析，揭示了《红楼梦》超越悲剧的维度，触及了人类永恒追求的真谛。

王国维指出，若仅从世俗的眼光来看，宝黛的爱情遭遇了重重磨难，最终未能圆满，似乎是一场彻头彻尾的悲剧。但是，若我们深入小说的深层结构，就会

发现宝黛的宿世缘分和情感轮回，使得他们的故事超越了单纯的悲欢离合，升华到了一种超脱世俗的境界。

王国维认为，宝黛前世的赤瑕宫神瑛侍者与绛珠仙草，因缘际会下共赴红尘，完成了一场灵魂的修行之旅。在这一过程中，他们经历了人间的离合悲欢，体验了生命的无常与世态的炎凉。而宝玉对情的舍离，正是他从情爱的束缚中解脱，迈向更高层次觉醒的关键一步。这种对情的超越，不是简单的放弃，而是一种深刻的情感升华，是通往真理和智慧的道路。

《红楼梦》的艺术手法，尤其是它那跳跃的、非逻辑的及草蛇灰线的叙事方式，与中国传统文学中特有的"楔子""得胜回头"的结构相呼应，展现了一种独特的"思考"模式。这种模式不同于西方的线性逻辑，它更注重内在的感悟与顿悟，通过象征与隐喻，引领读者进入一个超越现实的思考领域。

王国维的《〈红楼梦〉评论》不仅解析了《红楼梦》的艺术成就，更重要的是，他引导我们看到了这部作品中蕴含的哲学深度。《红楼梦》不仅仅是关于爱情与家族的悲剧，它还是一次心灵的洗礼，是对生命意义的探寻。宝玉与黛玉的爱情故事，表面上是悲剧的，但在更深层次上，它揭示了生命的无常与宇宙的奥秘，展现出一种超越生死、悲喜的宇宙观。这种思考方式，植根于传统文化之中，是中华智慧的独特体现。

《悲剧的诞生》是尼采的第一部作品，体现了他对生命意义的探寻和对现代文化的批判。在这部作品中，尼采从古希腊悲剧入手，深入研究并提出了关于美学的一些独特见解。

酒神狄俄尼索斯象征着生命的原始冲动和混沌状态，而日神阿波罗则代表着秩序、形式和理智。这两种相互对立的力量在希腊艺术，尤其是在希腊悲剧中找到了完美的结合点。

酒神现象代表了一种超越个体意识的状态，它让人感受到生命的原始力量和宇宙间的共鸣。尼采认为，这种深层的生命体验是艺术创作和审美享受的基础。

日神现象则更多地体现在艺术的形式美上，它通过视觉上的和谐与美感来平衡酒神带来的混乱和破坏。在希腊悲剧中，歌队的存在就是日神因素的体现，它们用和谐的旋律和节奏来调节观众的情绪，使他们在体验悲剧的同时不至于陷入绝望。

尼采认为，悲剧艺术的起源在于两种现象之间的冲突与融合。他突破了悲剧展现苦难的寻常观点，肯定了悲剧蕴含的生命力量。通过悲剧，人类能够面对生活的痛苦和无常，并从中找到一种超越性的美感。

尼采在书中对苏格拉底的理性主义进行了批判，他认为苏格拉底的哲学过于强调理性和知识的作用，忽略了生命本身的冲动和直觉。苏格拉底试图用理性来控制和解释一切，这实际上是对生命本质的一种压制。尼采认为，这种压制最终导致了希腊悲剧的消亡，因为悲剧艺术依赖于对生命冲动的深刻理解和表达。

尼采通过对古希腊悲剧的研究，提出了生命冲动与形式之间的辩证关系。他认为，只有通过艺术，人类才能找到面对世界和人生的方式，并赋予它们意义。此外，尼采也借由对苏格拉底的批判，提出了对现代文化的一种反思，指出理性主义的局限性及其对生命本能的抑制。

通过《悲剧的诞生》这部作品，我们可以看到尼采哲学的基本轮廓，即对生命意义的追问、对现代文化的批判以及对超越性价值的追求。在东西方文化碰撞与融合的当下，从悲剧美学的视角切入，你一定有很多感悟吧？请与身边的朋友交流一下吧！

参考文献

[1] 白先勇. 白先勇细说红楼梦 [M]. 桂林：广西师范大学出版社，2017.

[2] 蔡义江. 红楼梦诗词曲赋全解 [M]. 上海：复旦大学出版社，2012.

[3] 蔡义江. 蔡义江新评红楼梦 [M]. 北京：商务印书馆，2023.

[4] 陈大康. 古代小说研究及方法 [M]. 北京：中华书局，2006.

[5] 陈大康，胡小伟. 说红楼 [M]. 上海：上海辞书出版社，2007.

[6] 陈大康. 荣国府的经济账 [M]. 北京：人民文学出版社，2019.

[7] 侯会. 物欲《红楼梦》：清朝贵族生活 [M]. 北京：中华书局，2016.

[8] 胡文彬. 红楼梦人物谈：胡文彬论红楼梦 [M]. 北京：文化艺术出版社，2005.

[9] 冯其庸，李希凡. 红楼梦大辞典 [M]. 北京：文化艺术出版社，2010.

[10] 蒋勋. 蒋勋说红楼梦 [M]. 上海：上海三联书店，2012.

[11] 刘再复. 红楼梦悟 [M]. 北京：生活·读书·新知三联书店，2009.

[12] 刘再复. 贾宝玉论 [M]. 北京：生活·读书·新知三联书店，2014.

[13] 欧丽娟. 欧丽娟红楼梦公开课 [M]. 北京：北京大学出版社，2021.

[14] 浦安迪.《红楼梦》的原型与寓意 [M]. 夏薇，译. 北京：生活·读书·新知三联书店，2018.

[15] 宋淇. 红楼梦识要：宋淇红学论集 [M]. 北京：中国书店，2000.

[16] 王国维.《红楼梦》评论 [M]. 杭州：浙江古籍出版社，2012.

[17] 鲁迅. 中国小说史略 [M]. 北京：人民文学出版社，2005.

[18] 朱淡文. 红楼梦论源 [M]. 南京：江苏古籍出版社，1992.

[19] 曹雪芹，高鹗. 红楼梦 [M]. 北京：人民文学出版社，1982.

[20] 俞平伯. 红楼梦辨 [M]. 北京：商务印书馆，2010.

[21] 余英时. 红楼梦的两个世界 [M]. 上海：上海社会科学院出版社，2002.

[22] 周汝昌. 红楼梦新证 [M]. 北京：中华书局，2012.

[23] 朱一玄 . 红楼梦资料汇编 [M]. 2 版 . 天津：南开大学出版社，2001.

[24] 刘义庆 . 世说新语 [M]. 沈海波，译注 . 北京：中华书局，2012.

[25] 李学勤 . 字源 [M]. 天津：天津古籍出版社，2012.

[26] 王颖 . 我在落花梦里 [M]. 武汉：长江文艺出版社，2007.

[27] 周汝昌 . 谁知脂砚是湘云 [M]. 南京：江苏人民出版社，2009.

[28] 胡文彬 .《红楼梦》与中国姓名文化 [J]. 红楼梦学刊，1997（3）：80-100.

[29] 莫砺锋 . 论红楼梦诗词的女性意识 [J]. 明清小说研究，2001（2）：148-161.

[30] 王兆胜 .《红楼梦》与 20 世纪中国文学 [J]. 中国社会科学，2002（3）149-161.

[31] 徐恭时 .《红楼梦》究竟写了多少人物 [J]. 上海师范大学学报（哲学社会科学版），1982（2）：25-28.

[32] 薛海燕 .《红楼梦》女性观与明清女性文化 [J]. 红楼梦学刊，2000（2）298-309.

[33] 叶嘉莹 . 漫谈《红楼梦》中的诗词 [J]. 陕西师范大学学报（哲学社会科学版），2004，33（3）：58-64.

[34] 丁维忠 . 石头·神瑛·通灵玉·贾宝玉 [J]. 红楼梦研究辑刊：7 辑，2013：28-45.

[35] 孙逊 .《红楼梦》人物与回目关系之探究 [J]. 文学遗产，2009（4）：122-130.

[36] 张世君 .《红楼梦》空间叙事的分节 [J]. 暨南学报（哲学社会科学版），1999，21（6）：36-44.

[37] 赵志忠 . 曹雪芹·文康·老舍：京味小说溯源 [J]. 民族文学研究，1998（3）：35-40.

[38] 许爱珠，董智玲 . 谫论林黛玉的性灵之美 [J]. 南昌师范学院学报，2024，45（2）：80-84.

[39] 郝竹梅 . 关于薛宝钗之"热毒"浅析 [J]. 山西广播电视大学学报，2023（4）：85-88.

[40] 乔福锦 . 脂砚的确是湘云 [J]. 河南教育学院学报（哲学社会科学版），2023，42（1）：80-100.